بسم الله الرحمن الرحيم

إدارة وصناعة الجودة
مفاهيم إدارية وتقنية وتجارية
في الجودة

إدارة وصناعة الجودة
مفاهيم إدارية وتقنية وتجارية
في الجودة

الدكتور
خضر مصباح إسماعيل الطيطي

الطبعة الأولى
1432هـ - 2011م

محفوظة
جميع الحقوق

المملكة الاردنية الهاشمية
رقم الإيداع لدى دائرة المكتبة الوطنية
(2010/5/1822)

658.4013

- الطيطي، خضر مصباح اسماعيل
- إدارة وصناعة الجودة/ خضر مصباح اسماعيل الطيطي. عمان: دار ومكتبة الحامد للنشر والتوزيع، 2010
( ) ص .
- ر. إ. (2010/5/1822) .
- الواصفات: إدارة الجودة// إدارة الأعمال /
- يتحمل المؤلف كامل المسؤولية القانونية عن محتوى مصنفه ولا يعبر هذا المصنف عن رأي دائرة المكتبة الوطنية أو أي جهة حكومية أخرى .

• (ردمك) : ISBN 978-9957-32-506-0

دار الحامد للنشر والتوزيع

شفا بدران - شارع العرب مقابل جامعة العلوم التطبيقية
هاتف: 5231081 -00962 فاكس: 5235594 -00962
ص.ب . (366) الرمز البريدي : (11941) عمان - الأردن
Site : www.daralhamed.net E-mail : info@daralhamed.net
daralhamed@yahoo.com dar_alhamed@hotmail.com

الإهداء

اهدي هذا الكتاب إلى كل إنسان ذو ضمير حي يعمل الخير لنفسه وللناس كافة، ولا ينتظر الأجر إلا من الله سبحانه وتعالى،

اهدي هذا الكتاب إلى كل أرواح الشهداء الذين ضحوا بحياتهم لوجه الله سبحانه وتعالى ولإعلاء كلمته ورفع الظلم في كل مكان.

اهدي هذا الكتاب إلى كل حاكم وكل عالم وكل عامل وكل فرد من ذكر أو أنثى بذل نفسه وماله ووقته لله سبحانه وتعالى.

اهدي هذا الكتاب إلى كل أم وكل أب أنشئ أبناءه على طاعة الله سبحانه وتعالى وحبه وحب رسوله عليه الصلاة والسلام.

وأخيراً لا ننسى فضل الله علينا أن بعث فينا رسولاً من أنفسنا عزيز علينا، فصلى الله عليك وسلم يا حبيبي يا محمد، اللهم صل وسلم وبارك على محمد خاتم الأنبياء والمرسلين.

بسم الله الرحمن الرحيم

وَتَرَى الْجِبَالَ تَحْسَبُهَا جَامِدَةً وَهِيَ تَمُرُّ مَرَّ السَّحَابِ صُنْعَ اللَّهِ الَّذِي أَتْقَنَ كُلَّ شَيْءٍ إِنَّهُ خَبِيرٌ بِمَا تَفْعَلُونَ(88) [النمل: 88]

قال صلى الله عليه وسلم:

"إن الله يحب إذا عمل أحدكم عملاً أن يتقنه"

رواه البيهقي في سننه

نستنتج من الآية الكريمة المذكورة والحديث الشريف أن ديننا الحنيف يحثنا ليس على تحقيق الجودة فحسب بل على تحقيق الهدف من عملية الجودة وهو إتقان الأعمال والرقي بها إلى أعلى مستويات الأداء الذي نتمناه.

إن العالم في هذا الوقت يشهد العديد من الإبداعات والابتكارات والاختراعات والمنتجات الجديدة والعديد من التغيرات الجوهرية في مجال التطبيق التقني، خاصة فى مجال المعلوماتية، بالإضافة إلى تغيرات جوهرية في تناول علم الإدارة كمنهج وأسلوب دون المساس بالمبادئ والأسس التي قام عليها. حيث تعتبر جودة التعامل مع المعلومات من العوامل الأساسية التي يمكن أن تغير من الوضع الحالي غير المقبول في العمل الإداري في دول العالم الثالث وخاصة مع قدوم القرن الحادي والعشرين، قرن الاقتصاد المبني على المعرفة والإدارة المعلوماتية.

إن الأسواق الحديثة والمنظمات تتميز بشدة المنافسة الحادة بينها وهي محاولة جاهدة منها للوصول إلى تلبية طلبات المستخدمين أو عملائها بطريقة تضمن رضائهم التام بتمتعهم بالمزايا التنافسية التي تتيح لهم الإحتفاظ بموقعهم في

الميادين التي يعملون بها. لذلك على المنظمات التي لديها الرغبة في البقاء والنمو مع التفوق، فما عليها سوى أن تتبنى فلسفة جديدة ترتكز على تقديم قيمة أعلى للمستهلك المستهدف وهذا ما جعل الإهتمام بالجودة ظاهرة عالمية حيث أصبحت المنظمات والحكومات في العالم توليها إهتماما خاصاً، وأصبحت الجودة هي الوظيفة الأولى لأي منظمة وفلسفة إدارية وأسلوب حياة لتمكنها من الحصول على الميزة التنافسية.

لقد أصبحت الجودة سلاحاً استراتيجياً للحصول على الميزة التنافسية وريادة الأسواق وغزو واحتلال الأسواق الجديدة.و قد أدى إدراك أهمية الجودة كسلاح استراتيجي للحصول على ميزة تنافسية إلى تبني فلسفة "إدارة الجودة الشاملة" وهي فلسفة قائمة على أساس مجموعة من الأفكار الخاصة بالنظر إلى الجودة على أساس أنها عملية دمج جميع أنشطة المنظمة ووظائفها ذات العلاقة للوصول إلى مستوى متميز من الجودة حيث تصبح مسؤولية كلّ فرد في المنظمة مما يرفع أداء المؤسسة بشكل كبير.

إن الكثير من المنظمات والشركات في الدول النامية تتجه نحو تبني سياسات واستراتيجيات للعلم والتكنولوجيا، حيث أنها تشعر أكثر من السابق أنها لم تعط موضوع التطبيق التنموي للتكنولوجيا حقه، مما يتطلب إجراء تغييرات في منظومة الإدارة التقليدية وتفعيل المعايير العالمية والتكنولوجيا كمنهج يهدف للتطوير القادر على إيجاد نظام إدارى متقدم يعتمد على تكنولوجيا المعلومات ويضمن جودة المخرجات. لذا لا بدّ من النظر والتمعن على أهم التطورات التي نتجت عن العولمة ونتائجها الإيجابية تارة والسلبية تارة أخرى، وما تتطلبه المنظمات الإدارية من نمو وتغييرات جوهرية في بنيتها التحتية وما تتطلبه من قيادات قادرة على أن تنهض بها المؤسسات.

لذلك وعلى ضوء المستجدات والتطورات التي تمّ ربطها في المجتمعات الحديثة فإنه ينبغي تحديث الإدارة في كافة أنواع المؤسسات وخاصة في الدول النامية، حيث يجب أن يتمّ تبني استراتيجيات وخطط شاملة ومتكاملة من خلال توظيف المعرفة الإدارية والتقنيات الحديثة التي أخذت بها دول العالم المتقدمة، وتأتي في مقدمة هذه التجارب إدارة الجودة الشاملة باعتبارها نقلة نوعية، ونموذجاً فاعلاً تبحث عنه الدول والمؤسسات الحكومية والخاصة في الدول المتقدمة والنامية على حدّ سواء حيث أصبح هذا النموذج أسلوباً إدارياً يحتذى به في مختلف انواع المنظمات والجهات التعليمية خاصة.

إن الميزة الرئيسية التي يتصف بها هذا العصر تتمثل في التجديد والبحث عن مزيد من الكفاءة والإبداع، لأن العالم المتقدم يشهد اليوم تغيرات وتطورات سريعة وفي كافة قطاعاته، وذلك يتطلب المزيد من التطوير وتحسين وكفاءة الأداء، كما يتميز هذا العصر ـ بضغوط شديدة لتوفير جودة عالية بتكاليف منخفضة، وقد أدى ذلك إلى اتخاذ مدخل استراتيجي لوضع الأهداف وتوزيع الموارد وذلك عن طريق تقييم وتحسين الأداء والكفاية الإنتاجية.

إن إدارة الجودة الشاملة تعني خلق الثقافة المتميزة في الإدارة وطريقة العمل وفي سلوك المنظمات، حيث يعمل المديرون والافراد بشكل مستمر ودؤوب لتحقيق توقعات المستفيدين أو العملاء من أداء عمل صحيح منذ البداية، مع تحقيق الجودة بشكل أفضل وفاعلية أكثر في أقصر وقت ممكن.

ومن حيث أن التعليم يحتل مكانة كبيرة في التنمية فإن دوره في ذلك يأتي في مقدمة الركائز الأساسية التي تقوم عليها التنمية باعتبار أن الإنسان هو العنصرـ الأساسي في كلّ المشاريع التنموية ولا يمكن إعداده إلا من خلال برامج وخطط تربوية تطبيقية تتناسب مع متطلبات التنمية علمياً وفكرياً ومهنياً بحيث يكون مهيئاً للقيام بالدور المطلوب منه وذلك بتبني الأساليب الحديثة على جميع المؤسسات

التعليمية حكومية كانت أو خاصة من أجل الارتقاء بها إلى معدلات عالية من الأداء والجودة ورفع كفاءة الخدمات المقدمة أياً كان نوعها، حيث يجب أن تكون هناك إستراتيجية تهدف إلى تغييرات جذرية على كافة مؤسسات الدولة بما في ذلك مؤسساتها التعليمية، وذلك وفاءً باحتياجات المستفيدين بصفة عامة ووفاءً بمتطلبات الحياة العصرية التي أصبح شعارها الجودة الشاملة في جميع مجالات الحياة، ولكي تتحقق جودة الخدمات ينبغي مراعاة تطوير أسلوب الإدارة وذلك بالبعد عن الطرق التقليدية في الإدارة، والعمل على تبني المعايير والمقاييس العالمية المعتمدة على ضمان الجودة حيث تعتبر الجودة الشاملة من أهم وأبرز الاتجاهات الحديثة التي يميل إليها التربويون في المناهج وطرق التدريس والإشراف والإدارة والتخطيط التربوي، وذلك لأن الجودة تهتم في مضامينها بالدقة والإتقان وحسن التخطيط والأداء التعليمي.

إننا في هذا الزمان نشهد ظهور عصر جديد عصر يتميز بكثرة التغير وبغزارة المعلومات وظهور معارف جديدة ومتجددة، حيث لعبت تكنولوجيا المعلومات وتكنولوجيا الاتصالات الدور الكبير في تعزيز التواصل بين الأفراد والشركات وسهلت من عملية الحصول على المعلومات بشكل سريع وبفعالية كبيرة جداً، حيث أن كلّ هذه العوامل تتطلب من الشركات أن توظف المهارات والخبرات والكفاءات المثالية والتي تعمل على تبني معايير ضمان الجودة في كلّ قطاعات المؤسسات من أجل استمرار بقائها واستمرار تنافسها في بيئة العولمة والتي سهلت من عملية غزو الشركات العالمية الكبيرة لكلّ الأسواق في العالم اجمعه.

بعد قراءتك لهذا الكتاب سوف تتعلم العديد من الأمور التي تتعلق بإدارة الجودة وأهميتها في مختلف المنظمات الحكومية والخاصة والتي تسعى إلى الرقي والأخذ بيد المنظمات كافة والأفراد إلى العمل تحت شعار **"إن الله يحب اذا عمل أحدكم عملاً أن يتقنه"**.

يحتـوي هـذا الكتـاب عـلى اثنـا عشرـ فصـلاً، خصـص **الفصـل الأول** لعـرض المفـاهيم الأساسية للجودة و نظـم إدارتهـا، حيـث يهـدف هـذا الفصـل إلى التعريـف بـأهم المفـاهيم الأساسية المتعلقة بالجودة وإدارة الجودة في المنظمات، و يبين التعـاريف المختلفـة للجـودة وشهادة الآيزو كما يفصل تاريخ تقدم الجودة وتطورهـا مـع الـزمن، ويوضـح أهميـة تطبيـق معايير الجودة المختلفة في المنظمات والمؤسسات الحكومية والخاصة.

في حين يعرض **الفصل الثاني** أهم الأسباب المؤديـة إلى التغيـير والتحسـين في المـنظمات لتحقيق الجودة الشاملة، وأهمية الحافز التقني الذي يـؤدي بـالمنظمات إلى التطـور والتقـدم والتغير، كما يبين هذا الفصل مواقف الأفراد بالنسبة للتغيير وكيفية التعامل مع كافة المواقف وخاصة مواقف الأفراد المعارضين لعملية التغيير والتطوير وتطبيق معايير الجودة.

يقـدم **الفصـل الثالـث** تفصـيل وتوضـيح المعوقـات التـي تعـترض تطبيـق الجـودة في المنظمات وما هي التكاليف التي قد تدفعها المنظمات نتيجة عدم تطبيقهـا للجـودة في كافـة أقسامها. كما ويتم التطرق إلى أهم المبادئ الأساسية التي يجب أن يتم بناء الجـودة عليهـا في المنظمات العصرية لكي تضمن النجاح والبقاء والتنافس والسيادة في السوق المحـلي والعـالمي. كما يقدم هذا الفصل للقارئ الكريم احد النماذج العالمية لتطبيق الجودة مثل نموذج جوارن والذي يهدف إلى تقليل العيوب في العملية الإنتاجيـة ونمـوذج قروسـبي القـائم عـلى مبـدأ لا وجود للعيوب.

أما **الفصل الرابع** فقد خصص من اجل تقديم شرح للقارئ عـن أهـم الخصـائص التـي تتميز بها المنتجات أو الخدمات ذات الجودة العالية كما يبـين يوضـح هـذا الفصـل النمـوذج المعياري لضمان الجودة في المؤسسـات مـع شرح مفصـل لخطـوات تحقيـق الجـودة وعمليـة القياس فيها.

أما **الفصل الخامس** فقدم للقارئ الكريم أهم التحديات التي تواجه المنظمات الحالية والمفاهيم المتعلقة بالمنظمات الحديثة والتي ظهرت وسميت بالمنظمات الرقمية وتعريف وأهمية الإدارة لهذه المنظمات، حيث يشرح هذا الفصل الدور الرئيسي الذي تقوم به أنظمة المعلومات المبنية على الحاسوب والتكنولوجيا الحديثة والتي تخدم عملية التغيير والتطور لتحقيق الجودة الشاملة في هذه المنظمات وأيضا يقدم هذا الفصل مقدمة هامة للأنظمة الحقيقية الموظفة حالياً في المنظمات الرقمية مع التركيز على العلاقات مع غيرها من المنظمات والعمليات التجارية والاستراتيجيات وأهمية قضايا العلاقات الاجتماعية والأخلاقية في المنظمات. كما يهدف **الفصل السادس** إلى توضيح أهمية منهاج الستة سيجما في العملية الإدارية ونجاح المنظمات وتحقيق الجودة الشاملة بشكل كبير، حيث يتمّ في هذا الفصل تعريف إستراتيجية الستة سيجما ونشأتها وتوضيح المبادئ الأساسية التي قامت عليها هذه الإستراتيجية مع شرح عن الوسائل المستخدمة في الستة سيجما، كما ويبين هذا الفصل المعتقدات الخاطئة المتعلقة بهذا المنهاج.

يتناول **الفصل السابع** مسألة مهمة يعمل عليها القائمون على ضمان جودة المؤسسات التعليمية واعتمادها. ومن ثم يهتم بالركيزة الأساسية للبرنامج التعليمي ومقرراته الدراسية وهي المستهدفة التي تتضمن المعارف والمهارات التي يتطلع اليها المجتمع في أبنائه القادرين على إدارة المستقبل ومواجهة تحدياته والارتقاء بالمهن المختلفة وتوفير فرص عمل جديدة لهم.

الفصل الثامن يهدف إلى التعريف بأهم المراحل المتعلقة بعملية التغيير في المنظمات من اجل تحقيق الأهداف والجودة المنشودة، حيث يبين هذا الفصل أهمية استخدام التقنيات الحديثة مثل الحاسوب وضرورة عملية التحديث الدورية للنظام، كما يشرح بالتفصيل المراحل الأساسية لاختيار النظام المناسب للمنظمة.

أما **الفصل التاسع** فيهدف إلى التعريف بـأهم المفاهيم الأساسية المتعلقة بـإدارة التغيير، حيث يبين المساحات الممكن تغييرها في المنظمات وكيفية العمل مـن اجل اختيار القادة لإستراتيجية مناسبة مـن اجل القيام بعملية التغيير المطلوبة والمناسبة للمنظمة للوصول إلى الجودة المنشودة، كما يهدف هذا الفصل إلى توضيح الأسباب المختلفة المتعلقـة بالأسباب التي تتغير من اجلها المنظمات.

أما **الفصل العاشر** فيهدف إلى التعريف بأهم المفاهيم المتعلقة بالوظائف الإدارية و أساسيات إدارة المشاريع، كما يبين العديد من المفاهيم الأساسية المتعلقة بـالإدارة وأهميتها للقائد الناجح مثل استخدام المنهج العلمـي في إدارة المشاريع وبحوث العمليـات والمحاكاة والنمذجة وغيرها.

يعمد الفصل **الحادي عشر** إلى تقديم أهـم التقنيات المتطورة في الشركات العصريـة الرقمية ومن ضمنها الانترنت والتي تستخدم كقاعدة وأسـاس العديد مـن الأعمـال التجارية والالكترونية وكوسيلة اتصالات فعالة في العملية الإدارية، حيث يفصل هـذا الفصل أسـاس الشبكات والبنية التحتية لها وشرح للكثير مـن القضايا والمصطلحات المهمة، وأخـيراً فيبين **الفصل الثاني عشر** المسائل القانونية والأخلاقية في كافة الأعمال التجارية، حيث يسلط الضوء على العديد من القضايا الأخلاقيـة والقانونيـة مثل حقـوق الملكيـة الفكريـة وحقوق الطبـع والعلامات التجارية وبراءات الاختراع وغيرها.

والحمد لله رب العالمين

المؤلف

د. خضر مصباح الطيطي

الفصل الأول

مقدمة إلى الجودة

محتويات الفصل:

الفصل الأول

مقدمة إلى الجودة

الأهداف التعليمية للفصل الأول:

يهدف هذا الفصل إلى التعريف بأهم المفاهيم الأساسية المتعلقة بالجودة وإدارة الجودة في المنظمات، و يبين التعاريف المختلفة للجودة وشهادة الآيزو كما يفصل تاريخ تقدم الجودة وتطورها مع الزمن، و يوضح أهمية تطبيق معايير الجودة المختلفة في المنظمات والمؤسسات الحكومية والخاصة.

ومن أهم أهداف هذا الفصل:

- شرح وتوضيح ماهية الجودة وعملية إدارة الجودة في العصر الحديث.
- التعرف إلى شهادة آيزو.
- توضيح تاريخ تطور مفهوم الجودة عبر الزمن.
- شرح وتوضيح أهم أهداف الجودة في المنظمات بشكل عام وخاص.
- التعرف على أهمية الجودة وشهادات الجودة المختلفة وما هي الحاجة إليها لكلّ من المؤسسات والأفراد على حدّ سواء.

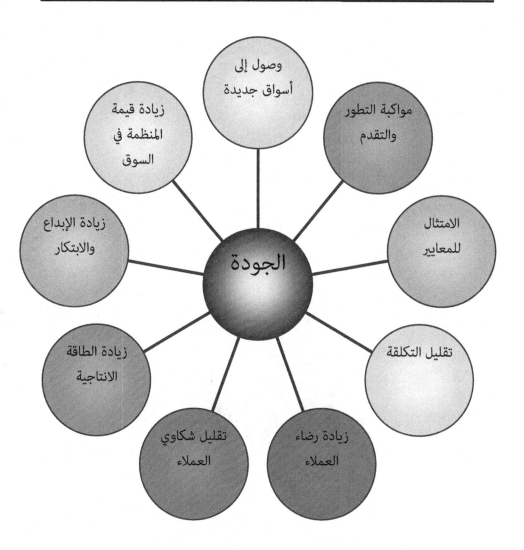

شكل 1-1: مفهوم الجودة

Quality

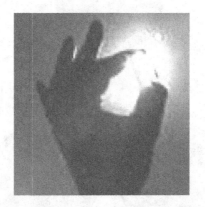

1-1 المقدمة Introduction:

إن على المنظمات أن تتفاعل مع التغييرات والمتطلبات والضرورات والفرص في البيئة التي تعمل بها وتتبنى المعايير الدولية القياسية والايجابية لكي تنافس غيرها من المنظمات حيث أنها بدون عملية تبنيى المعايير والمقاييس المتعلقة بالجودة فإنها لن تستطيع أن تنافس المنظمات الأخرى التي تتطور وتتغير وتتكيف مع ما يستجد من تقنيات ووسائل جديدة.

ومن أجل أن تحافظ الشركات على بقائها واستمرارها وتنافسها في العصر الحالي والذي يسمى أحياناً بعصر الحاسوب أو عصر التغيير وعصر المعرفة والعلوم، لا بدّ لها من أن تتبنى استراتيجيات ومشاريع مستمرة من أجل التطور، حيث أن الشركات لا يمكنها أن تتبنى عملية التطور والتقدم و الازدهار بدون أن تكون مبنية على بنية تحتية قوية من المعايير والمواصفات ومن تقنيات المعلومات كالحاسوب والانترنت والاتصالات السلكية واللاسلكية.

عموماً فإن الأفكار والظروف المحيطة بالمنظمات وعلى اختلاف أنواعها دائماً في تغير وفي الغالب بشكل سريع وخاصة في الشركات التجارية المعاصرة، حيث أن هناك العديد من الأسباب المختلفة والتي تقود الشركات إلى التغيير والى الأخذ بعين الاعتبار تحديث المنظمة أو حوسبة أعمالها التجارية اليدوية أو حتى تطوير وتحديث الأنظمة المحوسبة لديها إلى أنظمة أكثر تقدماً ومن هذه الأسباب:

- ظهور العديد من المنتجات والخدمات الجديدة والتي لم تكن موجودة من قبل، حيث ظهرت هذه المنتجات نتيجة لظهور تقنيات الانترنت وشبكات الحاسوب والاتصالات مثل التجارة الإلكترونية والتعليم الإلكتروني والبنوك الإلكترونية والمزادات الإلكترونية... الخ.

- في كثير من الأحيان تقوم إحدى الشركات التجارية بحوسبة نظام الشركة حيث يكون هناك شركات أخرى منافسة لا تستطيع أن تتحمل أن تبقى متخلفة ولا تتبنى التقنيات الحديثة كما فعلت الشركات المنافسة.
- أدت كثير من الدراسات والأبحاث العلمية حول استخدام الحاسوب وفوائده في الأعمال التجارية والشركات وفي كافة الصناعات إلى إدراك الإدارة لفوائد التقنيات الحديثة والتحسينات التي تسببت بها هذه التقنيات وبالتالي محاولة التغير والتطور.
- يمتلك الموظفين الجدد حديثي التخرج وخاصة على المستوى الإداري خبرة كبيرة باستخدام الحاسوب والتقنيات الحديثة حيث أنه من الممكن أن يكون لديهم أفكار جديدة معاصرة بما يخص استخدام تقنية المعلومات والحاسوب في الشركات.
- إن هناك فهم عام وإدراك كبير للفوائد المحتملة والتحسينات والتي يمكن الحصول عليها من عملية الحوسبة واستخدام تقنية المعلومات في الشركات.

إن أهم العوامل المؤدية بالمنظمات إلى التنافس والريادة هو عامل الجودة الشاملة Total Quality والتي أصبحت من المبادىء الأساسية الضرورية التي يبنى على أساسها قلب المؤسسة وما تتنافس المؤسسات العالمية في هذا العصر في عملية حصولها على معايير ومقاييس الجودة إلا من أكبر الأدلة على أهمية الجودة في السوق العالمي التجاري. ولا يقتصر مفهوم الجودة على جودة المنتج لدى المستهلك المباشر فقط بل يتعدى مفهوم الجودة ذلك المعنى البسيط ليشمل مختلف المراحل التي تمتد من مرحلة ما قبل عملية الإنتاج أو قبل شراء المواد الخام مروراً بعملية الإنتاج ثم عملية البيع والتوزيع والشحن والتسليم إلى ما بعد عملية البيع، بل إن مفهوم الجودة يتعد ذلك ليصبح معبراً عن عملية الإنتاج الكاملة بشكل أفضل.

تعتبر الجودة محوراً وقاعدة من قواعد الإدارة الحديثة، حيث أن نجاح أي منظمة يعتمد بشكل أساسي على عملية صناعة المنتج أو تقديم الخدمة للمستخدمين بشكل سريع وبسعر قليل مناسب ويعتمد نجاح المؤسسة أيضاً على تسويق منتجاتها للأسواق ومتابعتها بعد عملية البيع، إذن فالمبادىء الجديدة لمفهوم الجودة يتعد المفهوم القديم وتمّ استبداله بمفهومه الجديد، إذن فالقاعدة الأساسية لمفهوم الجودة في العصر ـ الحديث هو أن الطريقة الأفضل في تصنيع المنتج أو تقديم الخدمات والطريقة الأفضل في عملية الإدارة والبيع والشحن والتسليم وما بعد البيع هي الطريقة الأرخص والطريقة الأسرع وهي المكسب إلى ارضاء المستخدمين.

إن موضوع الجودة الشاملة لم يعد يقتصر ـ على الجانب التجاري أو الاقتصادي فقط بل امتد إلى مختلف الجوانب الأخرى مثل:

- الجوانب الثقافية

- الجوانب السياسية

- الجوانب الاجتماعية

- الجوانب العلمية

إن هذه الأهمية التي أصبحت تحتلها موضوع الجودة تفرض على كافة المنظمات أن تواكب التطور لتصل إلى الجودة الشاملة، حيث أنه يتوجب على المنظمات وخاصة في الدول النامية إنشاء قسم خاص بتطبيق معايير الجودة في كافة أقسام المنظمة.

1-2   تاريخ الجودة وتطورها:

لقد بدأ ظهور مفوم الجودة في نهاية القرن التاسع عشر ـ حيث بدأت كعملية تفتيش وإعادة تأهيل المنتجات الغير مقبولة من المستهلكين، وقد تطورت طرق مراقبة الجودة مع بداية العشرينات أو مع تطور الإنتاج الصناعي وخاصة بعد

الحرب العالمية الثانية حيث ظهرت كافة الصناعات مثل الحاسوب والطائرات والتلفاز... الخ.

لقد تقدم مفهوم الجودة حتى أصبحت هناك ما يعرف بالمراقبة باستعمال الاحصاءات والمراقبة عن طريق فحص العينات، حيث تمّ فحص جزء من الكميات المنتجة ليتمّ اتخاذ القرار بقبول أو رفض كلّ المنتج بناءً على المراقبة أو الفحوص التي يتمّ إجراؤها على العينة، لقد كان هذا التطور له الأثر الكبير على تخفيض قيمة التكاليف.

شهدت الجودة في السابق طرقاً مذهلة وذلك أثناء الحرب العالمية الثانية بفضل الصناعات الحربية في كلّ من ألمانيا وأميركا التي طبقت هذه الطرق بشكل واسع فظهرت طريقة الجداول لمساعدة المسؤولين عن تحديد معايير ومقاييس المراقبة المناسبة لكلّ مشكلة من مشاكل الجودة.

وبعد الحرب العالمية الثانية أي في بداية الخمسينات تحديداً توجه الاهتمام إلى طرق تمثلت بما يسمى بضمان الجودة Quality Assurance والتي يتعدى مجالها المراقبة حيث كانت تركز على العديد من المعايير مثل:

- **تصميم المنتج**
- **عملية الدعم الفني**
- **طريقة استعمال المنتج**
- **اتخاذ القرارات**
- **عمليات التنظيم والتنسيق والمراقبة**
- **المزودين**
- **المواصفات**
- **المطابقة للمنتج**
- **الاعتماد أو الاعتراف**

بقيت معايير الجودة من النشاطات الرئيسية للمنتج إلى نهاية عـام 1960م حيـث بدأ ظهور مفهوم التسويق المبني على إرضاء الزبون كوسيلة لإرضاء الزبون وبقـاء ولاءه لمنتج أو سلعة معينة لمنظمة مـا، وهـذه كانـت بدايـة توسـع مفهوم الجـودة ليتعـدى المنتجات ليصل إلى الخدمات المرافقة لصناعة المنتج وتسويقه إلى المستهلكين.

وقد برع بذلك اليابانيون حيث عملـوا عـلى مـزج الأفكـار الأمريكيـة مـع الأفكـار اليابانية الخاصة بالجودة، بحيث أصبحت الجودة بالنسبة لليابـان هـي عمليـة رضـاء الزبون الشامل. أي أن الجودة أصبحت تعني أنه لا يوجد خطأ واحـد بالمنظمـة أو مـا يسمى بالصفر خطأ Zero Fault.

والجدول التالي يلخص مراحل تطور الجودة والتي سميت بالأجيال الخمسـة التـي مر بها تطور الجودة ومفهومها وهي:

الأجيال الخمسة لنظم ضمان الجودة			
النوعية في النصف الأخير من القرن20	الهدف	السؤال الأساسي	الموضـــــوع
المرحلة الحرفية	إنتاج منتجات تلبي الرغبات لفترة أطول	هل يكون المنتوج مقبولا؟	رضا للحرفي رضا للمقاول
المرحلة الأولى(من1940 إلى يومنا) التفتيش	إنتاج و توزيع كل المنتجات التي تلبي حاجة اجتماعية	هل المنتوج عملي؟	معرفة العيوب تكلفة إنتاج منخفضة تجديد المنتجات
المرحلة الثانية (1950 إلى يومنا) مراقبة النوعية	تخفيض التكاليف الكلية للإنتاج، التفتيش، الاختيار، الخدمة و الضمان	هل تكلفة التصحيح أقل من تكلفة العيوب أو الأخطاء؟	تصحيح العيوب مراقبة العملية الإنتاجية تسوية المشاكل التقنية
المرحلة الثالثة (1960 إلى يومنا) النوعية و الملاءة	بلوغ مقاييس الجودة	هل يمكن بلوغ أهداف الجودة؟	جودة رفيعة و نجاعة فوق كل اعتبار
المرحلة الرابعة(1970 إلى يومنا) ضمان المستهلك	خلق منتجات و تسيير فنون إنتاج آخذين بعين الاعتبار أثرها على المجتمع و المحيط	ابتكار و استعمال المنتجات هل يدر ربحا صافيا على المجتمع؟	المعرفة المسبقة للعيوب حماية المستهلك المشاركة إثراء العمل
المرحلة الخامسة(1980 فما فوق) المشاركات الدولية المسؤولية القانونية	تقليل أخطار المنتجات الرفع من فترة منفعة المنتوج تخفيض التكاليف و التضخم	هل يمكن أن تحصل المؤسسة على ثقة المستهلكين برفع فترة حياة المنتجات و خفض استهلاك الموارد الطبيعية؟	حماية الطاقة التنبؤ بالأخطار الصناعية تنمية الاتصال الموجه إلى الرفع من ثقة الجمهور

من الجدول1-1 السابق نلاحظ أن تطور الجودة ومفهوم الجودة الشاملة قد مرّ في خمسة أجيال، على النحو التالي:

الجيل الأول: مقارنة مخرجات الإنتاج لمتطلبات المستفيدين (1920 - 1940م):

في هذه المرحلة تمّ التركيز على فحص مستوى جودة المخرجات بعد اكتمالها دون النظر إلى أجزاء النظام الأخرى أو مراحل التصنيع التي مرت بها، فهي خارج عملية الفحص، والعملية تهدف إلى كشف العيوب في المنتجات وليس منع

حدوثها. ويقوم المهندسون والمختصون بتحديد المواصفات التي يعتقدون أنها تلبي احتياجات المستفيد وليس على أساس الاحتياج الفعلي للمستفيد. وتتمّ عملية الفحص للمنتجات باستخدام أجهزة التفتيش والاختبارات العملية لكامل المنتجات.

الجيل الثاني: تحقيق العمل الصحيح من البداية (1940 – 1960م):

وفي هذه المرحلة والتي ركزت على خفض نسبة العيوب أو الأعطال في المنتجات بشكل كبير وذلك من خلال عملية تطبيق الأساليب الإحصائية للرقابة على الجودة. ومن أهم هذه الأساليب:

- العينات الإحصائية Statistical Sampling.
- عينات القبول Acceptance Sampling.
- الرقابة على العملية Process Control.
- تحليل التباين Variance Analysis.

الجيل الثالث: إنجاز الأعمال الصحيحة بشكل صحيح (1960 – 1970م):

إذ تبدأ الرقابة على الجودة من عملية تصميم المنتج إلى أن تصل إلى المستفيدين، معتمدة في ذلك على العديد من الدراسات والمهمات أو النشاطات والتي تشمل:

- دراسة تكلفة الجودة.
- الرقابة الكلية.
- قياس درجة الاعتمادية لأجزاء المنتج.
- العيوب الصفرية للمنتج (صفر خطأ) أو ما أصبح يعرف بتوكيد أو ضمان الجودة Quality Assurance.

الجيل الرابع: حماية المستفيدين (1970م - 1980):

حيث تـمّ التركيـز بشكـل كبيـر في هـذه المرحلـة عـلى حمايـة المسـتهلك وعمليـة المشاركة في جعل العمل أكثر جودة ومطابقاً للمعايير والمقاييس الدولية من أجل العمل على إنتاج المنتجات التي يكون ضررها معدوما للمستفيد، حيث أصبحت المنتجات تراعي معايير السلامة، آخذين بعين الاعتبار أثرها على المجتمع المحيط. وقد أدى هذا إلى ظهور المرحلة التالية من تطور مفهوم الجودة والتي استدعت مشاركة كافـة أقسـام الشركة في برنامج الجودة.

الجيل الخامس: تحسين القدرة التنافسية (1980م - الآن):

إذ لم يعد الأمر مجرد تقديم المنتج أو الخدمة بـل تعـداه إلى النوعيـة التـي تلبـي رغبة المستفيد بتميز العمليات التي تقوم بها المؤسسـة، والـدفع بجهـود العـاملين نحـو رغبات المستفيدين، والتحسين المسـتمر في الأداء. ومـن هنـا ظهـر مفهـوم إداري جديـد لتحقيـق هـذه المبـادئ أطلـق عليـه إدارة الجـودة الشـاملة Total Quality Management أدى إلى تغيير جذري في مفاهيم الجودة لتصبح أداة تغيير بدلاً عـن أن تكون أداة رقابة.

والشكل 1-2 التالي يبين مراحل تطور الجودة الشاملة.

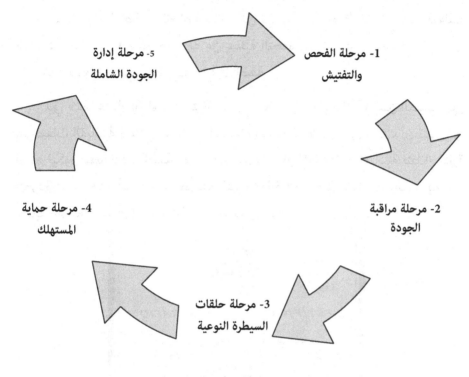

شكل 1-2: مراحل تطور الجودة الشاملة

3-1 ماهية الآيزو ISO:

إن كلمة ISO مشتقة من الكلمة الإغريقية "ISOS" أي التساوي وهي ليست اختصار التسمية المعروفة International Standardization Organization وفي مجال المواصفات تعني ISO تساوي الشيء بالمقارنة مع المواصفة، حيث أن الـ ISO هي منظمة دولية وغير حكومية وليست جزءاً من الأمم المتحدة، مع أن أعضاءها يمثلون أكثر من 120 دولة من دول العالم المستقلة، وتعبر كافة المواصفات والمعايير الصادرة عن المنظمة اختيارية ولا يتمّ تطبيقها بالجبر أو القوة مع أن الكثير من الدول تعتبرها مواصفات وطنية خاصة بها فعلى سبيل المثال، لا تسمح حكومة اليابان لأي مؤسسة أن يتمّ تأسيسها بدون أن تراعي

المقاييس والمواصفات الخاصة بها والتي تمّ تبنيها من منظمات المعايير الدولية كـ ISO، حيث أن ISO غير مسؤولة عن عملية التحقق من مدى مطابقة ما ينفذه المستخدم للمواصفة مع متطلبات هذه المواصفة.

لكي يتمّ اعتبار أن المنتج متوافقاً مع المعايير الدولية لا بدّ من التمييز بين المواصفات القياسية للمنتج التي تبين الصفات المميزة المختلفة التي يجب أن تتوفر في المنتج ليكون مطابقاً للمواصفة القياسية له والمعايير أو المواصفات القياسية لنظام إدارة الجودة الذي يحدد أسلوب أو الطريقة الفنية لإدارة الجودة في المنظمة، والذي يضمن مطابقة المنتج لمستوى الجودة الذي تمّ تبنيه وتطبيقه من قبل المنظمة.

CERTIFICATE OF REGISTRATION

M/S SWISS LIFE TOWNSHIPS PVT. LTD.

Quality Standard

ISO 9001:2000

General Manager

QA TECHNIC LTD. COM.

شكل 1-3: شهادة ايزو

أما الدور الذي تقوم به هذه المنظمة فيتمثل في:

1. إصدار المواصفات القياسية العالمية واستمرار التحديث بها وذلك للمواد الخـام والمنتجات الخامات والعمليات الإنتاجية الخدمية وعمليات التفتيش.

2. تطوير وتحديث عمليات التوحيد القياسي.

3. ضمان سهولة التبادل التجاري للمنتجات والخدمات بين دول العالم.

تتكون المواصفات القياسية الدولية من خمس مواصفات خاصة بـإدارة وتأكيد الجودة، وهي:

ـ أيزو9000 :

وهي المرشد الذي يحدد مجالات تطبيق كـلاً مـن أيـزو 9001 وأيـزو 9002 وأيـزو 9003.

ـ أيزو 9001 :

تتضمن ما يجب أن يكون عليه نظام الجـودة في الشركات الإنتاجيـة أو الخدميـة التي يبدأ عملها بالتصميم وينتهي بخدمة ما بعد البيع، وتضم 20 عنصراً مـن عناصر الجودة.وتبرز في هذه المواصفة أهمية تصميم المنتج الـذي أصبح حيويـاً للمستهلكين الذين يتطلبون منتجات بلا أخطار.

ـ أيزو 9002 :

تتضمن ما يجب أن يكون عليه نظام الجـودة في الشركات الإنتاجيـة أو الخدميـة التي يقتصر عملها على الإنتاج والتركيب دون التصميم أو خدمة ما بعد البيع وتضم 18 عنصراً من عناصر الجودة. المنتجات والخدمات في هـذه المواصفة تكون قد صـممت وفحصت وسوقت، لذلك تهتم هذه المواصفة بالمحافظة على نظم الجودة القائمة بـدلاً من تطوير نظم جودة لمنتجات جديدة.

ـ أيزو 9003 :

تخص الشركات التي لا تحتاج لنظم جودة شاملة لأنها لا تعمل بالإنتاج أو تقديم الخدمة وإنما يقتصر عملها على الفحص والتفتيش والأختبار، مثال ذلك موردو البضائع الذين يقتصر عملهم على فحص واختبار منتجات جاهزة وردت إليهم من مصانع تطبق نظم الجودة الشاملة.

ـ أيزو 9004 :

تحدد عناصر ومكونات نظام الجودة وتعتبر المرشد الذي يحدد كيفية إدارة الجودة وهي بذلك تختلف جذرياً عن المواصفات 9001 و9002 و9003 في أن الأخيرة تعاقدية أو تتضمن صيغة إلتزام من المورد أو المصنع تجاه العميل، والصفة التعاقدية هنا تفرض الحصول على شهادة، أما المواصفة 9004 فهي إرشادية.

إن كون أن العديد من معايير أيزو موجودة في كلّ مكان قد أدى في بعض الأحيان إلى استخدام "ايزو" لوصف المنتج الفعلي الذي يتوافق مع معيار ما. ومن بعض الأمثلة على هذا ما يلي:

• صور الأقراص التي لاحقتها ISO للدلالة على أنها تستخدم نظام الملفات القياسي الآيزو 9660 عوضاً عن نظام ملفات آخر، وبالتالي صور الأقراص المضغوطة عادةً ما يشار إليها بالاسم "ايزو". تقريباً كافة أجهزة الكمبيوتر التي تحتوي سواقات القرص المضغوط يمكنها قراءة الأقراص التي تستخدم هذا المعيار. بعض أقراص دي في دي أيضاً تستخدم نظام الملفات أيزو 9660.

• الحساسية للضوء الخاصة بالفيلم الفوتوغرافي (سرعة الفيلم)، هي التي وصفها ايزو 5800:1987. وبالتالي، فإن سرعة الفيلم غالباً ما يشار إليها بأنها "رقم أيزو".

المآخذ على الايزو:

باستثناء عدد قليل من المعايير المنعزلة، معايير الأيزو عادة ما تكون غير متوفرة مجاناً، ولكن مقابل رسم الشراء، التي كان ينظر إليها البعض على أنها باهظة التكاليف بالنسبة للمشاريع الصغيرة المفتوحة المصدر. إجراءات الآيزو / اللجنة الإلكتروتكنية الدولية (JTC1) السريعة قد حصلت على انتقادات في ما يتعلق بالتنسيق المفتوح XML الخاص بالتطبيقات المكتبية (الآيزو / اللجنة الإلكتروتكنية الدولية 29500). براين مارتن، منظم الآيزو / اللجنة الإلكتروتكنية الدولية (JTC) السابق قد قال: أود أن أوصي من يخلفني ربما حان الوقت لتمرير معايير WG1 إلى OASIS، حيث يمكن الحصول على الموافقة في أقل من عام وبعد ذلك القيام بتقديم تقييم الأداء للمعيار، والتي سوف تحصل على الكثير من الاهتمام وتتمّ الموافقة بشكل أسرع بكثير من المعايير حالياً وذلك ضمن WG1. التفاوت بين قواعد نظام تقييم الأداء والمسار السريع، ولجنة معايير الآيزو يجعل آيزو أضحوكة في مجال تكنولوجيا المعلومات. أيام التنمية المفتوحة للمعايير تختفي بسرعة. بدلاً من ذلك أننا نحصل على المعايير من قبل الشركات. مارك شاتلوورث خبير أمن الحاسوب ومستثمر أوبونتو علق على وضع معيار التنسيق المفتوح XML الخاص بالتطبيقات المكتبية بقوله أعتقد أنه يقلل من ثقة الشعوب بعملية وضع المعايير وزعم شاتلوورث أن ايزو لم يضطلع بمسؤوليته.. كما أشار إلى أن مايكروسوفت قد ألح على العديد من البلدان التي لم تشارك عادة في الآيزو وكدست لجان فنية مع موظفي ومزودي حلول ومسوقي مايكروسوفت المتعاطفة مع التنسيق المفتوح XML الخاص بالتطبيقات المكتبية. عندما يكون لديك عملية مبنية على الثقة، وعندما يتمّ استغلال هذه الثقة، وينبغي وقف عملية آيزو... آيزو هو شبيه بنادي مهندسين للكبار وهذه الأمور هي مملة لذا يجب أن يكون لديك الكثير من الشغف... ثم فجأة لديك استثمار الكثير من الأموال وكسب التأييد وتحصل على

نتائج مصطنعة... هذه العملية لم يتمّ إعدادها للتعامل مع الضغط المكثف للشركات وحتى ينتهي بك الأمر بمعيار ليس واضحاً.

يمكن للمنظمة التي تتبنى معايير الجودة أن تحدد مستوى الجودة الذي تريده لمنتجها وذلك بالاعتماد على دراسة السوق ومتطلبات العملاء حيث يساعد نظام إدارة الجودة في عملية التخطيط للمنتج المطلوب والحصول عليه بطريقة مستمرة ومنتظمة بنفس مستوى الجودة الذي تمّ تحديده.

إن أنظمة إدارة الجودة في العصر الحالي يتمّ تطبيقها وتبنيها وعلى مستويات مختلفة من قبل ملايين المنظمات الصناعية والخدماتية المختلفة في العالم حيث يمكن تعريف الجودة حسب مضمون المعيار القياسي ISO 9000 لعام 2000 كما يلي:

إن الجودة عبارة عن مجموعة الصفات المميزة للمنتج (أو النشاط أو العملية أو المؤسسة أو الشخص) والتي تجعله ملبياً للحاجات المعلنة والمتوقعة أو قادراً على تلبيتها.

وبقدر ما يكون المنتج ملبياً للحاجات والتوقعات، يتمّ نعته أو وصفه بأحد الصفات التالية:

- منتجاً جيداً.
- منتجاً عالي الجودة.
- منتجاً رديئاً.

وهذا المنتج والذي يتميز بالمواصفات أو المعايير المعينة يعبر عن الحاجات المعلنة في عقد الشراء أو البيع بمواصفات محددة للمنتج المراد شراؤه أو بيعه.

الجودة في الحقيقة لها تعاريف مختلفة تمّ وضعها من قبل العديد من الباحثين والمنظمات الأخرى المختلفة، ومن التعاريف الأخرى للجودة:

- الجودة هي الملاءمة للاستعمال أو الغرض.
- الجودة هي المطابقة للمتطلبات أو المواصفات.
- الجودة هي تقديم الخدمات في الوقت المناسب للمستفيدين.
- الجودة هي تقديم الخدمات في المكان المناسب للمستفيدين.
- الجودة هي مدى إرضاء الزبون.
- الجودة هي تخفيض تكاليف الأداء.
- الجودة هي اشباع حاجات المستفيد الحالية والمستقبلة.
- الجودة هي المطابقة للاحتياجات.
- الجودة هي مسئولية كلّ فرد في المنظمة.
- الجودة هي رضاء الزبون التام عن المنتج أو الخدمة المقدمة له.
- الجودة هي خدمة أو سلعة موجهة لتلبية حاجيات المستفيدين.
- الجودة من وجهة نظر المنتج هي مجموعة مـن الخصائص التـي يتمتـع بهـا منتج معين، فيمكن القول أن هناك منتجين مختلفين عندما لا يقدمان نفس الخصائص، فعلى سبيل المثال من الممكن أن نقول أن هـذا الحاسـوب لـه معالج أسرع مقارنـة بغيره، أي أنه ذا جـودة عاليـة مقارنـة بغيره مـن الحاسـبات، فـالجودة هنا قابلة للقياس لأنها تتعلق بمكونات المنتج.

- **الجودة من وجهة نظر المستفيد:** هي مقاربة تسويقية تـرتبط بـالطرق والمنتجات والخدمات المختلفة التي تلبي الحاجيات المختلفة للمسـتفيدين.، فـالجودة حسـب نظر المستفيد تتمثل في القدرة على تلبية توقعات المستفيدين وهـو مـا يعني أنهـا ليست ذات معنى موضوعي قابل للقياس وموحد بـل هـي ذات معنى ذاتي غـير قابلة للقياس تتعلق بالتوقعات الخاصة لكلّ مستفيد، فجودة المنتج لفرد مـا هـي ليست نفسها لذات المنتج لفرد آخر واعتبار المنتج ذا نوعيـة جيـدة إنمـا يرجع إلى مدى تلبية حاجيات أكبر عدد ممن من المستفيد.

1-4 ما هي الجودة ؟

تعتبر المنظمة الدولية للمقاييس "ISO" International Standardization Organization من أوائل المنظمات التي تمّ تأسيسها من أجل وضع المقاييس والمعايير الدولية لمختلف المجالات العلمية، ومنذ تأسيسها في العام 1947 وحتى العام 1997، وهي تصرح عن معايير تجارية وصناعية عالمية و يكمن مقر هذه المنظمة في جنيف، سويسرا و بالرغم من أن الأيزو تعرف عن نفسها كمنظمة غير حكومية، ولكن قدرتها على وضع المعايير التي تتحول عادة إلى قوانين (إما عن طريق المعاهدات أو المعايير القومية) تجعلها أكثر قوة من معظم المنظمات غير الحكومية حيث تؤلف منظمة الأيزو عملياً حلف ذو صلات قوية مع الحكومات.

تأخذ المنظمة رسوم معينة مقابل الحصول على نسخ من معظم المعايير. ولكن الحصول على معظم المسودات بشكل الكتروني مجاني. رغم أنها مفيدة، يجب الحرص على استخدام هذه المسودات فهناك إمكانية لتغيير كبير قبل أن يصبح المعيار نهائياً. بعض المعايير من قبل المنظمة وممثلها الرسمي للولايات المتحدة (واللجنة الكهروتقنية الدولية في الولايات المتحدة عن طريق اللجنة الوطنية وإتاحتها) متوفرة بشكل مجاني، وقد قامت منظمة الآيزو بإنشاء ما يقارب ال 10900 معيار ومقياس في المجالات الآتية:

- **الهندسة الميكانيكية**
- **المواد الكيميائية الأساسية**
- **المواد غير المعدنية**
- **الفلزات، والمعادن**
- **معالجة المعلومات**
- **التصوير، والزراعة، والبناء،**

- **التكنولوجيات**
- **الصحة، والطب**
- **البيئة، والتغليف والتوزيع.**

وقد أصدرت منظمة الـ ISO ضمن المواصفات المذكورة أعلاه سلسلتين من المواصفات المعيارية هما:

1. ISO 9000

2. ISO 14000

السلسلة الأولى وهي سلسلة لها علاقة بأنظمة إدارة الجودة والثانية بأنظمة إدارة البيئة. حيث تعمل في إعداد المواصفات المذكورة ما يقرب بـ 900 لجنة فنية تصدر وتراجع حوالي 800 من المعايير والمواصفات القياسية كلّ عام.

لدى المنظمة 158 عضوا وطنياً، من مجموع 195 بلداً في العالم، ولديها ثلاث فئات للعضوية:

• **أعضاء الهيئة:** وهي الهيئات الوطنية التي تعتبر الأكثر تمثيلاً للمعايير في كل بلد. هذه هي فقط أعضاء أيزو التي يحق لها التصويت.

• **الأعضاء المراسلة:** هي الدول التي ليس لديها منظمات معايير. هؤلاء الأعضاء على علم بأعمال المنظمة، ولكنها لا تشارك في إصدار المعايير.

• **الأعضاء المشتركة:** من البلدان ذات الاقتصاديات الصغيرة. إنهم يدفعون رسوم مخفضة للعضوية، ولكن يمكن لهم متابعة تطور المعايير. الأعضاء المشاركون يطلق عليهم اسم أعضاء "P" بدلاً من اسم أعضاء "O" المعطى لأفراد المراقبة.

1-5 أهداف الجودة للمستفيد:

إن جودة المنتج أو الخدمة لا بدّ لها من ربطها بالمضمون الاقتصادي الذي يصنع المنتج أو السلعة بشكل مربح بالنسبة للمنظمة من جهة وبحيث يكون السعر بمتناول القدرة الشرائية للمستهلك من جهة أخرى، ومن الضروري أيضاً ربط الجودة بحاجات المجتمع ذات الصلة بالصحة والسلامة والأمان والتي تمس الإنسان والبيئة.

إن الهدف الرئيسي للجودة هو إرضاء الزبون سواء كان داخل المنظمة أو خارجها حيث أنه على القيادة أو الإدارة في المنظمة أن تتظافر مع الموظفين والعاملين من أجل حشد كلّ الجهود لتحقيق هذا الهدف، ألا وهو رضاء الزبون التام، أي لا بدّ أن يحقق المنتج رغبات وتطلعات المستفيد.

تشكل الجودة والكلفة والإنتاجية المؤشرات الرئيسية لتقييم مدى نجاح المنظمات، ولكن ما مدى تأثير هذه المؤشرات على إرضاء الزبون؟ أو ما هي أهمية هذه المؤشرات بالنسبة لمبدأ إرضاء الزبون؟

تعتبر الجودة العامل الأهم بين المؤشرات الثلاثة السابقة بالنسبة لإرضاء الزبون، حيث أن الأخير يختار ويشتري ويستعمل منتجات أو خدمات تلبي احتياجاته منها لفترة طويلة من الزمن بثقة ورضى عنها. أما بالنسبة للسعر، فإن الزبون عند مقارنته بين جودة منتجين، يختار السعر الأرخص. في هذه الحالة على المصنع أن يميز بين السعر والكلفة وبأنهما مختلفان في الكمية والطبيعة. ذلك لأن تحديد الكلفة يتعلق بشكل رئيسي بعوامل ذات صلة بالمصنع نفسه، الذي صنع المنتج أما السعر، فيحدد تبعاً لمؤشرات خارجية ذات صلة بطلب الزبون واختياره للسلعة وحالة السوق وغيرها. غير أنه يمكن للمصنع أن يخفض تكلفة المنتج عن طريق اهتمامه بالجودة.

أما فيما يتعلق بالإنتاجية، فهي أمر يهم المصنع وحده وليس الزبون، وذلك لأن الأخير لا يهمه ذلك بل يهمه الحصول على منتج جيد وبسعر رخيص غير أن المصنع، بتحسنه للجودة في مؤسسته يمكنه أن يحسن الإنتاجية أيضاً. يقول "ديمنغ" بهذا الصدد ما يلي: "ترتفع الإنتاجية في المؤسسة إذا تحسنت الجودة لديها".

وبإيجاز نقول إن اهتمام المؤسسة بالجودة وتحسينها لها سيخفض التكلفة من جهة نتيجة لخفض العيوب والهدر ويحسن الإنتاجية لديها من جهة أخرى، نتيجة لتحسين العمليات فيها.

6-1 ما هي إدارة الجودة الشاملة؟

لقد انتشر التنافس بين كافة المنظمات وعلى اختلاف أنواعها وإحجامها مما أدى إلى ظهور العديد من المصطلحات المتعلقة بجودة المنتجات وعملية إدارتها حيث شاع في أدبيات الإدارة المعاصرة مصطلح إدارة الجودة الشاملة والذي يعبر عن توجه عام يسيطر على فكر وتصرفات ممارسي الإدارة في كافة المنظمات، وأصبح من معايير تقويم الإدارة والحكم على كفاءة المنظمات وأدائها في السوق المحلي والعالمي.

تعتبر الجودة الشاملة عملية إستراتيجية إدارية ترتكز على مجموعة من القيم وتستمد طاقة حركتها من المعلومات التي نتمكن في إطارها من توظيف مواهب الأفراد العاملين في المنظمات واستثمار قدراتهم الفكرية في مختلف مستويات التنظيم على نحو إبداعي لتحقيق الجودة والتحسين المستمرين للمؤسسة، ولا بدّ أن يتمّ تطبيق فلسفة ومبادئ الجودة الشاملة في المؤسسات الإنتاجية والخدمية على حدّ سواء.

إن التحديات التي تشهدها منظمات الأعمال في المجتمع الإنساني المعاصر تقترن بالجوانب النوعية على الصعيدين الإنتاجي والخدماتي، وتستخدم النوعية

كسلاح تنافسي رئيسي في هذا الاتجاه، وقد تمّ الاهتمام بالإطار الفسلفي والفكري لإدارة الجـودة الشـاملة ((Total Quality Management (TQM)) حيـث أن هـذا المفهوم يستند على ثلاث أركان رئيسية وهي:

1. **تحقيق رضا المستهلك.**
2. **مساهمة العاملين في المنظمة.**
3. **استمرار التحسن والتطوير في الجودة (خدمة أو إنتاج).**
   ولا تخرج الإجابات عن ما طرحه جابلونسكي.

إن إدارة الجودة الشاملة تعبر عن كلّ هـذه الأشـياء. إنهـا أسـلوب القيـادة الـذي ينشئ فلسفة تنظيمية تساعد على تحقيق أعلى درجـة ممكنـة مـن الجـودة في الإنتاج والخدمات.

إن إدارة الجودة الشاملة تعني تحقيق أعلى جـودة ممكنـة في الإنتاج السلعي والخدماتي وفقاً للظروف التي تخضع لها الشركة حيـث أن الجـودة الشـاملة تعني أن الجودة ليست هدفاً محدداً تحققه المنظمة ومن ثم تحتفل به ثم تفقده أو تنساه، بـل تعبر الجودة عن هدف متغير، وهو الاستمرار في عملية تحسين الجودة.

من العوامل الأساسية في عملية تحقيق الجودة الشاملة هـو التـزام جميـع أفراد الشركة بمعايير الجودة الشاملة، حيث يزداد نجاح إدارة الجودة الشاملة عنـدما تكـون هناك رغبة كبيرة من الأفراد بتحقيق الجـودة، وتفشـل عنـدما لا يظهـر الأفراد عزمهم والتزامهم بمبادئها.

إن إدارة الجودة الشاملة تعني تعريف فلسفة الشركة لكلّ فرد فيها، كـما تعمـل على تحقيق دائم لرضا العميل مـن خـلال دمـج الأدوات والتقنيـات والتـدريب ليشـمل تحسناً مستمراً في العمليات داخل الشركة مـما سيؤدي إلى ظهـور منتجـات وخـدمات عالية الجودة.

إن الجودة الشاملة إذن هي عملية تنظيم من قبل القيـادة أو الإدارة تعمـل عـلى تحقيق أعلى درجة ممكنة لجودة الإنتاج والخدمات وتسعى إلى إدمـاج فلسـفتها ببنيـة المنظمة، وأن نجاحها يتوقف على قناعة أفراد المنظمـة بمبادئها. وإن مبادءها تضيف بالفعل قيمة وجودة للمنظمة في السوق المحلي و العـالمي وقد أثبتت مبادئها نجاحـاً مستمراً لأنها تسعى وبصورة مستمرة إلى تحقيق رضا العميـل الـداخلي والخـارجي مـن خلال دمـج الأدوات والتقنيـات والتـدريب الـذي يـؤدي إلى خـدمات ومنتجـات تتميـز بالمواصفات القياسية ذات النوعيـة الجديـة والسـعر الـذي يـتلاءم مـع قـدرات العميـل الشرائية. ويمكن التعبير عن هذه النظرة الشمولية بالشكل 4-1 التالي:

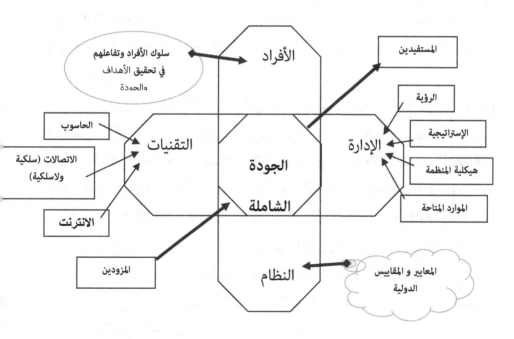

شكل 4-1: إدارة الجودة الشاملة

إن تباين مفاهيم وأفكار إدارة الجودة الشاملة وفقاً لزاوية النظر من قبل الباحثين انعكس بشكل واضح على عدم وجود تعريف عام متفق عليه من قبلهم إلا أن هناك بعض التعاريف التي أظهرت تصور عام لمفهوم الجودة الشاملة TQM. حيث يمكن ملاحظة التعاريف التالية:

منظمة الجودة من وجهة النظر البريطانية: "أنها الفلسفة الإدارية للمؤسسة التي تدرك من خلالها تحقيق كلّ من احتياجات المستهلك، وكذلك تحقيق أهداف المشروع معاً".

أما وجهة النظر الأمريكية فتعرف TQM: "إدارة الجودة الشاملة هي فلسفة وخطوط عريضة ومبادئ تدل وترشد المنظمة لتحقيق تطور مستمر وهي أساليب كمية بالإضافة إلى الموارد البشرية التي تحسن استخدام الموارد المتاحة وكذلك الخدمات بحيث أن كافة العمليات داخل المنظمة تسعى لأن تحقق إشباع حاجات المستهلكين الحاليين والمرتقبين".

إننا نلاحظ من خلال التعريف الأول (لمنظمة الجودة من وجهة النظر البريطانية) أنه تعريف يركز على كفاءة وفاعلية المشروع وذلك يحمي المنظمة ويقودها إلى التميز من خلال تلبية احتياجات المستهلك الذي يتحقق من خلاله أهداف المنظمة أو المشروع. وفي التعريف الثاني (الأمريكي) يؤكد على أنها فلسفة ومبادئ تقود إلى تطور مستمر وأن كافة العمليات تسعى لتحقيق حاجات المستهلكين الحالية والمستقبلية.

أي أن إدارة الجودة الشاملة تمثل المنهجية المنظمة لضمان سير النشاطات التي تم التخطيط لها مسبقاً من أجل تحقيق الأهداف المنشودة حيث أنها الأسلوب الأمثل الذي يساعد على منع وتجنب المشكلات من خلال العمل على تحفيز وتشجيع السلوك الإداري التنظيمي الأمثل في الأداء باستخدام الموارد المادية

والبشرية بكفاءة عالية. أو أنها الطريقة التي تتمكن من خلالها المنظمة من تحسين الأداء بشكل مستمر في كافة مستويات العمل التشغيلي وذلك بالاستخدام الأمثل للموارد البشرية والمادية المتاحة.

ومن خلال ما ورد من مفاهيم للجودة والجودة الشاملة وإدارتها يمكن استنتاج ما يلي:

1. أنها فلسفة ومبادئ تسعى إلى التحسين والتطوير المستمرين.
2. تحقيق رضا المستهلك وكذلك تحقيق أهداف المنظمة.
3. تسعى إلى تحقيق الاستخدام الأمثل للموارد البشرية والمادية.
4. أن المنظمة ومن خلال إدارة الجودة الشاملة TQM تعمل داخل المجتمع من خلال خدمته فهي تسعى وباستمرار لفهم حاجة المستفيد أو العميل.

ومما يجد الإشارة إليه أن المنظمة لا يمكن أن تحقق رضا الزبون الداخلي والخارجي إلا إذا تبنت المنظمة القيم والمبادئ وقامت بتثبيتها وتطبيقها حتى تشمل جميع أفرادها لتتمكن من تطبيق فلسفة ومفهوم ومبادئ إدارة الجودة الشاملة وهذا ما يطلق عليه بالثقافة التنظيمية.

الفصل الثاني

تصميم وضمان الجودة

محتويات الفصل:

الفصل الثاني

تصميم وضمان الجودة

Designing and Assuring Quality

الأهداف التعليمية للفصل الثاني:

يهدف هذا الفصل إلى توضيح أهم الأسباب المؤدية إلى التغيير والتحسين في المنظمات لتحقيق الجودة الشاملة، وأهمية الحافز التقني الذي يؤدي بالمنظمات إلى التطور والتقدم والتغير، كما يبين هذا الفصل مواقف الأفراد بالنسبة للتغيير وكيفية التعامل مع كافة المواقف وخاصة مواقف الأفراد المعارضين لعملية التغيير والتطوير وتطبيق معايير الجودة.

أهداف الفصل الثاني:

- شرح وتوضيح الحوافز التي تدفع المنظمات إلى التغير والتطور ومنها الحافز التقني أو التكنولوجي.
- التعرف إلى أهمية التغيير في المنظمات وتأثيره عليها في المدى البعيد.
- التعرف على ردود ومواقف الأفراد والموظفين من التغيير وتبني الجودة في المنظمة.
- بيان مواقف الموظفين وكيفية علاج الإدارة لمقاومة التغيير في المنظمة.
- تلخيص وتقديم خطوات ومراحل الجودة الشاملة.

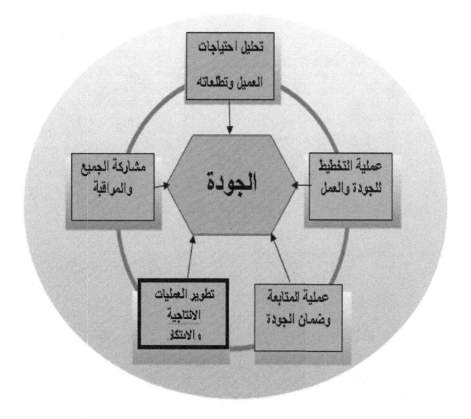

شكل 2-1 الجودة

1-2 المقدمة Introduction:

تعتبر المنظمات الحديثة منظمات أو مؤسسات اجتماعية يجري عليها ما يجري على الكائنات البشرية فهي تزدهر وتنمو وتتطور وتتقدم وتواجه الصعوبات والتحديات، وتتصارع وتتكيف مع البيئة المحيطة بها والتي تشتمل على المنافسين والعملاء والمؤسسات الحكومية وغيرها حتى تصبح عملية تبني معايير الجودة ظاهرة طبيعية تعيشها كلّ مؤسسة وتصبح جزءاً لا يتجزأ من سياستها.

إن عملية التغيير تعتبر جزء من عملية الابتكار والإبداع وهي جزءاًً أساسياً من عملية الجودة، حيث أن تحقيق الجودة الشاملة يتطلب الكثير من التغييرات في المنظمات، لذا فإن عملية التغيير ضرورة وأساس الإبداع والشعور بوجود نقص أو الشعور بإمكانية استحداث وسائل أو أنظمة أفضل من الوسائل والأنظمة الحالية حيث أن عملية التفكر هي عملية ضرورية يكون فيها الإنسان المصدر الأول لها، فالمعرفة الجديدة والفكرة الحسنة هما عنصران مهمان وأساسيان لتطوير المنظمات والمجتمعات و يعني ذلك أن على المنظمات الحريصة على الريادة والتميز أن لا تألوا جهداً في إتاحة المجال للعاملين لديها بالتنمية والإبداع والعمل على التنقيب عن المعلومات الجديدة والقوانين والنماذج التي لم يسبق أن تمّ اكتشافها من قبل وأن تعمل على اظهار الإمكانيات والإبداع بطريقة منظمة وذلك بتوفير كافة الوسائل والبيئة المناسبة لذلك.

إن موضوع الجودة والتطوير قد يبدو صعباً وإن كان كذلك فهو محتاج إلى نوع من بذل الجهد والتضحيات من قبل الأفراد والمنظمات.

يجب على المنظمات أن لا تنتظر حتى تتوافر الإمكانيات التي يحتاجها التطوير ولكن علينا أن نبدأ فى حدود المتاح، حيث أن أغلب مجالات التطوير تعتمد على الأفراد فى تغيير وتطوير طريقة أداءه وسلوكياته و هذا لا يحتاج نفقات

مادية إضافية. حيث أنه من الطبيعي والضروري أن يتعلم الفرد وينمى قدراته لأنه المؤثر الأكثر فاعلية فى المنظمة فهو يتعلم من أجل العمل على تحسين المنتج الذي سيخرج من بين يديه.

ومن أجل التطلع لمستقبل أفضل لمجتمعاتنا علينا اليوم أن نتحمل مسئولياتنا أمام الله عزّ وجلّ لأننا أصحاب رسالة كرسالة الأنبياء والرسل عليهم جميعاً الصلاة والسلام وعلى كلّ منا واجب عليه أن يؤديه فى سبيل تغيير الواقع الذى نرفضه جميعاً ودائماً نتحسر لما آلت إليه الأوضاع. قال تعالى:

(إِنَّ اللَّهَ لَا يُغَيِّرُ مَا بِقَوْمٍ حَتَّى يُغَيِّرُوا مَا بِأَنْفُسِهِمْ (11))[الرعد: 11]

فقد أصبح هذا لأمر بين يدينا الآن فما علينا إلا أن نغير أنفسنا ليتغير قومنا وبه تتغير الأوضاع التى نرفضها جميعا.

وإن كان معنى الجودة ليس بالجديد علينا فالكتب السماوية حثت على إتقان العمل كما فى قوله تعالى:

(وَلِكُلٍّ دَرَجَاتٌ مِمَّا عَمِلُوا وَمَا رَبُّكَ بِغَافِلٍ عَمَّا يَعْمَلُونَ(132) [الأنعام: 132]

وقوله تعالى:

(إِلَّا الَّذِينَ صَبَرُوا وَعَمِلُوا الصَّالِحَاتِ أُولَئِكَ لَهُمْ مَغْفِرَةٌ وَأَجْرٌ كَبِيرٌ(11) [هود: 11]

وقوله تعالى:

(الَّذِينَ آمَنُوا وَعَمِلُوا الصَّالِحَاتِ طُوبَى لَهُمْ وَحُسْنُ مَآبٍ(29))

[الرعد: 29]

وقال رسول الله صلى الله عليه وسلم:

" إن الله يحب إذا عمل أحدكم عملاً أن يتقنه "

علينا جميعاً أن نبذل الجهد ونجد ونجتهد ونطلب من الله العون والمساعدة أملاً في مستقبل أفضل للبشرية ولمجتمعاتنا يكون أكثر إشراقا وتطوراً.

إن عملية التحفيـز هـي عمليـة مباشـرة تتعلـق بـالقوى البشريـة التـي تعمل في مشروع معين وهي تتطلب وتتعلق بتشجيع كلّ الأفراد المعنيين لكي يعملوا بشكل جيد وبجد وبنشاط بإرادتهم وفي طريقة اقتصادية ليعملوا لمصلحة الشركة ومصلحتهم.

إن أهداف المشروع سواء كانت مبنية على تقنيات المعلومات الحديثة كالحاسوب والانترنت أم لا يمكن فقط تحقيقها من خلال الجهود التي يقوم بها هـؤلاء الأفراد لـذا يحتاج هؤلاء الأفراد إلى حافز وتشجيع من أجل أن يقوموا بعملهم علـى أكمـل وجـه إلا أن هذا التحفيز أو الحافز قد يختلف من فرد إلى آخر أو من مجموعة من المـوظفين إلى أخرى لذا يجب على المدير أو المشرف أن يعرف كيف يقوم بوضح الحافز المناسب لكلّ فرد أو مجموعة من الموظفين ومن الحوافز التي يمكن توظيفها ما يلي:

- صرف المكافآت المالية حيث أن هذا الحافز يعتبر من أكثر الحوافز تأثيراً للعديد من الأفراد، حيث أن العديد من الأفراد يطمحوا أن يحصلوا علـى المزيـد مـن الذين وظفوهم ليس فقط المال بل الرضاء أو الأمن الوظيفي أو القيام بالعمـل الذي يفضلونه ويستمتعوا بأدائه والذي يشعرهم بأن مهاراتهم وامكانياتهم قد تمّ استخدامها وتوظيفها على اكمل وجه.
- العديد من الأفراد يطمحوا إلى أخذ المزيد مـن الـدورات والتـدريب وزيـادة مهاراتهم ومعرفتهم وهذا يعتبر حافزاً كبيراً بالنسبة لهم.

- بعض الأفراد يفضلون أن يعملون ضمن مجموعات أو فريق عمل.
- بعض الأفراد يطمحون إلى المزيد من الترقيات أو اكتساب المراكز الوظيفية الأعلى والتي فيها المزيد من السلطات والصلاحيات المعطاه لهم حيث أنهم سوف يقومون بعملهم بجد ونشاط ليثبتوا تحملهم لهذا المنصب والمسئولية الجديدة.
- بعض الأفراد يهتمون كثيراً بالاعتراف فيهم ويهتمون كثيراً بالمعاملة والشعور بهم.
- بعضهم يحفزه العمل باعطائه ومنحه الإجازات المتكررة والتي تعمل على تجديد نشاطه في المؤسسة.
- بعض الأفراد يرغبون كثيراً بالأعمال التي تبعدهم كثيراً عن الأعمال المكتبية أو الأعمال الروتينية وبعضهم يرغب بالعمل وفق الروتين وبنفس العمل طوال الوقت.

لذا نستطيع أن نرى فإن مدى المحفزات يمكن أن يكون كبيراً لذا على المدير أن يرى الطريقة المناسبة لكلّ فرد أو مجموعة من تحفيزهم وتشجيعهم على العمل وهذا يتطلب تحفيز مختلف الأفراد بوسائل مختلفة.

إن عملية التحفيز تتطلب أيضاً بناء جو عمل جيد مبني على روح الثقة و التعاون بين الإدارة والأفراد، إن ظروف العمل الجيدة تساعد كثيراً على بناء علاقات عمل ممتازة تخدم مصلحة الشركة والأفراد على حدّ سواء.

يجب أن يكون في الشركات العديد من طرق الاتصال بين الأفراد والإدارة وبين كلّ الأفراد في المؤسسة باستخدام كافة التقنيات المتوفرة والحديثة مثل:

- الهاتف الثابت والنقال.
- البريد الالكتروني الداخلي.

- الاتصال المباشر بين الأطراف.
- استخدام الحاسوب والانترنت والشبكات المحلية سواءً كانت شبكات سلكية أو لاسلكية (الدردشة، مؤتمرات الصوت والنص والفيديو،...الخ).

إن الأمن والرضاء الوظيفي مهم جداً لخلق بيئة من العمل الفعّال، ويعمل على تشجيع الأفراد لكي يقوموا بعملهم على أكمل وجه حيث أن التهديد من الممكن أن يؤدي على المدى القصير إلى زيادة العمل ولكن على المدى البعيد فإنه يشكل خطر وتهديد للشركة حيث أنه لا يوصى به للإدارة وعلى جميع المستويات حيث يؤدي إلى هروب الأفراد وبحثهم عن شركات أخرى.

إن الأفراد يأملون وينتظرون أن ينظر إليهم ليس فقط كأجهزة ومعدات تقوم بعمل ما بل كإنسان له مشاعر وأحاسيس لا بدّ من مراعاتها لذا فهو من المهم لكلّ هؤلاء الذين يتعلق عملهم بالإدارة والإشراف أن يفهموا أن التحفيز الناجح من قبل المدير الجيد ينتج عنه معايير من الانضباط الذاتي للأفراد حيث أنه عندما يكون للأفراد احترام وتقدير فإنهم سوف يكونون على درجة كبيرة من الإخلاص لمدرائهم لكي يقوموا بعملهم بشكل جيد وبإرادتهم وبدون الحاجة إلى مراقبة مستمرة عليهم.

لذلك على القيادة الجيدة أن تختار الحافز المناسب لكلّ العاملين وتعتمد علاقة الحوافز بالإبداع على ظروف منحها وهدفها فإذا ارتبطت بأهداف محددة لهذا الحافز فإنها تصبح ذات أثر مهم على الإبداع، أما إذا ضعفت العلاقة بين الحوافز والأداء المتصل بالإبداع فيكون أثره ضعيفاً أو معدوماً. ويقتضي نظام الحوافز السليم أن تكون هنالك مقاييس عادلة وموضوعية لقياس الإبداع، مع تحديد اختصاصات وواجبات الوظائف التي يشغلها الأفراد تحديداً واضحاً، وتلعب الحوافز المادية والمعنوية دوراً مهماً في تشجيع الإبداع الإداري فالحوافز المادية مثل المكافآت والرواتب المجزية تحرك جهود الأفراد نحو أهداف معينة تسعى المنظمة

إلى تحقيقها، وتتمثل في حسن استغلال إمكانات وطاقات الأفراد الإبداعية لأن الفرد يرى نتيجة مادية ملموسة مرتبطة بسلوكه. والفرد عندما يكافئ على أفكاره الجيدة يقدم المزيد منها، أما إذا كان الجزاء سلبياً أو متأخراً أو غير عادل، أو لا يتناسب مع هذا الجهد المبذول، فالاحتمال الأكبر أن يصاب الفرد بإحباط ويمتنع عن تكرار هذا السلوك الذي أدى إلى هذه النتيجة.

كما أن الحوافز المعنوية تؤثر بدرجة كبيرة على الإبداع لأن الفرد بحاجة إلى الاعتراف بجهوده من خلال تقدير رؤسائه وزملائه، حيث أن مناخ العمل الذي تسوده المحبة والوئام والتعاون والعمل على تقليص المعوقات التي تعترض عملية الإبداع الإداري فيما يتعلق بسياسة الحوافز ومنها:

1. عدم تهيئة الظروف الملائمة لخلق الجو المشجع على الإبداع من حيث غموض الدور وعدم وضوح الأهداف والخوف من السخرية عند طرق أفكار وتصورات جديدة تخالف المألوف إضافة إلى عدم المشاركة في الآراء بين الرئيس والمرؤوس والتمسك الشديد بالأنظمة وتغريب المتميزين داخل المنظمة.

2. وضع نظام موحد للحوافز فمن الخطأ وضع نظام موحد لعدد من المنظمات التي تختلف أنشطتها إذ تختلف الحوافز بما يتناسب وكلّ بيئة أؤ منظمة أو نشاط وحسب العاملين، كذلك من الأمور المحبطة للإبداع الإداري المساواة بين الفرد المبدع وغير المبدع.

3. استخدام العقاب كأسلوب للتحفيز، فمن الممكن استخدامه للأداء المحدد أما الإبداع فإنه لاينمو في ظلّ التحفيز السلبي لأنه قدرات مبتكرة وجديدة تحتاج إلى مناخ ملائم لذلك يجب عدم وضع الحوافز السلبية في إطار التشجيع على الإبداع.

2-2 الأسباب المؤدية إلى التغيير:

هناك عدد من الأسباب التي تدعو إلى التغيير في المنظمات على اختلاف أنواعها وذلك للوصول إلى مستوى تنافسي منها:

- عدم الرضا عن الوضع الحالي للمنظمة والشعور بأن التغيير حقيقة لا بدّ منها أجلاً أو عاجلاً.

- الطموح إلى الوصول إلى وضع أفضل للمنظمة وللأفراد كي تحقق طموحات كلّ المنظمة والعاملين فيها.

- الوصول إلى شريحة أكبر من العملاء.

- الوصول إلى الأسواق العالمية وتخطي كلّ الحدود.

- تحسين المنتجات أو الخدمات أو العمل على ابتكار منتجات أو خدمات جديدة.

- العمل على المزيد من ارضاء العملاء.

- الوصول إلى مستوى عالي الجودة يتماشى مع المقاييس العالمية.

- مواكبة التقدم التقني التكنولوجي والتي تتضمن استعمال الطرق الحديثة في عمليات الإنتاج من أجل زيادة الإنتاجية أو تحسين نوعية الإنتاج. مما أوجب الاهتمام بالتغيير التكنولوجي حتى أصبح مطلباً أساسياً للنهوض في ظل التغييرات المتسارعة في بيئة العمل.

- انخفاض الإنتاجية للمنظمات وعدم مقدرتها على سدّ احتياجات العملاء أو السوق.

إن الدواعي التي ينشأ منها التغيير عديدة وربما نلخص بعضها فيما يلي:

1- المجتمع أو البيئة المحيطة سواء أكان أيديولوجياً أم اجتماعياً أم تكنولوجياً.

2- المسئولون والعاملون في مختلف الشؤون والمجالات باعتبار أن التغيير والمواكبة للظروف وسيلة للحفاظ على المؤسسة وضمان بقائها في مجتمع متغير ومتطور بشكل مستمر.

3- الضرورات والحاجات والتطلّعات.

4- الضغوطات الخارجية.

إننا في هذا العصر نشاهد دخول أنظمة الحواسيب والطفرات العلمية المتسارعة في جميع المؤسسات والدوائر (كنموذج إداري)، كما نلمس وبوضوح التطلّعات الكبيرة التي تحفّز في الجيل الجديد نوازع الحرية والانفتاح والتعايش مع أنظمة الشورى وعقد الاجتماعات من أجل مشاركة الآراء وطرح الأفكار والتخطيط الجماعي لمصلحة المنظمة مما يخلق معايشة إيجابية فاعلة بين الأفراد كافة.

هذه بعض النماذج للضرورات والدواعي التي تشكّل بالتالي القوة الدافعة إلى التغيير في بعض المؤسسات والمنظمات التي تتعامل إدارياً بالروتين القديم والأنظمة البدائية، وتظهر هذه الضغوطات ليس في قوة الدفع والتحريك فقط. بل تظهر آثارها أيضاً في مستوى الأداء وتحسينه أو سرعته وتطوره؛ فلا يقدر أحد أن يراهن على بقائه إذا وقف أمام عجلة التطور والنمو، ولا يمكن لأحدنا أن يزعم أنه الأقوى على تحدي ضرورات الحياة ومخالفة سننها، فضرورة العقل والحكمة تدعو إلى عقلنة التغيير وتوجيهه نحو الأفضل. لأننا لا نريد من التغيير مجرد التحول إلى وضع معين على خلاف ما كنا عليه من قبل، بأيّ شكل كان، لأن هذا إخلال بالتوازن غير معروف المصير، بل نريد من التغيير التطوير ذا الطموحات العالية والانفتاح الإيجابي، والخطط البناءة للوصول إلى الأهداف، لذا من الممكن اعتبار المبادىء الرئيسية التالية أساس التغيير الإيجابي والذي يكون غايته مصلحة المنظمة والأفراد والمجتمع:

1- أن يكون الأهداف والوسائل المستخدمة لعملية التغيير وفي عملية التغيير واضحة وغير مبهمة.

2- أن تكون عملية التغيير ضمن خطة مدروسة ومتوازنة وأن يتمّ تنفيذها حسب المخطط.

3- أن يكون ضمن الضوابط والتوجيه الصحيح لكي لا يخرج عن السيطرة المتوازنة.

4- أن يأتي بطموحات وتطلعات جديدة للمؤسسة والعاملين فيها ويزيدهم حماساً وتماسكاً.

5- أن يأتي بفرص عمل جديدة تأخذ بأيدي الجميع إلى التقدم.

6- رفع مواقع الضعف والاختلالات السابقة عبر إزالة النواقص والسلبيات القديمة التي تسببت في عملية التغيير.

7- يجب أن يكون من أهداف عملية التغيير إزالة العوائق التي كانت تزيد من ضعف المؤسسة أو تقلل من إيجابياتها.

8- اكتساب الإدارة عناصر أو مهارات جديدة لتحقيق الأهداف. وغير ذلك من السمات التي في مجموعها تعدّ مؤشراً حقيقياً للتغيير الإيجابي الذي يحقق طموح المؤسسة في البقاء ويضعها في قائمة المؤسسات المنافسة.

يجب أن تكون إدارة (التغيير) الجهاز الذي يحرك الإدارة والمؤسسة لمواجهة الأوضاع الجديدة وإعادة ترتيب الأمور بحيث يمكن الاستفادة من عوامل التغيير الإيجابي، وتجنّب أو تقليل عوامل التغيير السلبي، أي إنها تعبّر عن كيفية استخدام أفضل الطرق اقتصاداً وفعالية، لإحداث التغيير لخدمة الأهداف المنشود، حيث تستخدم إدارة التغيير أسلوبين في ذلك:

الأول - أسلوب دفاعي:

ويتمثّل في الغالب في محاولة سدّ الثغرات وتقليل الأضرار التي يسببها التغيير، إذ أنه من الواضح أن كلّ تغيير أو تجديد أو تطوير يستلزم هدم غير النافع أولاً قبل البناء. والإدارة التقليدية حيث لا تؤمن بضرورة التغيير، أو لا تملك شجاعة الإقدام عليه أصلاً أو أسلوباً، فإن حكمتها تدفعها لسدّ الثغرات والنواقص التي تنجم عن العملية التغييرية، لأن ذلك في نظرها أفضل أسلوب يحفظ إلى حدٍّ ما كيان المؤسسة مع خسائر أقل؛ لذلك فإن هذا الأسلوب يتّسم بأنه دفاعي، ويتخذ شكل ردّ الفعل عن فعل التغيير، أي أن الإدارة تنتظر حتى يحدث التغيير ثم تبحث عن وسيلة للتعامل مع الأوضاع الجديدة.. وغالباً ما تكتفي فيه الإدارة بمحاولة التقليل من الآثار السلبية الناجمة عن التغيير.

بينما قد تستدعي الحكمة في بعض الأحيان مواكبة التغيير بأسلوب مدروس والسعي للاستفادة من الفرص الجديدة التي يتيحها في تبديل بعض المواقع أو الأفراد والعاملين أو تطوير أساليب العمل، لأن هذا أضمن لبقاء المؤسسة وأحفظ لها من السقوط.

الثاني: أسلوب الاحتواء:

وهو أسلوب هجومي في الغالب يقوم بالتنبؤ بما تتطلبه المرحلة من طموحات وآمال وما تملكه من قدرات، وتوجهها بالحكمة والحنكة نحو تحقيق الأهداف بروّية وموازنة، وهذا يتطلب من المدراء توقع التغيير بل والتنبؤ به ليمكّنهم من التعامل معه ثم تحقيق النتائج الأفضل.

وهذا الأسلوب يتطلب من الإدارة المبادرة لاتخاذ خطط وبرامج من جانبها لإحداث التغيير أو تنظيمه وضبطه ليصبّ في الصالح العام، هذا في البعد الإيجابي،

أما في البعد السلبي فإنه يتطلب منها اتخاذ الإجراءات الوقائية لمنع التغيير السلبي المتوقع أو تجنبه.

إن التغييرات التي تحدث في المؤسسات غالباً ما تهزّ توازنها كلياً أو جزئياً، ولذا تتطلب أسلوباً إدارياً يختلف عن الأسلوب التقليدي لتكون الإدارة قادرة وعلى مستوى جيّد من الحكمة والهدوء على احتوائه وتنظيمه وتحقيق التوازن الجديد للمؤسسة وفق مبدأ عمل الأشياء الصحيحة بطريقة صحيحة بدلاً من مبدأ عمل الأشياء بطريقة صحيحة فقط، والذي يعتمد عليه الأسلوب التقليدي في الغالب.

وبهذا يظهر الفرق الجوهري بين الأسلوبين الدفاعي والهجومي؛ فإن الأول يعتمد على الضوابط لإعادة الأمور إلى نصابها، فإذا تجاوزت النصاب انفلت الزمام من أيدي الإدارة وعاد عليها بالضرر.

بينما الأسلوب الهجومي يدرس الصحيح ويقبله، ويردّ الخطأ ويتجنبه؛ لذلك فإنه ينحى منحىً وسطاً يواكب الطموحات والتطلّعات، فيأخذ بالصحيح ويتجنّب الفاسد؛ وبذلك فهو يعدّ أسلوباً أفضل لإبقاء المؤسسة والمحافظة على كيانها وعلى تفوّقها في الأداء.

3-2 الحافز التقني (التكنولوجي) Technological Driver

يتوقف النجاح المنظمي لأي منظمة على مدى قدرتها على مواكبة التغييرات المستمرة في البيئة التي تعمل فيها وخصوصاً التغييرات التكنولوجية والتي تتضمن استعمال الطرق الحديثة في عمليات الإنتاج والادارة من أجل زيادة الإنتاجية أو تحسين نوعية الإنتاج. مما أوجب الاهتمام بالتغيير التكنولوجي حتى أصبح مطلباً أساسيا للنهوض في ظل التغييرات المتسارعة في بيئة العمل. حيث أن العديد من المنظمات تعاني من انخفاض الإنتاجية وعدم قدرتها على سدّ احتياجات السوق من المنتجات أو الخدمات التي تقدمها مما يدفعها إلى إجراء تغييرات تكنولوجية في

عملياتها بهدف الوصول الى أفضل انتاجية إلا أن ضعف إدراك الكثير من المنظمات لذلك جعلها غير مهتمه بأحداث التغيير مما كان له الأثر في ضعف انتاجيتها.

وفي عالم الأعمال في هذا العصر الحديث فإن من المحتمل أن لا تستطيع أي منظمة البقاء إذا لم تتطور أو تكتسب أو تتكيف مع تكنولوجيا جديدة بشكل مستمر،فعالمنا الحاضر يتميز بدرجه عالية من التطور العلمي والتفوق التكنولوجي في كافة المجالات إلى حدّ باتت معه القدرة على إبداع المعرفة العلمية والتكنولوجيا أحد المقومات الأساسية للنمو الاقتصادي وكلّ ذلك شجع المنظمات على الابتكار وتطبيق التكنولوجيا الحديثة للتكيف مع البيئة والإنتاج بكفاءة عالية وتقديم منتجات جديدة.

إن التغيير التكنولوجي يتضمن استعمالات الطرق الحديثة لتحويل المواد إلى منتجات أو لتحسين الخدمات حيث أن التكنولوجيا تعني استخدام الوسائل الحديثة من الهاتف النقال والحاسبات والانترنت والشبكات السلكية واللاسلكية و المكائن الجديدة وذلك من أجل القيام بكافة النشاطات الفنية والإدارية في المؤسسة ولكن التغيير التكنولوجي من حيث المفهوم يعني إدخال كلّ التقنيات الجديدة، إذ يتضمن الكومبيوترات والروبوتات التي تستخدم في الصناعة وخدمة المنظمات حيث أن الكومبيوترات الآن كلّ منها يساعد الموظفين بالقيام في مهمات متنوعة واسعة مثل إعداد الصفقات البنكية، وتقوم الروبوتات بأعمال الخدمة كما وتتحكم الكومبيوترات الآن بجزء كبير من عمليات الصناعة مثل تسليم المعدات، ومراجعة الجودة، والاجتماعات ومن ناحية أخرى هناك بعض المنظمات ابتكرت أنظمة التصنيع المرن وهذه الأنظمة ولدت أجزاء أو إنتاج كلي بواسطة التشغيل الآلي من التصميم الأولي إلى التسليم بدون تدخل الإنسان.

إن التغييرات في العملية التكنولوجية والمواد التكنولوجية والإنتاج والخدمة التكنولوجية وأنظمة المعلومات وأنظمة الإدارة لأي عملية تؤثر بشكل كبير ومهم على السياسة التي تتحكم بالعمل والمهارات العمالية المتطلبة للعملية بالإضافة لتأثيراته الواضحة في محيط العمل وطبيعة الحياة العملية وفي متطلبات إعادة التدريب في المنظمة كما أوضح Skinner أحد الباحثين الغربيين أن التكنولوجيا هي الموجه الأساسي لمحيط العمل وتطوره وزيادة فاعليته للعديد من الأسباب منها:

- أن التكنولوجيا الحديثة تتطلب مهارات جديدة ومختلفة.
- أن التكنولوجيا الحديثة تؤثر في النظام الداخلي للعملية ومن ضمنها عملية الإدارة والسياسة والمهارات الجسدية أو (مهارات المنظمة المختلفة) متضمناً التدريب الجسدي وغالباً ما يظهر في سياسة تدريب مشتركة.
- أن التغيير التكنولوجي يتضمن كلّ ما هو جديد من مكائن حديثه تستخدم في الإنتاج من أجل زيادة الإنتاج أو تحسين النوعية.
- أن التغيير التكنولوجي يتطلب تغيير هيكلية الطلب نحو القوى العاملة التي تمتلك الخبرة بالتقنيات الحديثة.
- دوره من حيث تكوين الفرص أو إنشاء التهديدات في البيئة تجاه المنظمة.
- أن التغيير التكنولوجي يؤدي إلى التخلص من الإعمال الروتينية.

فإذا كانت تكنولوجيا إحدى المنظمات متقدمة على منافسيها مما يعني أنها قد منحت فرصة استثمار هذا التقدم وعلى العكس من ذلك تواجه المنظمات ذات التكنولوجيا القديمة تهديدات وضغوط عديدة تؤثر في موقعها في السوق ومن هذا الأساس يبرز بوضوح ضرورة الاهتمام بالتغيير التكنولوجي إذ أصبح الاستغلال الكفؤ والفعاّل لأساليب التكنولوجيا الحديثة ضروري لبقاء المنظمة واستمرارها.

حدد كثير من أساتذة الجامعات والباحثون عدة أسباب دفعت منظماتهم لأحداث التغيير التكنولوجي ومن هذه الأسباب ما يلي:

- زيادة الطاقة المقررة لمقابلة الطلب إذ قامت الأسواق المركزية مثلاً بنصب خزانات النقود الإلكترونية بدلاً من المكائن القديمة فضلاً عن ذلك فقد سمحت السجلات الإلكترونية خدمة سريعة والتي زادت من عدد الزبائن الذين تمكنوا من خدمتهم في الوقت المحدد والتسجيل الإلكتروني الذي خفض الكلف وزاد من الدقة.

- تستطيع التكنولوجيا أن تخفض الكلفة في عدة جوانب منها:
  o تقليل المواد.
  o كفاءة العمل.
  o توزيع تكلفة المواد يمكن أن تقلل بواسطة ترجيح أعلى كلفة مواد مستخدمة لصنع منتجات بكلفة منخفضة.
  o تقليل المواد المستخدمة لصنع المنتجات في العموم.
  o تخفض التكنولوجيا تكلفة التشغيل عبر خفض وقت الشغل اللازم لصنع المنتجات.
  o زيادة الجودة حيث أن العديد من التكنولوجيا تحسن الجودة للمنتج أو الخدمة وبالتالي زيادة حجم المبيعات.
  o تمييز المنتج عن المنتجات المنافسة.
  o تحقيق المرونة من خلال زيادة تنوع المنتجات وزيادة الحصة السوقية في البيئة التنافسية فضلاً عن ذلك تقديم منتجات بدورة حياة إنتاجية قصيرة.

لقد حدثت التغييرات التكنولوجية بشكل واسع بسبب الطاقة التكنولوجية العالية لرفع الإنتاج وتطوير النوعية وبالرغم من أن الكومبيوتر وتقنيات الروبوت لها تأثير على الأعمال الفنية التنفيذية في كثير من الدول المتقدمة فقد تناقصت كثيراً في بعض المشاريع وذلك بسبب بعض التغييرات التكنولوجية وعدم الحصول على نتائج

موفقه والعديد من الملاحظين يؤمنون أن الأداء المخيب للآمال في هذا النوع من التغييرات التكنولوجية يعزى إلى الإهمال الإداري للتغييرات الهيكلية والسلوكية التي يجب أن تتبعها المنظمة و تساهم التغييرات التكنولوجية في تحسين صورة المنظمة في النهاية وكذلك إجراء التغيير على المهن وتأتى بفرص أكثر وتنمي الخبرات.

يتضح من خلال ما سبق عرضه أهمية غرس روح التغيير من خلال دراسة الدوافع المختلفة للإدارة من أجل تنشيط وتحفيز وتشجيع عملية التغيير والتي تعتمد بشكل أساسي على الإبداع الإداري في المنظمات على اختلاف أنواعها وأحجامها كون ذلك ركيزة للتغيير وللتطوير الهادف إلى رفع مستوى الأداء، ولا يمكن أن يتحقق ذلك إلا من خلال تذليل عوائق الإبداع الإداري داخل وخارج المنظمات، إذ تُعد تهيئة الأجواء المناسبة للعاملين في المنظمة هي الركيزة الأساسية لإطلاق مواهبهم وإبداعاتهم في إنجازالأعمال وحلّ المشاكل وتنفيذ الاستراتيجيات والخطط. ويلاحظ أن المنظمات الغربية تولي هذا الجانب أهمية قصوى من خلال البحث والدراسة المتعمقة لمعوقات الإبداع في المنظمات بهدف معالجتها، ولا ريب أن ما وصلوا إليه من تقدم ليس وليد الصدفة بل يعتمد على تهيئة الأجواء الملائمة للموهوبين في إبراز طاقاتهم واستثمارها الاستثمار الأمثل، إذ إن حضارات الأمم والشعوب تنهض على أكتاف المبدعين من أبنائها، ومن المؤسف أن كثير من الدراسات أشارت إلى معوقات كثيرة في بيئة المنظمات العربية تحول دون استثمار المواهب الإدارية بالشكل المناسب ومنها:

1. قلة الحوافز المادية والمعنوية.
2. عدم توفر العدالة الموضوعية عن استخدام الحوافز في أحيان كثيرة،
3. شيوع ثقافة تنظيمية غير محفزة على الإبداع منها الانتقاد أو تحييد أصحاب الموهبة والإبداع.

وتؤكد خطط التنمية في كثير من البلدان على أهمية إيلاء العنصر البشري العناية التامة باعتباره ركيزة التنمية، وتضمنت أنظمة الخدمة فيها العديد من الحوافز، وقد أشارت بعض الدراسات إلى قصور في تلك الأنظمة، ولعل لتلك الأنظمة أثر على فعاليتها كمحفز على الإبداع، كونها صيغت لفترة زمنية لم تعد ظرفها قائمة الآن لذلك فالحاجة قائمة على اتباع انتهاج سياسة تحفيز ملائمة تنمي الإبداع وتساعد على استثمار طاقة الموهوبين، حيث ثبت أن الحوافز تتأثر بعوامل الزمان والمكان والأشخاص، فما يعد حافزاً اليوم قد لا يعد غداً محفزاً للإبداع، لذلك يجب تلمس المعوقات في سياسة التحفيز المتبعة من حيث كونها تشجع على الإبداع من عدمه ومنها:

1- وضع نظام موحد للحوافز لعدد من المنظمات التي تختلف أنشطتها فالحوافز تختلف حسب البيئة والمنظمة والنشاط والعاملين لذا يجب أن تختلف الحوافز حسب نوع المنظمة ونشاطها.

2- استخدام العقاب كأسلوب للتحفيز إذ يجب عدم وضعه في إطار التحفيز على الإبداع.

3- عدم وجود الأجواء الملائمة للإبداع بسبب غموض الدور وعدم وضوح الأهداف وهذا من أقوى محددات ومعوقات الإبداع.

يجب أن لا ننسى أن من المهمات الأساسية للإدارة في المنظمات هي عملية التركيز على الرؤية والتوجهات الإستراتيجية والاهتمام بالمستقبل. وقد اهتمت الدول المتقدمة الغربية بشكل كثير بعملية التخطيط والتنبؤ بالمستقبل وكان هذا من أهم أسباب نجاح المنظمات في الدول المتقدمة وفي ريادتها وتمكنها من التنافس في السوق العالمي بشكل قوي وفعّال مما جعلها تتقدم على باقي الشعوب والأمم.

وهناك دراسات كثيرة تشير إلى أن الرؤية الجيدة للمستقبل يجب أن يتوفر فيها بعض الصفات من أهمها:

1- وضع صورة واضحة لمستقبل المنظمة:

إن من أهم الوظائف التي يقوم بها المدير هو أن يضع الأهداف التي يسعى لتحقيقها للمنظمة حيث يضع المدير صورة أو رؤية للتغيير الذي يريد وصول المنظمة إليه. فهو يبلور الرؤية والأهداف السامية ويعمل على تحفيزهم بالرغبة في تحقيق هذه الأهداف والوصول إلى الهدف المنشود. ولا فرق هنا بين أن تكون هذه الرؤية لفتح أسواق جديدة أمام الشركة والانتشار عبر الحدود أو لبناء منظمة قوية رائدة في السوق العالمي.

2- الصبر والتحمل من أجل الوصول إلى المستقبل المنشود:

الرؤية المستقبلية الواضحة هي التي تحفز الإنسان على الاستمرار في السير نحو الهدف رغم الصعوبات. فهذا نوح عليه السلام أمضى ألف سنة إلا خمسين يدعو قومه، وحين رأى بحكمته ونفاذ بصيرته أن لا فائدة ترجى منهم دعا على قومه قائلاً:

َ(إِنَّكَ إِنْ تَذَرْهُمْ يُضِلُّوا عِبَادَكَ وَلَا يَلِدُوا إِلَّا فَاجِرًا كَفَّارًا(27) [نوح:27]

كانت الرؤية المستقبلية واضحة عند نوح عليه السلام لذا كان القرار بالدعاء عليهم سهلاً وحكيماً، واستجاب الله عزّ وجلّ لدعائه. والمثل المشابه والمعاكس هو قول الرسول صلى الله عليه وسلم لملك الجبال الذي أراد أن يطبق الأخشبين على أهل الطائف: **"بل أرجو أن يخرج من أصلابهم من يعبد الله وحده لا يشرك به شيئاً".** أخرجه مسلم. إن استشراف المستقبل يحتاج لنفاذ بصيرة وبعد نظر وتقدير كلّ الاحتمالات والاستعداد لأسوئها.

3- وضوح الهدف وتحفيزه:

من أهم المعوقات التي يعاني منها الإنسان في العصر الحديث أو عصر التغيير هو عجزه عن تحديد الغاية النهائية لأنشطة البشر. فالغرب لا يدرك هذه

الغاية لبعده عن الدين. والمسلمون ضاعوا في زحمة المشاغل اليومية والبعد عن الدين، فأصبحنا نعيش في غفلة عن دورنا في هذه الحياة الدنيا. إن غاية وجودنا في هذا الكون هي كما قال الله سبحانه وتعالى في محكم كتابه:

(وَمَا خَلَقْتُ الْجِنَّ وَالْإِنْسَ إِلَّا لِيَعْبُدُونِ(56) [الذاريات: 56]

لكن وللأسف طول الأمل على الكثير منا، وتغلغل الدنيا في القلوب أدى إلى نسيان الكثير منا لهذه الغاية. فلو راعى القائد الله في نفسه ورعيته ورسم من الأهداف ما يتوافق مع أوامر الله عز وجل لكان النجاح حليفه. وبالمثل لو وضع المدير والمسؤول هذه الغاية أمام عينه لراعى الله في أحكام البيع والشراء وحقوق العاملين، مما يوجد ولاءً وإخلاصاً لديهم ولدى المتعاملين معهم وبالتالي يقود المنظمة إلى تحقيق أهدافها والنجاح والربح والازدهار.

4- التحلي بروح التفاؤل والصبر:

إن على المدير الناجح أو القائد أن يتفاءل بإمكانية تحقيق الأهداف الموضوعة ويبث روح التفاؤل هذه بين أفراد المنظمة ويعمل على التخطيط للمستقبل بصبر وتأني وعدم التعجل في تحقيق الهدف أو الأهداف المنشودة، فالأهداف بعيدة المدى لن تتحقق بين ليلة وضحاها، وهناك قصة تعبر عن الصبر والتفاؤل حيث أنه يحكى أن كسرى ملك الفرس مرّ بمزارع عجوز يزرع شجرة فقال له: كيف تتعب نفسك في غرس شجرة لن تنال من ثمارها أي شيء. فأجاب المزراع: لقد غرس لنا من قبلنا فأكلنا، ونغرس لمن بعدنا ليأكلوا. إن ما نعمله اليوم لرفعة الأمة والدين قد لا يؤتي ثماره في حياتنا، ولكن الأكيد هو أنه لن يضيع هباءً بل ستحصد ثماره الأجيال القادمة. إن المسلم الحق لا يكون إلا مستقبلياً.

(فَاسْتَجَابَ لَهُمْ رَبُّهُمْ أَنِّي لَا أُضِيعُ عَمَلَ عَامِلٍ مِنْكُمْ مِنْ ذَكَرٍ أَوْ أُنْثَى بَعْضُكُمْ مِنْ بَعْضٍ فَالَّذِينَ هَاجَرُوا وَأُخْرِجُوا مِنْ دِيَارِهِمْ وَأُوذُوا فِي سَبِيلِي وَقَاتَلُوا وَقُتِلُوا لَأُكَفِّرَنَّ عَنْهُمْ سَيِّئَاتِهِمْ وَلَأُدْخِلَنَّهُمْ جَنَّاتٍ تَجْرِي مِنْ تَحْتِهَا الْأَنْهَارُ ثَوَابًا مِنْ عِنْدِ اللَّهِ وَاللَّهُ عِنْدَهُ حُسْنُ الثَّوَابِ195)   [آل عمران: 195]

2- 4 أهمية التغيير في المنظمات Important of Change:

تعد قضية التغيير القضية الأولى في هذا العصر الحديث، عصر المتغيرات السريعة العصر الذي لا تهدأ حركته أو تتوقف مسيرته وحيث أننا جزء من هذا العصر فلابدّ وأن نتأثر ونستجيب لهذه التغييرات بما يتفق مع خصائصنا السياسية والإدارية والاقتصادية والثقافية، بحيث نحافظ على ذاتنا، ولا ننفصل في نفس الوقت عن العالم الذي نعيش فيه ونتأثر به ونؤثر فيه.

وعندما نتحدث عن التغيير فإننا نعني التغير الشامل والمتكامل الذي يتسع ليشمل كافة المجالات بأبعادها المختلفة وجوانبه المتعددة الاقتصادية منها والاجتماعية والثقافية.

فالتغيير يتمّ بالإنسان وللإنسان،باعتبار أن الإنسان وسيله و أداء وهدف للتغيير حتى يصل إلى تحقيق أهدافه الإنسانيه ويصل إلى غاياته الاقتصادية والاجتماعية والثقافية.

إن إدارة التغيير هي إدارة للفكر والجوهر وإدارة للمضمون الوظيفي والعقلي الذي يقود نحو اتجاهات معينه بذاتها،وتحمل أبعاد وظيفة جديدة ذات طابع بنائي وذات انطلاقه تحرريه تبقى وتؤكد على حرية الإنسان ومن ذلك يتضح لنا أهمية التغيير.

إن التغيير قضيه تتمّ وتخضع لمنظومة مستمرة تستمد استمرارها من استمرار الحياة ومن هنا نجد أن التغيير ملازم للحياة يبقي لكلّ موجود نشاطه حيث أن للتغير مداخل متعددة أهمها:

1- عدم قبول الوضع الحالي:

وهذا يعني عدم قبول ما هو قائم الآن وهذا المدخل يتمّ استخدامه في حالة الثورات الشعبيه الجارفه ومن منطلق الإصلاح للعلاقات الاقتصاديه والاجتماعيه ومن خلالها تتأسس مجموعه من قواعد ومبادئ حاكمه لعملية التغيير وتقوم على عناصر رفض الماضي وهي تجسيم العيوب والقصور والأضرار الموجودة في النظام الحالي وذلك من أجل خلق قوة دافعه جديده لاحداث التغيير والعمل على نجاحه وتحقيق أهدافه المنشودة.

2- التخلي عن الوضع الحالي الواقعي:

وأهمية هذا العنصر تكمن في أن الوضع الحالي تكون فيه المنظمة ضحية تيارات شديدة متناقضه من الآراء والأفكار والقيم ونجد أهمية منهج في ضرورة التخلي عن الواقع الحالي بأبعاده وجوانبه حتى يمكن احداث التغيير المطلوب وكذلك اظهار عبثية وسلبية الأوضاع الحالية التي تعانيها المنظمة.

3- طريقة العمل من أجل احياء المنظمة:

حيث يتمّ في هذه النقطة العمل على احياء المنظمة بعد موتها وبعث روح الأمل من جديد والذي سوف تحققه المنظمة باختيار طريق واحد تسير فيه المنظمة وما فيها من أفراد وإدارة لتحقيق الأهداف المنشودة.

4- الصحوة واليقظة والتنبه:

ويقوم هذا الأسلوب على إثارة العديد من الأسئلة والأفكار والآراء الذكية والتي تعمل على تشجيع الرغبه في التغيير والتطور والتحسين.

5- الوعي ومعرفة العيوب والعمل على حلّها:

وهي مرحله بنائيه ادراكيه شامله تقوم على تعميق الوعي والإحاطه بمشاكل الحاضر وعيوبه ويفرض ضرورة التدخل والتحرك لمعالجته وأن هذا الوعي الكامل يدرك الامكانيات والموارد والطاقات المتوفره والتي يمكن توفيرها.

6- التقدم نحو التغيير:

وهي مرحله سلوكيه فاعله ترتكز على الفعل والسلوك والحركة حيث البناء ووضع الأركان الرئيسية لعملية التغيير التي سوف تتمّ بناءً على أسس وخطة يعمل على وضعها حتى يتبين شكل التغيير وملامحه.

العالم يمر بحالة من التغيير الذي يمس جميع مجتمعات اليوم غنيها وفقيرها صغيرها وكبيرها، فالتغيير شديد الأهميه فهو ظاهرة اقتصادية اجتماعية سياسية مربكه وهناك بعض الجوانب المتعلقة بأهميه، ومن هذه الجوانب المتعلقة بأهمية التغيير:

7. المحافظة على النشاط والتقدم ومواكبة التطور:

حيث تكمن أهمية التغيير في داخل المنظمه إلى التجديد والحيويه وتظهر روح التقدم والتطور والمقترحات الجديدة حيث تختفي روح عدم الاهتمام والسلبيه والروتين الذي يقتل الابداع والإنتاج.

8. غرس روح الإبداع والتنمية بين الافراد:

فالتغيير دائما يحتاج إلى جهد للتعامل معه على أساس أن هناك فريقين منهم ما يؤيد التغيير ويكون التعامل بالإيجاب ومنهم ما يتعامل بالمقاومة حيث أن ذلك التغيير يطلق كماً هائلاً من مشاعر الخوف من المجهول وفقدان الميزات أو المراكز وفقدان الصلاحيات والمسؤوليات.

9. غرس روح التغيير بين أفراد المنظمة:

إن عملية التغيير مبنية على التحفيز وإزكاء الرغبات والدوافع نحو التغيير والارتقاء والتطوير وتحسين العمل وذلك من خلال عدة جوانب:

أ- عمليات الاصلاح ومواجهة المشكلات ومعالجتها.

ب- عمليات التجديد وتطويرالقوى الإنتاجيه القادرة على الإنتاج والعمل.

ج- التطوير الشامل والمتكامل الذي يقوم على تطبيق أساليب انتاج جديدة من خلال ادخال تكنلوجيا جديدة ومتطورة حيث أن التكنولوجيا المتطورة والأساليب الحديثة توجد وتولد الأسباب والبواعث الطبيعة والذاتية نحو التغيير.

10. الحفاظ على الحيويه الفاعلة:

حيث تكمن أهمية التغيير في داخل المؤسسة أو المنظمة إلى التجديد والحيويه وتظهر روح الانتعاش **والمقترحات**, كما تختفي روح اللامبالاة والسلبيه والروتين الذي يقتل الإبداع والإنتاج.

11. التوافق مع التكنولوجيا وعولمة التجارة والتي تقود تلك الاتجاهات وتسيطر عليها:

يجب علينا أن نتعلم كيف نتوافق وبسلامه مع هذا التغيير أو نقوم بأداء الدور الصعب للتوافق معه فالتجديد الاقتصادي على سبيل المثال عامل منشط ومطلب ضروري يفرز بعض المفاهيم والمبادئ الاقتصادية الحديثة.

12. الوصول إلى درجه أعلى من القوة والأداء:

يمكن تلخيص الأسباب التي تدفع الإدارات إلى إحداث تطوير وتغيير في أجزاءها إلى وجود تغييرات ومشاكل محيطة بها، وأنه لا يمكن حلّ هذه المشاكل أو

التواكب مع التغييرات المحيطة مالم تحدث بعض التغييرات في أجزاء الإدارة وفي الأسلوب الذي تفكر به في مواجهة مشاكلها. ويمكن تحويلها على أهداف مثل-:

1. فحص مستمر لنمو أو تدهور الإدارة والفرص المحيطة بها.
2. تطوير أساليب الإدارة في علاجها للمشاكل التي تواجهها.
3. زيادة الثقة والإحترام والتفاعل بين أفراد الإدارة.
4. زيادة حماس ومقدرة أفراد الإدارة في مواجهة مشاكلهم وفي انضباطهم الذاتي.
5. تطوير قيادات قادرة على الإبداع الإداري وراغبة فيه.
6. زيادة قدرة الإدارة على الحفاظ على أصالة الصفات المميزة لأفراد وجماعات وإدارات وعمل وإنتاج الإدارة.
7. بناء مناخ محابي للتطوير والإبداع.

2- 5 التغيير وردود أفعاله Staff Attitudes to Change:

تختلف ردود أفعال الناس الناجمة عن التغيير ات المفاجئة مـن حـولهم. ويمكن التمييز بين عدة مراحل تمر بها ردود الأفعال وهذه المراحل هي:

1- **الصدمة:** وهي تشير إلى شعور الأفراد في المنظمة بشـعور حـاد بعـدم الإتـزان وعـدم القدرة على التصرف.
2- **عدم التصديق:** وهو شعور بعدم واقعية وعدم موضوعية السبب في ظهور التغير.
3- **الذنب:** وهو شعور الفرد بأنه قام بخطأ ما يتطلب التغييرالذي حدث.
4- **الإسقاط:** وهو قيام الفرد بتأنيب فرد آخر على التغيير الذي حدث.
5- **التبرير:** وهو قيام الفرد بوضع أسباب التغيير.
6- **التكامل:** وهو قيام الفرد بإحتواء التغيير وتحويله إلى مزايا يتمتع بها الفرد أو النظام.
7- **القبول:** وهو عبارة عن خضوع تحمس الفرد للوضع الجديد بعد التغيير.

6-2 مقاومة التغيير Resistant to Change

تعتبر إدارة التغيير من أصعب المهمات الإدارية المبدعة؛ لأنها لا تتوقف على الممارسة الصحيحة فقط، بل التخطيط الناجح أيضاً ووضع النقاط على الحروف، والفكرة المناسبة في الظرف المناسب، والرجل المناسب في مكانه المناسب. وتشتدّ الصعوبة إذا واجه المدراء أفراداً يفضلون ما اعتادوا عليه، أو يتخوّفون بدرجة كبيرة من الحساسية من التغيير، لأن بعض الأفراد يرون في التغيير تهديداً لجهود كبيرة بذلت لأجل إقامة العمل وتكوين علاقات وروابط متينة، أو هدراً للطاقات، وبعضهم الآخر يرى فيه تهديداً لمصالحه الخاصة، ولهذا فإن ردّ الفعل الطبيعي على التغيير في أغلب الأحيان هو مقاومته في البداية بقوة، وعرقلة مسيرته لإضعافه وإفشاله.

لذا تصعب مهمة المدراء هنا لأنها تتطلب منهم القيام بعمليات توجيه وتوعية وتطمين كافية لزيادة الثقة والاستقرار وتحويل الخوف منه إلى قناعة، والعرقلة إلى دفع، وهذا لا يتمّ إلاّ إذا تمكنا من إقناع الأطراف بأن التغيير هو تقدم نحو الأفضل، وأن التغيير من هذا المنظور سيكون في النهاية في نفع الجميع ويصبّ في خدمة العمل والمؤسسة؛ لذلك يجب على المعنيين بإدارة التغيير توضيح أسبابه وأهدافه للعاملين، لتكوين رأي عام جيّد، وكتلة من العاملين تدعم المشروع وتبني لبناته.

ذلك أن عدم فهم الدوافع والغايات، وعدم إيجاد من يحمي الفكرة ويتبنّى آلياتها، يوجد روح المقاومة له، وصياغة الأجواء المضادّة للحيلولة دونه، ومن هنا لعلّ من المناسب أن نذكر ببعض الأسباب التي تدعو الكثيرين لمقاومة التغيير وهي كالتالي:

1. انعدام الاستقرار النفسي والطمأنينة؛ وذلك لأن التغيير يتطلب تبديلات وتغييرات في المناهج والأساليب، وفي ذلك تهديد للأمن النفسي خصوصاً عند الأفراد الذين لا يجدون ضرورة أو مصلحة في التغيير.

2. **توقّع الخسارة؛** فغالباً ما يتوقع المعنيون بالتغيير أن هدف الإدارة من التغيير قد يكون التطوير، وقد لا يخلو من دوافع أخرى غير مصرّح بها قد تعود عليهم بالضرر لأن التغيير يتطلب إجراء بعض المحاسبات والتقييمات للمسيرة السابقة؛ الأمر الذي قد يعرّض العديد من الأفراد إلى المحك والميزان، وخصوصاً أولئك الذين يشعرون بالتقصير في إنجاز الوظائف أو الإحباط في الإنجاز، أو قد يكون من أجل استبدال بعض المسؤوليات والوظائف، وتغيير في جدول الأولويات أو ترقية بعض الأفراد مقابل إقصاء البعض أو إنزالهم من مراتبهم أو تصعيد غيرهم على حسابهم. وغير ذلك من الدوافع والأسباب التي هي في المحصلة النهائية تعود عليهم بالخسارة، خصوصاً أولئك الذين يفترضون أن التغيير موجّه ضد مصالحهم.

3. **التخوّفات الاقتصادية:** فإن بعض الأفراد يتصور أن التغيير يهدر دخله، لأن التغييرات الجديدة تتطلب تغيّر في معادلات الدخل والصرف وميزانيات الأعمال؛ الأمر الذي قد لا يرتضيه أو يلبّي طموحاته، خصوصاً وأنه تعوّد على مجاراة وضع مستقر كانت قد تهيأت أسبابه ودواعيه وشروطه.

4. **القلق الاجتماعي:** فإن التغيير بطبيعته قد يولد تخوّفاً من المجهول عند بعض الأفراد، لأنه يؤدي إلى فكّ بعض الأواصر والارتباطات وتأسيس أواصر وارتباطات جديدة غير معروفة من حيث الأفراد والعناصر والمشارب والأمزجة، وربما يستلزم في بعض الأحيان الارتباط بعناصر لا يحبون التعامل معها، كما قد يفكّ ارتباطهم بعناصر يحبّذون التعامل معها.

5. **الخوف من أن يؤدي التغيير إلى لزوم تعلّم مهارات جديدة وتجميد مهارات كانت مكتسبة ومختمرة،** هذا فضلاً عما قد يسببه التغيير من تبدل في المواقع والأدوار والأمكنة والدوائر والمسؤوليات؛ إذ قد يخشى الإعلامي الذي يحبّ هذا الدور وتطبّع مع مهاراته، أن يبدّل التغيير دوره إلى إداري أو مدير

مالي؛ الأمر الذي يجعله متعثراً في مسيرته ودوره، إلى غير ذلك من الأسباب والدواعي، وعلينا أن نعرف أن عمليات المقاومة للتغيير لا تنشأ من الأفراد فقط. بل قد تكون جماعية وحينئذٍ ستشكل خطورة كبيرة لأنها في هذه الصورة تكون قد تحوّلت إلى رأي عام وتكتلات تحمل نفس التصوّر والانطباع؛ وعليه فإنه إذا لم يتمّ اتخاذ الإجراءات المناسبة للتعامل معها بإيجابية فإنه سيؤدّي إلى الانقسامات الداخلية أو تحطيم المؤسسة بالكامل، كما ينبغي أن نلتفت أيضاً إلى أن التغيير غير المدروس قد يسبّب تنظيم عمليّات المقاومة من قبل العديد من المدراء وأصحاب النفوذ ويجعل الموانع حينئذٍ خططا مرسومة بشكل دقيق ومحمية بالقدرة والنفوذ تؤدّي في محصلتها إلى فشل التطوير والتغيير بشكل كبير ويبرز ذلك في مظاهر عديدة في المؤسّسة نفسها التي منها ما يلي:

1. الجمود الهيكلي: أي يتمّ انتخاب العناصر المؤثرة والتي يمكن أن تساهم مساهمة إيجابية في التغيير لتحييدها أو جرّها إلى صفوف المقاومة، وبالتالي قد تنقسم المؤسسة إلى جماعات تمثّل كلّ جماعة تياراً يحميها ويؤيدها ويعرقل عمل التيار الآخر.

2. تقييد جماعات العمل أو المشاريع والخطط أو عرقلتها بذرائع مختلفة.

3. زيادة تمسّك بعض الأفراد بما عندهم من مهام وإمكانات وتشديد القبضة عليها، لكي لا تفلت من الزمام، وتعطيهم القدرة على التحكم بها متى شاءوا خوفاً من فقدانها أو عناداً للتغيرات الجديدة.

4. اشتداد حالة التذمّر وتوسيع نطاقها لجعلها حالة مستشرية، وهذا الأمر يستفيد منه غالباً الأفراد الذين لهم قدرة عالية على التنظيم والإدارة لتحويل المقاومة إلى رأي عام وبالتالي فتح جبهات متعدّدة على الإدارة بما يحول دون وصولها إلى أهدافها في التغيير.

ومن هنا فإن الحكمة تتطلب دائماً أن نتحلّى بقدرٍ كافٍ من الشجاعة والصبر والإرادة والتصميم، بالإضافة إلى التحلّي بالحكمة والحنكة والتهيئة الكافية للتغيير من حيث الدراسة والموضوعية ورسم الخطط الصحيحة لتتمّ العملية بلا أضرار أو مع أضرارٍ أقل مع ضمان أكبر لقبول العاملين والأفراد وكسب تعاطفهم معها.

2- 7 أسباب مقاومة التغيير Reasons for Change Resistant:

أظهرت المشاهدات والتجارب أن الأفراد في المؤسسة قد يقاومـون التغييـر الذي تزمـع الإدارة إدخاله أو إحداثه، و قد تنصب مقـاومتهم على نوع التغيير أو حجمه أو كيفية تطبيقه أو توقيت ادخاله.

تأخذ مقاومة التغيير درجات مختلفة كما نبينه في الشكل 2-2 التالي:

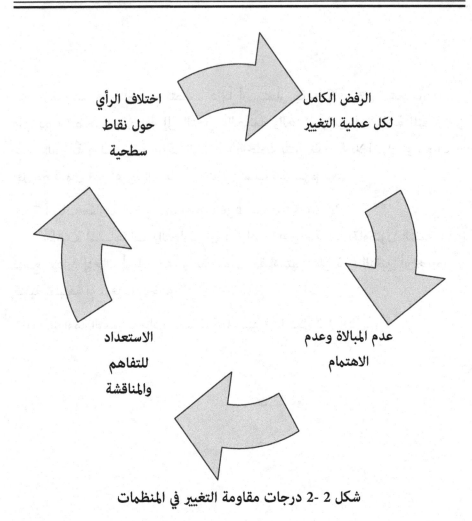

شكل 2- 2 درجات مقاومة التغيير في المنظمات

تعتبر مقاومة التغيير من المشاكل أو المعوقات الرئيسية التي تواجه عملية تطبيق إدارة الجودة الشاملة، حتى و إن أدى التغيير إلى التحسين. وتتكون هـذه المقاومة مـن صعوبات حقيقية وأخرى مدركة أو تخيلية، حيـث يقـاوم الأفـراد التغيير للعديد مـن الأسباب أهمّها:

- الخوف، فاول شيء يفعلـه الأفـراد عنـدما يسـمعون بـالتغيير، أنّهـم يحوّلونـه إلى إهتمام شخصي، ويتساءلون عن كيفية تأثير التغيير عليهم.

- إنّ التغيير، يعني أداء الأشياء بشكل مختلف وإيجاد معرفة جديدة ومعلومات إضافية يجب تعلّمها وتطبيقها، مما يجعل الأفراد يدركون فقد السيطرة على ما يؤدونه من عمل.
- القلق من عدم القدرة على أداء الأشياء الجديدة.
- إنّ التغيير قد يعني مزيداً من أعباء العمل.
- الإستياءات الماضية (Resentments.Past) وعدم التفكير والتخطيط للمستقبل.
- عدم الثقة في إدارة الجودة الشاملة.
- عدم الرّغبة في تحمّل المسؤولية والإلتزام.

8-2 علاج مقاومة التغيير Change Resistant therapeutic:

لا شكّ أنّ قدرة الإدارة على التغلّب مبكّراً على المقاومة يساعد على إزالة الكثير من الخوف والقلق المصاحب لعملية التغيير، إن ما تحتاج المؤسسة القيام به هو توقع المقاومة وتحديد العوامل التي تؤدي إلى هذه المقاومة وتحديد أنسب الطرق للتغلب عليها.

في هذا الصدد، يصبح من الواضح ضرورة إستعانة المؤسسة بالاستشارات الخارجية لمساعدتها على تطبيق إدارة الجودة الشاملة. يعتبر المستشارون متخصصين، لأنّ الفوائد التي يمكن الحصول عليها من الاستعانة بخبراتهم على موقف محدّد سوف تزيد كثيراً على ما تتحمله من تكلفة، وإنّ مصداقية هؤلاء المستشارين وخبرتهم الواسعة تؤهلهم لمساعدة المؤسسة على التحوّل الأسرع والانسيابي تجاه إدارة الجودة الشاملة، فلقد واجه المستشارون العديد من العوائق أثناء تطبيق المؤسسات لإدارة الجودة الشاملة، وتغلّبوا عليها بفضل ما يمتلكونه من معرفة تفصيلية لكيفية تقليل مشاكل التطبيق إلى حدّها الأدنى.

إن طبيعة الناس تقبل التغيير كأمر طبيعي في الحياة، ولكن ما يرفضه الناس هي الإجراءات التي يمر بها التغيير، والأساليب المستخدمة في ذلك، والظروف المحيطة بهذا التغيير. ونذكر بعض الأسباب:

- عدم وضوح أهداف التغيير.
- عدم اشتراك الأشخاص المتأثرين بالتغيير.
- عندما يكون إقناع الآخرين بالتغيير يعتمد على أسباب شخصية.
- تجاهل تقاليد وأنماط ومعايير العمل.
- ضعف التواصل وضعف المعلومات المتوفرة عن موضوع التغيير.
- عندما يكون هناك خوف من نتائج التغيير، أو تهديد للمصالح الشخصية.
- عدم نجاح عملية التغيير وتحقيق الأهداف المنشودة.
- ارتباط التغيير بأعباء وضغوط عمل كبيرة.
- عدم وجود الثقة بين الأفراد الذين يديرون أو يقومون بعملية التغيير.
- الرضاء بالوضع الحالي السيء للمنظمة.
- تنفيذ عملية التغيير بوقت سريع.
- قلة الخبرة والمهارات للأفراد الذين يعملون على التخطيط وإدارة عملية التغيير وعلى التغيير نفسه.
- وجود تعارض حقيقي بين آراء الأفراد فيما يتعلق بالتغيير.

9-2 الفرق المطلوب تشكيلها Team work:

لا بدّ للمنظمات من إنشاء قسم خاص يعنى بشئون الجودة، يتضمن هذا القسم مجموعة من الأفراد تكون وظيفتهم الأساسية هي تأكيد وضمان تطبيق معايير الجودة في كافة المنظمة وفي كافة النشاطات، حيث يضم هذا القسم مجموعة من الفرق تضم:

1- فريق قيادة ضمان الجودة:

حيث تكون مسئولية هذا الفريق ما يلي:

أ) تشكيل فريق التهيئة والاستعداد... وعليه إعداد خطة التهيئة والاستعداد ونشرـ
ثقافة الجودة داخل المنظمة وخارجها.

ب) تشكيل فريق قيادة التقييم الذاتي حيث تكون مسئولية هذا الفريق هي:

1. إعداد الخطة الشاملة للتقييم الذاتي.
2. تبصير وشرح خطوات وأدوات التقييم الذاتي.
3. وضع خطة التحسين للثغرات وفي كل المجالات.

2- فريق متابعة الأداء في تنفيذ خطط التحسين:

ومن مسئوليات فريق قيادة ضمان الجودة متابعة تنفيـذ كـلّ أعـمال الجـودة فى
المنظمة. ورفع الملفات المتعلقة في عملية تطبيق الجودة في المنظمة.

2- 10 خطوات ومراحل الجودة الشاملة:

من أجل أن يتمّ تطبيق الجودة الشاملة في المنظمة لا بـدّ عمليـات ومراحل كثيرة
من أجل الوصول إلى الهدف المنشود، حيث يتوجب على القيادة أن تعمـل عـلى انجـاح
العملية وذلك بتنفيذ المهام الإدارية والتي تتضمن:

1. التخطيط
2. التنظيم
3. التنسيق
4. التحفيز
5. المراقبة والتقييم

وعموماً مـن الممكـن أن يـتمّ تقسـيم مراحـل وخطـوات الجـودة الشـاملة إلى
الخطوات التالية:

المرحلة الأولى: التخطيط لعميلة الجودة وعقد الاجتماعات:

يتحتّم على قيادة المنظمة أن تعمل على عقد الاجتماعات واللقاءات للأفراد العاملين، ويتمّ تشكيل فريق قيادة التطوير والجودة وتعيين مدير أو قائد للمشروع تكون مهمته الدراسة وتوزيع الأدوار ومتابعة العمل ويمثل مدير المنظمة، أما بالنسبة لفريق قيادة التطوير والجودة فيتحتّم عليه أن يعمل على:

- تشكيل فريق قيادة التقييم الذاتى.
- تشكيل الفرق المناسبة طبقاً للمهارات الشخصية المناسبة لكلّ عمل.
- توزيع الأعمال على الفرق ومتابعة التنفيذ.

المرحلة الثانية: التنظيم (التهيئة والاستعداد):

على فريق قيادة التطوير والجودة تشكيل فريق التهيئة والاستعداد ومهمة هذا الفريق إعداد ملف التهيئة والاستعداد وتنفيذ محتوياته وعمل خطة إعلامية للتهيئة والاستعداد، ويعمل هذا الفريق أيضاً على توفير كافة المصادر المطلوبة من مصادر قوى بشرية ومعدات وأجهزة وتقنيات.. الخ من أجل انجاح عملية تنفيذ الجودة الشاملة في المنظمة.

المرحلة الثالثة: التقييم الذاتي:

تأتى أهمية التقييم الذاتى فى توفير المعلومات الموضوعية الشاملة والمتكاملة والتى تساعد القيادة في المنظمة على تحديد أولويات التطوير ووضع خطط التحسين بما يحقق الفاعلية والجودة، ومن الممكن تقسيم عملية التقييم الذاتي إلى خطوات يمكن اجمالها بما يلي:

1. تشكيل فريق قيادة التقييم الذاتى: حيث أنه من الممكن اشراك العملاء ضمن هذا الفريق واشراك بعض المزودين إضافة إلى أفراد ذوي اختصاص من المنظمة.

2. وضع خطة لتنفيذ دراسة التقييم الذاتى.
3. ـ تشكيل فرق التقييم الذاتى وفقاً لمعايير وضوابط يتمّ وضعها من قبل الفريق وتدريبهم من خلال وحدة التدريب والجودة على المهارات التالية:
   - مهارات المقابلات الشخصية والملاحظة.
   - مهارات استخدام الاستبيانات.
   - مهارات تحليل الوثائق والتقارير.
   - مهارات تحليل الاتجاهات والآراء.
   - مهارات التوثيق وإدارة المعلومات.
   - مهارات إعداد التقارير.
   - معالجة البيانات الكمية والكيفية.
   - التدريب على اتخاذ القرار فى ضوء البيانات.
4. الاتفاق على نوعية المعلومات وكيفية الحصول عليها وأدوات التقييم من خلال (الاستبيانات ـ المقابلات فردية وجماعية ـ الملاحظة ـ فحص الوثائق المختلفة فى المنظمة).
5. معالجة المعلومات واستخلاص الدلالات والنتائج.
6. إعداد التقرير النهائى لدراسة التقييم الذاتى.

المرحلة الرابعة: تحديد فجوات التحسين والتطوير:

على كلّ فرقة من فرق التقييم الذاتي تحديد فجوات الأداء الأشد تأثيراً سلباٌ علي المنظمة ونشاطاتها المختلفة من طريقة الإنتاج أو البيع او التسويق....الخ ومناقشة هذه الفجوات مع فريق قيادة التقييم و الجودة واتخاذ القرار المناسب بأولويات التقدير

المرحلة الخامسة: تصميم خطة التحسين والتطوير:

تعتبر هذه الخطة بمثابة الوثيقة التي تصف و تحدد التغييرات التي ستقوم بها المنظمة وصولاً لتحقيق مستوي معايير الجودة العالمية، وعلي فريق قيادة التطوير والجودة تشكيل مجموعة من الأفراد تعمل على معالجة الفجوات المرتبطة كلّ في مجاله وكلّ فريق يضع خطة إجرائية لمعالجة فجواته.

المرحلة السادسة: تنفيذ خطة التحسين والتطوير:

على مدير المنظمة و فريق قيادة التطوير و الجودة الإعلان عن الفجوات والخطة الإجرائية لعلاج كلّ فجوة و إقرار هذه الخطط و تأمين الموارد اللازمة للتنفيذ، وعليهم أيضاً تشكيل فريق إدارة تنفيذ الخطة و تحديد مهام أعضائة على أن يلتزم أعضاء هذا الفريق بالتوقيتات المحددة و تنفيذ ما ورد فى خطة التطوير بدقة وإعلان المنظمة علي ما تمّ تنفيذه في الخطة منذ البداية.

المرحلة السادسة: متابعة الأداء والاستعداد للتقدم للحصول على شهادة الاعتماد والجودة:

حيث يجب على الإدارة أن تعمل على توثيق كل خطوات العمل , وان تعمل على تنظيم ومراقبة وتنسيق العمل بين كافة أفراد المنظمة، وعندما تكون جاهزة عندها فقط تستطيع التقدم بطلب من أحد ممثلي المنظمات العالمية من أجل الحصول على شهادة اعتماد الجودة.

الفصل الثالث

محددات وتكاليف الجودة

محتويات الفصل:

3-3 تكاليف الجودة Quality cost

الفصل الثالث

محددات وتكاليف الجودة

Cost of Quality & Limitations

أهداف الفصل الثالث:

يقدم هـذا الفصـل تفصيـل وتوضيـح المعوقـات التـي تعـترض تطبيـق الجـودة في المنظمات وما هي التكاليف التي قد تدفعها المنظمات نتيجة عدم تطبيقها للجودة في كافة أقسامها؟ كما ويتمّ التطرق إلى أهـم المبـادئ الأساسـية التـي يجـب أن يـتمّ بنـاء الجودة عليها في المنظمات العصرية لكي تضمن النجـاح والبقـاء والتنـافس والسـيادة في السوق المحلي والعالمي. كما يقدم هـذا الفصـل للقـارئ الكـريم أحـد النـماذج العالميـة لتطبيق الجودة مثل نموذج جوارن والذي يهدف إلى تقليل العيوب في العملية الانتاجية ونموذج قروسبي القائم على مبدأ لا وجود للعيوب.

الأهداف التعليمية للفصل الثالث:

- توضيـح المحـددات والمعوقـات التـي قـد تعـترض عمليـة تطبيـق الجـودة في المنظمات.

- توضيح التكاليف التي قد تدفعها المنظمات نتيجة عدم تطبيقها لمعايير الجودة في أقسامها المختلفة.

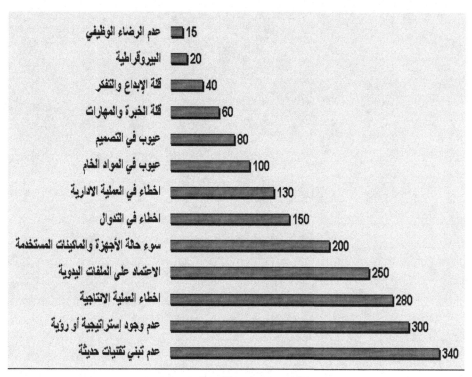

شكل 3-1: معوقات الجودة

1-3 المقدمة Introduction:

تمتاز الأسواق الصناعية والتجارية والخدماتية في هـذا العصر ـ بالمنافسـة الشـديدة بين كافة المنظمات، وذلك بالقيام بشتى الوسـائل والطرق مـن أجـل الريادة والسـيادة وهذه تعتبر محاولة للوصول إلى إشباع تطلعاتها واحتياجاتها. ولهـذا تلبـي المـنظمات تطلعات ورغبات عملائها المستهلكين و إرضائهم بـلا حـدود مـن أجـل البقاء بتمـتعهم بالمزايا التنافسية التي تتيح لهم الاحتفاظ بموقعهم الريادي والسيادي في المجالات التي يعملون بها.

لذلك كان على المنظمات التي لديها الرغبة في البقاء و النمو مع التفوق والريادة والسيادة أن تتبنى فلسفة جديدة ترتكز على تقديم قيمة أعلى للمسـتهلك المسـتهدف من قبلها.

وهذا ما جعل الاهتمام بالجودة حالة شائعة بـين كافـة المـنظمات وعـلى اخـتلاف أنواعها وبشكل عالمي حيث أصبحت المـنظمات والحكومـات في العـالم توليهـا اهتمامـاً خاصاً، وأصبحت الجودة هي الوظيفة الأولى لأي منظمة و فلسفة إدارية وأسلوب حياة لتمكنها من الحصول على الميـزة التنافسية حيث أصبحت الجـودة سلاحـاً اسـتراتيجيا للحصـول عـلى الميـزة التنافسية. وقـد أدى إدراك أهميـة الجـودة كسـلاح اسـتراتيجي للحصول على ميزة تنافسية إلى تبني فلسـفة " إدارة الجودة الشـاملة " وهـي فلسـفة قائمة على أساس مجموعة من الأفكار الخاصة بالنظر إلى الجودة على أساس أنها عمليـة دمج جميع أنشطة المنظمة ووظائفهـا ذات العلاقـة للوصول إلى مسـتوى متميـز مـن الجودة و تصبح مسؤولية كلّ فرد في المنظمة مما يرفع أداء المنظمة وقيمتها في السوق.

تعتمد إدارة الجودة على مشاركة جميع أعضاء المنظمة في تحسين العمليات والمنتجات والخدمات والبيئة الثقافية للعمل. وتعود إدارة الجودة بالفائدة على أعضاء المنظمة والمجتمع.

يعتبر نجاح المنظمة في تطبيق معايير الجودة على المدى البعيد من خلال إرضاء الزبائن حيث أنه هو الهدف المطلق الذي تحاول إدارة الجودة الشاملة تحقيقه. إلا أن عملية تحقيق الجودة ليست بالعملية الهينة، فهناك أبعاد ومحددات ومعوقات لا بدّ من الإلمام والإحاطة بها من قبل قيادات المنظمات وعلى اختلاف أنواعها وهذا ما سوف يتمّ شرحه في هذا الفصل إن شاء الله.

2-3 محددات ومعوقات الجودة:

يرى كثير من الأفراد أن إدارة الجودة الشاملة قد أصبحت على فراش الموت، يرى البعض الآخر أن إدارة الجودة الشاملة هي الطريقة الأفضل لتحقيق النجاح من خلال إرضاء الزبائن.

وقد تظهر بعض المشكلات في طريقة تنفيذ برامج إدارة الجودة الشاملة. مما يضطر بنا إلى العودة إلى التعريف التالي للجودة وهي "أن إدارة الجودة الشاملة تعتمد على مشاركة جميع الأعضاء في المنظمة في تحسين العمليات والمنتجات والخدمات والبيئة الثقافية للعمل". حيث يتضمن ذلك بوضوح الحاجة إلى تغيير الثقافة المؤسسية لتطبيق إدارة الجودة الشاملة. وتظهر الفروق في الجهود المبذولة لإدخال التغيير الثقافي الذي يقرر نجاح أو فشل أي برنامج للتحسين. وتعتمد الثقافة المؤسسية على إدراك أعضاء المؤسسة لما تمّ إنجازه في الماضي، وتعتمد على السلوك المقبول كونه ناجح أو فعّال، فيصبح إدراك الأعضاء هو الأساس للمعايير المؤسسية. والمعايير توضح القواعد لتحديد التصرف والسلوك المناسب أو غير المناسب المتوقع من أعضاء المؤسسة.

هناك محاولات مستمرة لإدخال تغييرات جوهرية في الثقافة المؤسسية، ولكن الشيء الوحيد الذي يتمّ تغييره هو الجزء الرسمي، أي الهيكل التنظيمي والأنظمة المؤسسية. أما النواحي الأخرى (معتقدات وقيم الفرد، والمعايير المؤسسية) فلم يتمّ تحديدها. وهذا هو السبب الأساسي لفشل برنامج التحسين الإداري أو إدارة الجودة الشاملة.

إن الدرجة التي تستطيع بها المنتجات أو الخدمات أن تحقق الغرض الأساسي من تقديمها تعتمد على أربع محددات و هي:

- **التصميم.**
- **التطابق والملائمة مع التصميم.**
- **سهولة الاستخدام.**
- **خدمة ما بعد البيع (الصيانة، الدعم الفني، الضمان... الخ).**

- **التصميم:**

عند تصميم المنتجات أو حتى الخدمات لا بدّ أن يتوافق التصميم مع المعايير والمواصفات الدولية من حيث البساطة وعدم التعقيد حيث يشير التصميم إلى غرض المصمم في تضمين بعض الخصائص أو عدم تضمينها في المنتج أو الخدمة، ويجب أن يأخذ المصمم متطلبات المستهلك في الاعتبار بالإضافة إلى القدرات الإنتاجية أو التصنيفية للمنتج أو الخدمة واعتبارات التكاليف عند التقييم للمنتجات و الخدمات.

التطابق والملائمة مع التصميم: (جودة التطابق)

يشير هذا المحدد إلى درجة تطابق المنتج أو الخدمة أو تحقيقها لغرض التصميم، وهذه بدورها تتأثر بمجموعة من العوامل مثل القدرات الإنتاجية كقدرة الآلات والمعدات ومهارة العاملين والتدريب والحوافز، كما تعتمد أيضاً على

عمليات المتابعة و الرقابة لتقييم عملية التطابق و تصحيح الانحرافات في حالة حدوثها.

- **سهولة الاستخدام:**

إن سهولة الاستخدام و توافر العمليات و الإرشادات للمستهلك عن كيفية استخدام المنتجات والاستفادة منها، لها أهمية قصوى في زيادة قدرة المنتجات على الأداء بطريقة سليمة و آمنة وفقا لما هو مصمم لها.

- **خدمات ما بعد التسليم:**

من الأهمية بمكان من وجهة نظر الجودة المحافظة على أداء المنتج أو الخدمة كما هو متوقع.

هنالك الكثير من الأسباب التي قد تؤدي إلى اختلاف الأداء عما هو متوقع، و في هذه الحالات لابدّ من أخذ التصرفات التصحيحية التي تضمن الأداء وفقا للمعايير الموضوعية.

إن على قادة المنظمات سواءً كانت خاصة أم عامة أن يراعوا النقاط التالية والتي تحتاج المنظمة إليها من أجل فعالية تطبيق الجودة ومن أجل الوصول إلى الأهداف المنشودة وذلك عند التفكير في عملية تبني الجودة الشاملة:

1- لن يكتمل ضمان الجودة إلا إذا توفرت متطلبات واضحة تعكس احتياجات المستخدم.
2- للحصول على فعالية مناسبة تحتاج عملية ضمان الجودة تقويم مستمر للعناصر التي تعكس ملائمة التصميم والمواصفات للتطبيقات المطلوبة إضافة للتحقق من تعديل عمليات الإنتاج والتركيب والفحص. وقد يتطلب منح الثقة تقديم الإثبات.
3- تستخدم عملية ضمان الجودة ضمن المؤسسة كأداة إدارية.

يجب على المؤسسة أن تحاول تحقيق الأهداف الثلاثة التالية بخصوص الجودة:

1- يجب على المؤسسة أن تحقق وتحافظ على جودة المنتج أو الخدمة لتحقيق متطلبات الزبائن بشكل مستمر.

يجب على المؤسسة أن تحاول تحقيق الأهداف الثلاثة التالية بخصوص الجودة:

1- يجب على المؤسسة أن تحقق وتحافظ على جودة المنتج أو الخدمة لتحقيق متطلبات الزبائن بشكل مستمر.

2- يجب على المؤسسة أن تمنح الثقة لإدارتها بقدرتها على تحقيق الجودة المطلوبة والمحافظة عليها.

3- يجب على المؤسسة أن تمنح الثقة لزبائنها بقدرتها على تحقيق الجودة المطلوبة للمنتج أو الخدمة والمحافظة عليها وفي حالات التعاقد فقد يتضمن ذلك تقديم عرض يثبت ذلك.

3-3 تكاليف الجودة:

الجودة يمكن أن تقاس من خلال التكلفة، و تشير تكلفة الجودة إلى جميع التكاليف التي يتطلبها مع وجود العيوب و تقويم أداء العمليات و تقدير الوضع المالي، فعلى سبيل المثال أوضح " تونكس " أن نوعية الخدمة أو السلعة الرديئة تكون لها تكلفة و قد قسم هذه التكاليف إلى عدة أنواع منها ما يلي:

1. تكلفة التقويم:

ترتبط هذه التكلفة بالاختبارات الداخلية، الرقابة والتنظيم والفحص والإشراف وإعداد التقارير.

2. تكلفة الأخطاء:

ترتبط هذه التكلفة بالعيوب التي ظهرت خلال عمليات الإنتاج أو في مرحلة إعداد الخدمة للعميل.

3. تكلفة الفشل:

ترتبط التكلفة بعد استلام العميل لسلعة غير صالحة، أو خدمة غير جيدة، وتكون هذه التكلفة من نوع التكاليف المباشرة عندما يتمّ الإصلاح أو الاستبدال.

4. **تكلفة فقدان العميل:**

ترتبط هذه التكلفة عندما لا يتمّ تلبية توقعات العميل ورغباته مما يـؤدي إلى أن العميل سيضطر إلى البحث عـن منشـأة أخـرى تلبـي رغباتـه واحتياجاتـه وبالتـالي فإن المنشأة تخسر لفقدانها هذا العميل.

5. **تكلفة العلاج:**

إن هذه التكلفة ضرورية لضمان أداء العميـل بصـورة صـحيحة و تلبـي توقعـات العميل في جميع الأحوال.

إن عملية ضمان الجودة لا تـأتي بسـهولة إذ لا بـدّ مـن عمليـة تخطيط وتنظيم وإدارة من قبل مدير المشروع، وهنـاك ثلاثـة نشـاطات رئيسـية تتعلـق بإدارة الجودة وهذه النشاطات الثلاثة:

- **تأكيد ضمان الجودة:** وتتمّ مـن خـلال تأسـيس إطـار عمـل مـن الإجـراءات أو النشاطات والمعايير والتي تؤدي إلى منتجات ومشاريع ذات جودة عالية.

- **التخطيط للجودة:** وتتمّ من خلال اختيار إجراءات مناسبة واختيار مقاييس من خلال إطار العمل هذا والذي يتم توظيفـه مـن قبـل طبيعـة المشـروع الجـاري إدارته.

- **مراقبة الجودة:** وهي عملية تعريف وسـن العمليـات والتـي تضـمن أن فريـق أعضاء المشروع يقومون بعملهم حسب مقاييس ومعايير الجودة.

هناك ما يسمى بتكلفة الجودة وهي الثمن أو الضريبة التي لا بـدّ مـن القيـام بهـا لكي نضمن أن يتمّ إدارة وتنظيم المشروع بجودة عالية، وهـذه التكلفـة مـن الممكـن أن يتمّ تقسيمها إلى ما يلي:

- **تكاليف وقائية وهذه التكاليف تتضمن:**

  o التخطيط للجودة.

- o مراجعات فنية رسمية ودورية لقياس نسبة الجودة.
- o إلى معدات اختبار.
- o التدريب لكلّ الأفراد على الامتثال للمقاييس والمعايير وأداء العمل بشكل فعال.

- **تكاليف الفشل أو الخطأ أو الخلل الداخلي وهذه التكاليف تتضمن:**
  - o إعادة العمل مرة أخرى من الصفر
  - o إصلاح الخطأ أو الخلل
  - o عملية تحليل طور الخلل أو الخطأ
- **تكاليف الفشل أو الخطأ الناتج من خارج الشركة**
  - o شكاوي ناتجة من خارج الشركة (العملاء، المزودين، شركاء العمل..الخ).
  - o إعادة المنتج أو عملية استبداله.
  - o تكاليف الدعم الفني والمساعدة.
  - o تكاليف عمليات الضمان والصيانة لفترة ما بعد البيع.

4-3 مبادئ الجودة:

هناك العديد من المنظمات التي تدعي تنفيذ برامج إدارة الجودة الشاملة ولكنها لا تحقق فعلياً الفوائد المتوقعة، والسبب في ذلك عدم الأخذ بعين الاعتبار جميع العناصر المطلوبة لتحقيق ذلك. وأن على إدارة الجودة الشاملة أن تتحرك جنباً إلى جنب مع التطوير المؤسسي.

إن تحويل فلسفة الجودة الشاملة إلى حقيقة في مؤسسة ما، يجب ألا تبقى مجرد نظرية دون تطبيق عملي، ولذلك بمجرد استيعاب المفهوم، يجب أن يصبح جزءاً وحلقة في عملية الإدارة التنفيذية من أسفل الهرم إلى القمة، وهي عملية

مكونة من مراحل محددة بشكل جيد، وتحتاج إلي متسع مـن الـزمن لتحقيقهـا، حتى تصبح مألوفة للمؤسسة التي تتبناها، ويتمّ تنفيذها باستمرار.

إن تنفيذ المبادئ الأساسية للجودة وعناصر تحقيـق الجـودة تـؤدي إلى تحقيـق الهدف الأساسي للجودة، ألا وهـو رضـا المسـتفيد والمتمثل فـي الأفـراد والمجتمـع المحلـي وسوق العمل. كما تؤدي إلى التحسـين المسـتمر فـي تطـور المجتمـع ونمـوه وازدهـاره وفي كافة المجالات، ويمكن تقسم المبادئ الرئيسية للجودة إلى:

- **التركيز على المستفيد**: وهذا يعني كيف تجعل من عملك جودة تحقـق رغبـات المستفيد منك.

- **التركيز على العمليات**: وتعني السيطرة علـى عمليـة الأداء، ولـيس علـى جـودة المنتج.

- **القيادة والإدارة**: إذ لا توجد مؤسسة ناجحة بدون قائد.

- **تمكين العاملين**: بمعنى إشراكهم في اتخاذ القرار:

1- أي أن النجاح لا يأتي مما تعرف، ولكنه يأتي من الذين تعرفهم.

2- الجودة تبدأ من الداخل: بمعنى الاهتمام بالعاملين، والتعرف على حاجاتهم، وظروف العمل المحيطة بهم.

3- يمكن تفجير الطاقة المخزونة في داخلهـم مـن خـلال التعـاون المسـتمر، وإشراكهم في القرار.

- **التحسين والتطوير الشامل المسـتمر**: يرتكـز التحسـين والتطـوير المسـتمر علـى ثلاث قواعد مهمة هي:
  1- التركيز على العميل.
  2- فهم العملية.
  3- الالتزام بالجودة.

- **الوقاية:** تطبيق مبدأ الوقاية خير من العلاج، وهو العمل الذي يجعل عدد الأخطاء عند الحد الأدنى، وذلك وفق مبدأ أداء العمل الصحيح من أول مرة، وبدون أخطاء.
- **الإدارة بالحقائق:** يعتبر القياس والمغايرة هما العمود الفقري للجودة، وهما المؤشر الذي يعطي المعلومات لاتخاذ القرار المناسب.

إن السياسات والاستراتيجيات في البنية التنظيمية القائمة على مبدأ إدارة الجودة الشاملة لا تعتمد التعديلات المفاجئة السريعة أو التغيرات الكلية، بل توضع سياسات واستراتيجيات تعتمد التغير التدريجي الذي يتعامل مع الزمن ويقوم على التخطيط المنظم المعتمد أسلوب حلّ المشكلات والمرتكز على المصادر والعمليات الشاملة الحقيقية ذات الصلة التي تدعم السياسة والخطط سواء كانت مالية أو بيانات أو أجهزة أو مباني أو تقنيات مطبقة للتأكد من الوصول إلى درجة الحد الأعلى من الكفاءة في الانجاز، كما يجب متابعة العمليات وتفحصها بانتظام ونقدها وتقويمها لتحديد درجة النجاح في العمل، ويجب أن تتصف تلك العمليات باتساق وتناغم وانتظام فبجودتها نصل إلى جودة النتائج. إن إدارة الجودة طريقة كلية ومتكاملة، وهي عملية متناغمة تبدأ من القاعدة حتى القمة مع التأكيد على أن إدارة مهمة الأفراد هي القاعدة الأساسية لتنفيذ هذه الاستراتيجيات وتحقيق السياسات. وهكذا، وعبر العمل الجماعي الذي توجهه القيادة التشاركية القاعدة يمكن إعادة تشكيل الأفكار من أجل وضع الرؤية حول المستقبل، من خلال عملية تقصي- وتساؤل ومشاركة وعمل جماعي منظم، في وجود رسالة بينة ينشدها جميع العاملين وأصحاب العلاقة؛ بغرض تحقيق أهداف محددة وواضحة، عندها تتوافر القدرة على التخطيط والتنفيذ مع ضمان النجاح والجودة، ومن المفترض التأكيد أن هناك فرصة دائماً لكل عضو من أعضاء الفريق خلال العمل، في إضافة بعض

التصورات في الرؤية المشتركة للمستقبل، فالرؤية تنطلق من الأسفل ولا تأتي مـن الأعلى.

ولكي يتمّ تحسين الجودة، لا بدّ من التركيز على بعض الجوانب التـي تعمـل عـلى تحقيق الأهداف المنشودة العليا للجودة ومن هذه الجوانب:

- لا يمكن إدراك الجودة إلا من قبل المستهلك فالعميل الخاص بالجودة يجب أن يبدأ باحتياجات المستهلك و ينتهي بإدراك المستهلك.
- يجب أن تنعكس الجودة في كافة أنشطة المؤسسة و ليس فقط في منتجاتها.
- تتطلب الجودة إلتزام كامل من العاملين فلا يمكن تقديم جودة عاليـة في الأداء ما لم يتم إلتزام جميـع العـاملين بالمؤسسـة بتقـديم الجـودة العاليـة و أن يـتمّ إشارة دافعيتهم و تدريبهم لتسليم الجودة، فالعاملين يجب أن يهتموا بإرضـاء عملائهم الداخلين بنفس القدر من الإهتمام بإرضاء عملائهم الخارجيين.
- تتطلب الجودة مشاركين أقوياء و ذو جودة عاليـة، فتسليم جودة عاليـة أمر لا يتجزأ فهو يتطلب أن يقوم المشاركين الأعضاء في سلسلة القيمة و أنظمة تسليم القيمة بالإلتزام بالأداء العالمي وصولاً إلى الجودة الشاملة المستهدفة و ذلك فيما يتعلق بالموردين و كافة المشاركين في تلك الأنظمة.
- يمكن أن تتحسن الجودة الشاملة بشكل مستمر، و من أفضل الوسائل للتحسين محاولة الوصول إلى ذلك الأداء أو التفوق عليه.
- إن الجودة لا تكلف كثيراً فالاعتقاد الخاطئ بـأن تحقيق جـودة أفضل سـوف يكلف المؤسسة أكثر و يخفض من سرعة الإنتاج يجب أن يتغير فالجودة يمكن تحسينها من خلال التعلم و أن يتمّ الأداء بشكل جيد من المرة الأولى.
- إن الجودة ضرورية و لكنهـا قـد تكـون غـير كافيـة، لأن الجـودة الأعـلى قـد لا تتضمن تحقيق الميزة التنافسية بسبب سعي المؤسسات المنافسة إلى تحقيق

نفس المستوى من الجودة و لهذا على المؤسسات أن تعتمد على مـداخل أكثر ابتكار في النظر إلى أسواقها من أجل تحسين مركزها التنافسي.

ويمكن تلخيص النقاط والأبعاد والتي يمكن من خلالها تحقيق الجودة في مختلف المنظمات وعـلى اختلاف أنواعها للتحول **نحو إدارة الجودة الشاملة:**

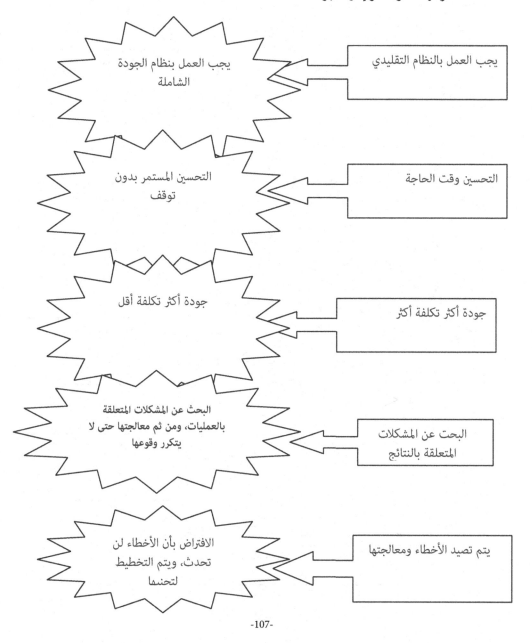

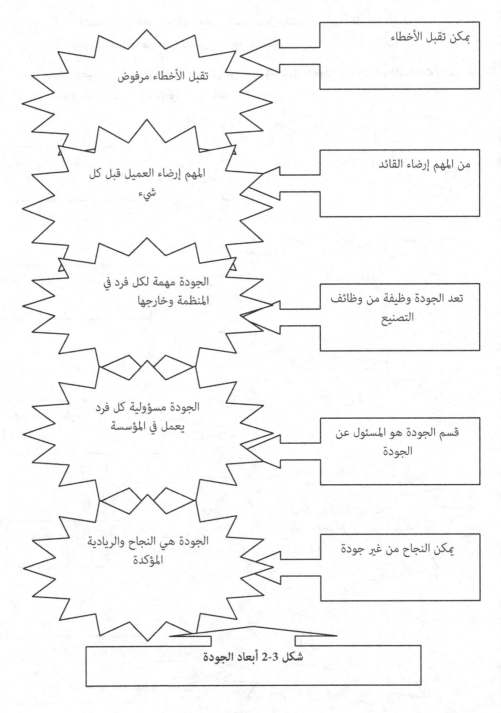

شكل 3-2 أبعاد الجودة

3-5 مبادئ جوران للجودة:

من النماذج العالمية لبعض الأساتذة حول الأخطاء أو العيوب التي قد تنتج من تطبيق الجودة الشاملة فقد ركز جوران على العيوب والأخطاء أثناء الأداء التشغيلي أو العمليات اليومية وكذلك على الوقت الضائع أكثر من الأخطاء المتعلقة بالجودة ذاتها كما أنه ركز على الرقابة على الجودة دون التركيز على كيفية إدارة الجودة ولذا يرى أن الجودة النوعية تعني مواصفات المنتج التي تشبع حاجات المستهلكين وتحوز على رضاهم مع عدم احتوائها على العيوب، حيث يرى جوران أن التخطيط للجودة يجب أن يمر بعدة مراحل وهي:

o   تحديد من هم المستهلكين.

o   تحديد احتياجاتهم.

o   تطوير مواصفات المنتج لكي تستجيب لحاجات المستهلكين.

o   تطوير العمليات التي من شأنها تحقيق تلك المواصفات أو المعايير المطلوبة.

o   نقل نتائج الخطط الموضوعة إلى القوى العاملة.

أما بالنسبة للرقابة على الجودة فإن جوران يرى أن الرقابة على الجودة عملية مهمة وضرورية لتحقيق أهداف العمليات الإنتاجية في عدم وجود العيوب.فالرقابة على الجودة تتضمن:

o   تقييم الأداء الفعلي للعمل.

o   مقارنة الأداء المتحقق الفعلي بالأهداف الموضوعة.

o   معالجة الانحرافات أو الاختلافات باتخاذ الإجراءات السليمة.

ويرى جوران أن تطوير المنتج يمثل صميم إدارة الجودة الشاملة وهي عملية مستمرة لا تكاد أن تنتهي وإن المنتج يتعرض لنوعين من المستهلكين:

العميل الذي يشتري السلع External Customer ويتمثل بـ:

- المستهلك الخارجي والذي لا يكون ضمن أعضاء المنظمة المعنية.
- المستهلكين الداخليين Internal Customer ويتمثل بـ:
- المستهلك الداخلي العامل ضمن المنظمة.

6-3 مبادئ قروسبي للجودة Philip Grosby

جاء قروسبي بمجموعة من المبادئ المتعلقة بتطبيق الجودة وضمان الجودة وهذه المبادئ ترتكز على مبدأ لا وجود للمعيبات "Zero Defect" أي أن المعيبات يجب أن تساوي صفراً في إطار العملية الإنتاجية حيث يرى أن الجودة ما هي إلا انعكاس لمدى معيارية القيادة وكذلك الأدوات الأخرى التي تعكس معايير الجودة.

ويرى ضرورة توفير عدة عوامل لتكون الجودة مستمرة منها:

- إن المستهلكين على علم ووعي بأهمية جودة المنتجات والخدمات.
- إن تطوير الأدوات التي تساعد على تطوير الجودة ستؤدي إلى زيادة قيمة وحصة المنظمة في السوق المحلي والعالمي.
- يجب أن يتم تطوير الثقافة المتعلقة بالجودة بما يلائمها من تغيرات بيئية وظرفية.

الفصل الرابع

خصائـــص الجـــودة

محتويات الفصل:

الفصل الرابع

خصائص الجودة

Attributes of Quality

الأهداف التعليمية للفصل الرابع:

يهدف هذا الفصل إلى تقديم شرح للقارئ عـن أهـم الخصـائص التـي تتميـز بهـا المنتجـات أو الخـدمات ذات الجـودة العاليـة كمـا يبـين يوضـح هـذا الفصـل النمـوذج المعياري لضمان الجودة في المؤسسات مع شرح مفصل لخطوات تحقيق الجودة وعملية القياس فيها.

ومن أهم أهداف هذا الفصل:

- التعرف خصائص الجودة للمنتجات والخدمات حسب المعايير الدولية.
- تقديم نموذج حول عملية ضمان الجودة للمشاريع.
- التعرف على عناصر عمليات الجودة المختلفة مثل التخطيط والمراقبة والمراجعة والمقاييس.
- التعرف على الخطوات التي تتمّ من أجل التحقق من معايير الجودة للمشاريع.

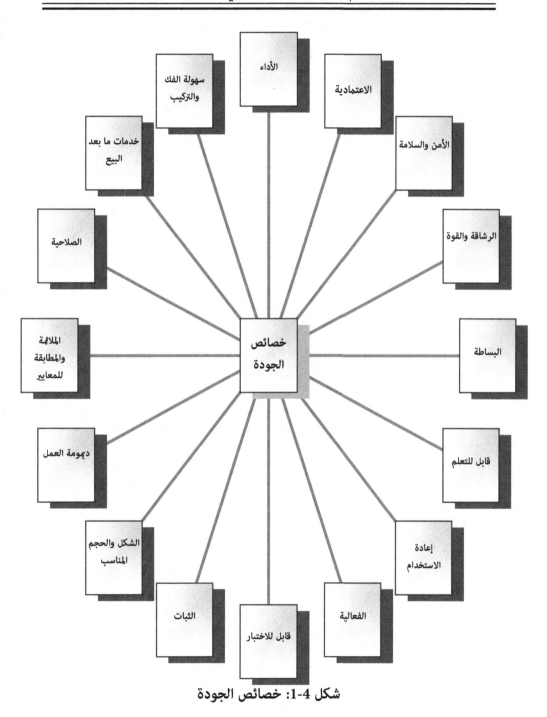

شكل 4-1: خصائص الجودة

1-4 المقدمة Introduction:

يعتبر أي منتج صناعي على درجة عالية من الجودة إذا كان تصنيعه يؤدي إلى تحقيق رغبات قطاع معين من المستهلكين و يلبي رغباتهم. من وجهة نظر تقنية فإن الجودة هي عبارة عن مجموعة من خواص (مواصفات) المنتج تحدد مدى ملائمة المنتج لكي يقوم بأداء الوظيفة المطلوبة منه كما يتوقعها المستهلك. وتعتبر المواصفات Specifications, Attributes or Standards المحددات الأساسية لجودة المنتج بحيث تعبر عن الخصائص المطلوبة في المنتج لكي يؤدي الغرض المصمم من أجله و المرجو منه. من خلال المواصفات يمكن لجميع الأطراف التفاهم مع بعضها البعض و فض الخلافات في حال حدوثها بين الإطراف المختلفة.

في العشرينات قام بعض من موظفي منظمة بيل للهاتف بجهد كبير في وضع بعض الأساليب والنظريات المتطورة من أجل تطوير عمليات الفحص على المنتجات بهدف تطوير مستوى المنتجات المقدمة من خلال ضمان الجودة Quality Assurance وكان من هؤلاء الرواد في علم ضمان الجودة في تلك الفترة الزمنية المهمة: شيوارت Walter Shewhart ، و دوج Harold Dodge، و ادوارد George Edwards بالاضافة إلى ديمنح Edward Deming ، وهذه المجموعة من المبدعين و الذين كانوا يعملون في قسم Western Electric ضمن منظمة AT&T بقيادة والتر شبوارت، حيث أنهم نجحوا في تطوير عدد من التقنيات والأساليب المفيدة لتحسين وحلّ مشاكل الجودة اعتمادا على كثير من الطرق الإحصائية المختلفة، واستطاعوا تخطى الهدف الأول من عملية مراقبة الجودة وهو الإجراء الوقائي إلى الهدف الآخر وهو محاولة التعرف على سلبيات المشكلة واستبعادها.

أما في العصر الحديث فتمتاز الأسواق الصناعية والتجارية والخدماتية بالمنافسة الشديدة بين كافة المنظمات، وذلك بالقيام بشتى الوسائل والطرق من أجل البقاء والنجاح والسيادة وهذه تعتبر محاولة للوصول إلى إشباع تطلعاتها واحتياجاتها ولكي تلبي تطلعات ورغبات عملائها المستهلكين وإرضائهم بلا حدود من أجل البقاء بتمتعهم بالمزايا التنافسية التي تتيح لهم الاحتفاظ بموقعهم الريادي والسيادي في المجالات التي يعملون بها.

2-4 خصائص الجودة:

قد عرّف قاموس التراث الأمريكي الجودة بأنها خصائص أو سمات الشيء، أما اليابانيون فقط عرّفوا الجودة بأنها "الرضاء المطلق للزبون أو العميل" ورضاء الزبون يشمل رضاه عن المنتج ذو الجودة الجيدة ورضاه عن عملية الشحن والتوزيع ضمن الميزانية والوقت المناسب، ورضاه عن طريقة العملية التجارية وبنود العقود وغيرها.

الجودة عبارة عن مجموعة من السمات أو الخصائص لمنتج أو خدمة معينة والتي تظهر مقدرتها على تلبية الحاجات الضمنية والصريحة.

إن المنظمات تحاول أن تصل إلى درجة من الكمال في كافة أقسامها، إلا أن أي عمل بشري لا يمكن أن يرقى إلى درجة الكمال المطلق، لأن الكمال لله فقط الواحد الأحد الفرد الصمد، فأعمال البشر سواء كانت فردية أو جماعية قد يعتريها النقص و الخلل، بدرجات متفاوتة، إلا أن السعي للوصول إلى درجة عالية من الإتقان في العمل هدف إستراتيجي في أي مجال من المجالات، لذلك عندما تعاني إحدى المنظمات بعضاً من جوانب الخلل و القصور، فيجب على القائمين عليها أولاً ان يشعروا بهذا الخلل وأن يعترفوا به ومن ثم البحث والتقصي والمزيد من الدراسة ومن ثم تحري طرق العلاج بأساليب علمية بحتة.

إن على المنظمات وبشكل مستمر إن تسعى الى تحسين جودة منتجاتها او الخدمات التي تقدمها، وهذا يتطلب إيجاد أساليب متطورة ومبتكرة جديدة لإدارة العمل، فلم تعد الإدارة مجرد إصدار الأوامر للموظفين، ولكن المطلوب منهم التفكير والمشاركة بجدية في عملية الإدارة وتنظيم العمل، والسعي للوصول إلى درجة عالية من الإتقان وإنجاز العمل بدرجة عالية من الجودة. لذلك فإن عملية التغيير والتطور وتحقيق الجودة عملية غير سهلة وتحتاج إلى وقت لكي تصل المنظمة إلى رضا قريب من الكمال فيما يخص أبعاد الجودة. وهناك مجموعة من الخصائص أو المميزات أو المواصفات أو الأبعاد التي ترمي إليها الجودة وهي:

1. **الأداء Performance للمنتج أو الخدمة المقدمة:**

حيث يمكن أن يتمّ تحديد الجودة من خلال خصائص المنتج الوظيفية له مثل السرعة والرشاقة والاستهلاك، حيث أن تصنيف المنتج يعتمد على هذه الخصائص فعلى سبيل المثال ففي مؤسسات خدمات الطيران فإن الأمر يتعلق بنوعية الخدمة المقدمة وسرعتها أما بالنسبة لمنظمات صناعة السيارات فإن تلك الخصائص تتمثل في سرعة السيارة وكمية استهلاك الوقود وعمرها الافتراضي وغيرها.

2. **الخصائص الثانوية للمنتجات أو الخدمات:**

حيث تتمثل في مختلف جوانب المنتج والخدمات وهي العناصر التي يمكنها إضافة شيء إلى المعروض الأساسي ومثال ذلك بالنسبة لجهاز التسجيل فإن هذه الخاصية تتمثل في القراءة المزدوجة على الوجهين أو البحث التلقائي عن المادة في الشريط، أو عملية تقديم الوجبات المجانية عند السفر في الطائرة.

3. **الملائمة والمطابقة للمقاييس والمواصفات:**

من الممكن اعتبار المنتج أو الخدمة المقدمة أنها ذات جودة عالية إذا كانت تطابق المقاييس المحددة مسبقاً لعملية انتاجه والعكس بالعكس فهو سيء الجودة إذا ابتعد عن هذه المقاييس وقد اعتبرت أهم خاصية معتمدة في مرحلة المراقبة للجودة في مراحلها المختلفة وتسمح المطابقة بضمان جودة المنتجات.

4. **ديمومة العمل:**

ومعنى ذلك، المدى الزمني الذي سوف يعمل فيه المنتج بشكل فعاّل وبدون أخطاء أو اصلاح نتيجة الاستهلاك والعمل.

5. **الخدمات المشتركة:**

كلّ منتج ترافقه مجموعة خدمات فعلى سبيل المثال، فعندما تعمل المنظمات على إنتاج منتج ما فإنها تعمل في البداية على الدراسات الأولية وبعد عملية بيع المنتج تعتمد على النشاطات المساندة والتي تسمح باستعمال المنتجات ضمن شروط مقبولة.

6. **الشكل والتغليف وجمال المنتج:**

وهذا جانب مهم للمنتج في مجال الجودة والتي تتعلق بالكماليات لهذا المنتج والتي قد تتضمن:

- اللون المناسب
- الرائحة
- الذوق
- الشكل
- الحجم
- سهولة الفك والتركيب
- سهولة الشحن

وغيرها من الخصائص الإضافية التي تضفي على المنتج المزيد من كمال وشمولية الجودة.

7. الإعتمادية:

ويشير هنا إلى الإتساق في الأداء، ويجب أن يكون هناك درجة من الإعتمادية و الثقة في أداء المنتج أو الخدمة (عدم تكرار الأعطال و أن تكون جاهزة وفقا للطلب).

8. الصلاحية:

"الفترة الزمنية" و يشير هـذا إلى مـدة بقاء المنتج أو الخدمـة (مدة البقاء أو الصلاحية ممثلة في عدد الأميال. المقاومة للصدأ. مدة العمل خـلال فـترة حيـاة المنتج).

9. الخصائص الخاصة:

ويشير هنا هـذا البعد إلى خصـائص إضافية للمنتج أو الخدمـة مثل الأمـان والسهولة في الإستخدام أو التكنولوجيا العالية.

10. التوافق:

ويشير هذا البعد إلى المـدى الـذي تسـتجيب فيـه أو كيـف يتوافـق المنتج أو الخدمة مع توقعات المستهلك، و الأداء الصحيح من أول مـرة و ماله مـن أثـر على تحسين فاعلية العملية التسويقية.

11. خدمات ما بعد البيع:

ويشير هـذا البعد إلى أنـواع خدمـات مـا بعـد البيع مثل معالجـة شكاوى المستهلكين أو التأكـد مـن رضـا المستهلك و عـادة مـا تسـتخدم بعـد الأداء والإعتماديـة و التوافـق و الخصـائص الخاصـة في الحكم عـلى ملازمـة المنتج للإستخدام بواسطة المستهلك و يلاحظ أن البعد الخاص بالثقة و الإعتماديـة في الحكم على جودة السلعة أو الخدمة له أهمية خاصة في مفهوم الجودة

الحديثة خصوصا في مجال جودة الخدمات، خاصة تلك التي تتعلق بحياة المستهلك أو الطيران أو المال أو الإصلاح فغالباً ما يهتم المستهلك بقدرة المنظمة على أداء الخدمة بالشكل الذي تضمن له درجة عالية من الصحة و الدقة و خلوها من الأخطاء.

وهذا البعد يحقق فائدة أيضا للمنظمات مثل ما يحققه الأفراد، فيمكن للمنظمات أن تحقق ميزات تنافسية مخ خلال الإهتمام بزيادة الثقة في جودة خدماتها عن طريق زيادة فعالية الإستراتيجيات التسويقية التي تؤدي إلى زيادة حصتها السوقية و تحقيقها الزيادة الإنتاجية، مما ينعكس على زيادة الأرباح للمنظمة..

إن عملية تحقيق الجودة لا بد أن تأخذ بعين الاعتبار مفاهيم الجودة الشاملة والتي يمكن أن تؤخذ بعين الاعتبار من خلال خمسة وجهات نظر مختلفة وهي:

1. **التفوق والكفاءة**: الجودة تعني التميز، بحيث تستطيع تمييزها بمجرد رؤيتها.

2. **الاعتماد على المنتج**: يجب أن تتعامل الجودة مع الفروقات في كميات بعض المكونات أو الصفات فالمنتج ذو الجودة المتميزة يكون اصلب أو انعم أو أقوى من المنتج ذو الجودة الرديئة.

3. **الاعتماد على المستخدم**: الجودة هي ملاءمة وقدرة المنتج أو الخدمة على تلبية توقعات واختيارات الزبائن.

4. **الاعتماد على التصنيع**: الجودة هي التطابق مع المتطلبات، درجة مطابقة المنتج لمواصفات التصميم.

5. **الاعتماد على القيمة**: أفضل جودة للمنتج هي تلك التي تقدم للزبون أقصى ما يمكن مقابل ما دفعه، تلبية احتياجات الزبون بأقل سعر ممكن.

3-4 نموذج ضمان الجودة للمشاريع Model of Project Quality Assurance

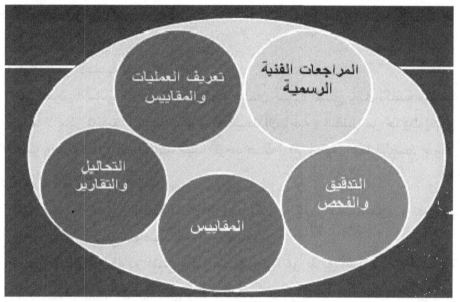

شكل 4-2 نموذج ضمان الجودة

إن عملية التحكم بالجودة تتطلب كثيرا مـن المراقبـة لأداء فريـق العمـل لضمان تحقق الجودة حسب المقاييس والمعايير والإجراءات، حيث في نهاية كل مرحلة يجب أن يتمّ قياس ما تمّ تحقيقه ومقارنته مع المعايير والمقاييس المعتمـدة في المؤسسـة ومدى مطابقة ما تمّ مع هذه المرحلة وأيضاً في نهاية المشروع وعند تسـليم النتـائج لابـد مـن إجراء عملية القياس لمدى امتثال نتائج المشروع إلى مواصفات الجودة.

الشكل 4-2 يبين نموذج بسيط لعملية التحكم ومراقبة الجودة حيث يضم هـذا النموذج خمسة نقاط أساسية هي:

• المراجعات التقنية الرسمية.

- تعريف العمليات والمقاييس.
- المقاييس.
- التدقيق والفحص.
- التحاليل والتقارير.

4-4 العناصر الأساسية لضبط الجودة:

الغرض الأساسي من ضبط الجودة هو ضمان جودة المنتج بأقل تكلفـة ممكنـة وعملياً لا يمكن تحقيق ذلك بالتحكم في العمليات الإنتاجية و التقليل من حدوث إنتاج معيب وخارج حدود المواصفات، حيث توجد هناك أربع خطوات عملية لضبط جودة المنتجات الصناعية.

1. تحديد مستوى الجودة المطلوب: وهـذا مـن خـلال أبحـاث السـوق و تصـاميم المنتج و وضع المواصفات.
2. تقييم المطابقة بين المنتج و المواصفات: وهذا عن طريق أخـذ عينـات منتظمـة من خط الإنتاج ثم إجراء عمليات قياس على خصائصها. و مقارنة النتائج مـع مثيلاتها المحددة في المواصفات و تحديد قيم الاختلافات الموجودة بينهما.
3. تقيـيم و تحليـل الأسـباب المؤديـة الى هـذه الاختلافـات و اتخـاذ الإجـراءات التصحيحية والوقائية.
4. التخطيط للتحسين المستمر للجودة و هذا عن طريق مراجعة مواصفات المنتج (الشكل 4-3).

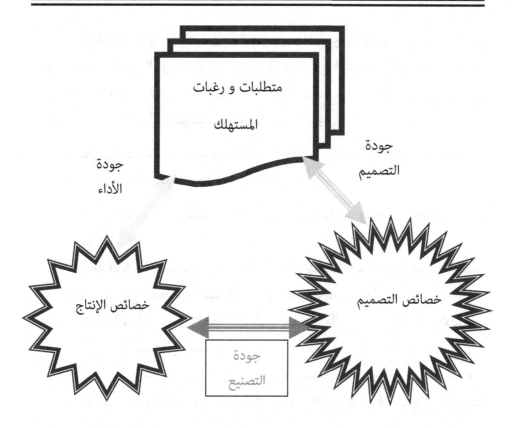

شكل 4-3: عناصر عملية الجودة

5-4 التخطيط للجودة Quality Planning

تعتبر مرحلة تخطيط الجودة من المراحل المهمة في عملية ضمان الجودة حيث يتم فيها تطوير وإصدار خطة جودة شاملة للمشروع تتضمن هذه الخطة كل العمليات المطلوبة وكمياتها مع شرح ووصف تفصيلي عن كيفية تقييم وقياس هذه العمليات طبقاً لمعايير ومقاييس الجودة حيث تعرف هذه الخطة في النهاية المعاني الحقيقية لتحقيق الجودة في عمليات المشروع ومراحله بالكامل.

خطة الجودة لا بدّ أن تتضمن عملية اختيار المعايير والمقاييس المناسبة والتي تكون مناسبة للمنتج الذي سوف يتمّ إنتاجه أو للمشروع الذي سوف يتم تنفيذه أو حتى للخدمة التي سوف يتمّ تقديمها، حيث أن كلّ معيار جديدة لا بدّ أن يتضمن منهج وأدوات جديدة لكي يتمّ تطبيقها عند تنفيذ المشروع.

هامفري أحد أساتذة الغرب في كتابه إدارة المشاريع اقترح المكونات التالية والتي يجب أن تضمها خطة الجودة وهذه المكونات هي:

- **تقديم الإنتاج**. وهي عملية وصف للمنتج وعملية تسويقه والجودة المتوقعة لهذا المنتج.
- **خطة الإنتاج**. التواريخ الزمنية الحاسمة والمسئوليات المترتبة عليها للمنتج بالتزامن مع الخطط لعملية التوزيع والتسليم وخدمات المنتج.
- **وصف العملية**. وصف لعملية التطوير التنفيذ والتي يجب أن يتم تطبيقها أثناء تنفيذ المشروع وإدارته.
- **أهداف الجودة**. أهداف الجودة والخطط للمنتج أو المشروع يجب أن تتضمن تعريف وتبرير للصفات والسمات التي يجب أن يتصف بها المنتج أو خطوات المشروع.
- **المخاطر وإدارة المخاطر**. المخاطر الأساسية والتي من الممكن أن تؤثر على جودة المنتج والخطوات الفعالة التي لا بدّ من القيام بها لمعالجة هذه المخاطر.

من الواضح أن خطط الجودة تختلف في التفاصيل والمعايير والمقاييس وذلك حسب طبيعة المشروع وحجمه ونوعه ونوع الأنظمة والأدوات المستخدمة في تطوير المنتج إلا أنه وعندما يتم كتابة خطط الجودة فيجب أن يتم محاولة إبقاءها مختصرة قدر الإمكان وذلك لكي يتمكن الأفراد الذين لهم علاقة بتطوير المشروع

من قراءتها حيث لو أنها كانت كبيرة فلن يقرأها أحد مما يؤدي ذلك إلى عدم تحقيق الجودة في كل مراحل المشروع وبالتالي عدم تحقيق الجودة في المنتج النهائي.

يجب أن تتضمن خطة الجودة المعايير والمقاييس التي يجب أن يتم الامتثال لها لكي تحقق الجودة والتي هي كما تمّ تعريف في بداية هذه الوحدة سمات أو صفات شيء ما، حيث أن هناك مدى واسع وكبير لسمات الجودة والتي يجب أخذها بعين الاعتبار عند وضع خطة الجودة إلا أنه لا يمكن لمنتج معين أو مشروع معين أن يتم تطبيق جميع هذه الصفات عليه، فكل مشروع أو منتج من الممكن أن يتصف ببعض هذه السمات أو الخصائص وفيما يلي سرد لأهم هذه السمات والتي تساهم في ضمان الجودة ومن هذه السمات أو الخصائص:

- الامتثال للمتطلبات الموضوعة.
- عمليات التوثيق.
- الأمن والسلامة.
- تقسم المنتج إلى وحدات (من أجل سهولة الفك والتركيب والنقل والحمل..الخ).
- الاعتمادية والوثوقية (المنتج يعتمد عليه بقوة ويمكن الوثوق من قدرته على أداء العمل بشكل مضمون ولفترات طويلة دون الحاجة إلى عمليات صيانة).
- نسبة التعقيد (كلما كان هناك بساطة في التصميم كلما كان افضل).
- قابلية التعليم (يمكن تعلم المنتج بشكل سهل).
- الفعالية في الأداء والعمل.
- الرشاقة (سرعة تنفيذه للوظيفة).
- الاستخدام (يمكن استخدامه والاستفادة منه في احد جوانب الحياة).
- إعادة الاستخدام (يمكن تدويرة وإعادة استخدامه عند انتهائه مدة خدمته).

- التأقلم (مدى تأقلمه وعمله في مختلف الظروف).
- قابل للنقل (يمكن نقله بسهولة ويسر).
- الاختبار (قابل للاختبار والفحص).
- قابلية الصيانة (يمكن صيانته واصلاحه بطريقة سهلة).
- الفهم (سهل الاستخدام وسهولة فهم طريقة عمله).

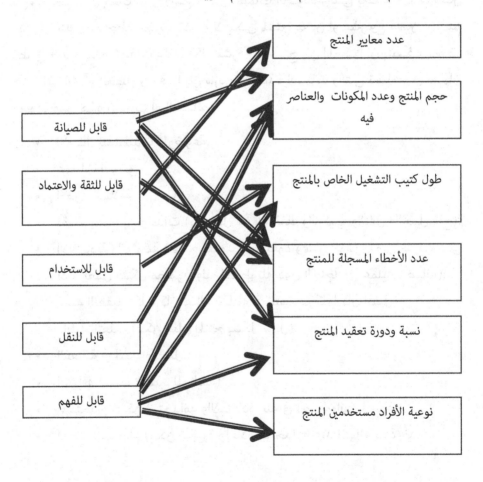

شكل 4-4 العلاقات بين السمات الداخلية والخارجية للمنتج

6-4 عملية القياس Measuring Process

الشكل التالي 4-5 يبين خطوات وعملية القياس التي تتمّ من أجل التحقق من معايير الجودة للمشروع حيث تتكون عملية القياس من عدة خطوات هي:

- خطوة اختيار المقاييس المراد اجرائها، حيث أن المقياس الذي يؤدي إلى إجابة على بعض الأسئلة يجب ان يتمّ اختياره ومن ثم يجب أن يتمّ تشكيله وتعريفه من أجل الحصول على الإجابات.
- خطوة اختيار المكونات التي يجب أن يتمّ تقييمها، حيث أنه ليس من الضروري أن يتمّ اختيار كل العناصر من أجل القيام بقياس المعايير عليها حيث يفضل التركيز على المكونات الجوهرية والتي يتمّ استخدامها بشكل ثابت.
- خطوة قياس خصائص المكونات والعناصر، العناصر المختارة يتمّ قياسها، والمقاييس المصاحبة لها يتم حساب قيمة المعيار لها حيث يتطلب هذا تضمين عملية معالجة تمثيل العناصر مثل التصميم والطور... الخ وذلك باستخدام بيانات تمّ جمعها بشكل تلقائي باستخدام أدوات وبرمجيات حاسوب متطورة.
- خطوة تعريف المقاييس المجهولة، بعد أن تتمّ عملية القياس للمكونات فيجب أن تبدأ عملية مقارنة هذه المقاييس مع مقاييس سابقة والتي سبق أن تمّ تسجيلها وحفظها في قواعد بيانات محوسبة عندها يتمّ البحث القيم الغير عادية أو القيم العالية لكل مقياس حيث أنه من الممكن ان تؤدي هذه إلى اكتشاف الأخطاء أو المشكلات التي تصاحب هذه المكونات ذات قيم مقاييس عالية.
- خطوة تحليل العناصر المجهولة، بعد أن يتمّ تعريف المكونات والتي لها قيم مجهولة أو عالية يجب أن يتم اختبار هذه العناصر ليتم التقرير فيما إذا كانت قيم القياس المجهولة لهذه العناصر

تعني أن جودة هذه العناصر لم يتمّ تحقيقهـا أو تـمّ تحقيق الجودة فيها.

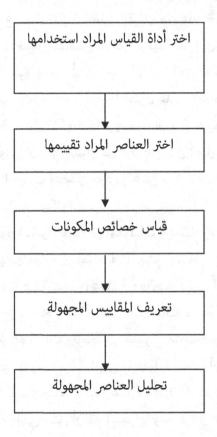

شكل 4-5 عملية قياس جودة المنتج

الفصل الخامس

تحديـــات الجـــودة

محتويات الفصل:

الفصل الخامس

تحديات الجودة

Challenges of Quality

الأهداف التعليمية للفصل الخامس:

يهدف هذا الفصل إلى التعريف بأهم التحديات التي تواجه المنظمات الحالية والمفاهيم المتعلقة بالمنظمات الحديثة والتي ظهرت وسميت بالمنظمات الرقمية وتعريف وأهمية الإدارة لهذه المنظمات، حيث يشرح هذا الفصل الدور الرئيسي الذي تقوم به أنظمة المعلومات المبنية على الحاسوب والتكنولوجيا الحديثة والتي تخدم عملية التغيير والتطور لتحقيق الجودة الشاملة في هذه المنظمات وأيضاً يقدم هذا الفصل مقدمة هامة للأنظمة الحقيقية الموظفة حالياً في المنظمات الرقمية مع التركيز على العلاقات مع غيرها من المنظمات والعمليات التجارية والاستراتيجيات وأهمية قضايا العلاقات الاجتماعية والأخلاقية في المنظمات.

الأهداف الرئيسية لهذا الفصل هي:

- التعرف على الدور الرئيسي لنظام المعلومات في بيئة التنافس التجاري الحالية.
- ما هو نظام المعلومات والمبني على الحاسوب والتكنولوجيا الحديثة؟
- كيف يعمل نظام المعلومات على عمل نقلة كبيرة للمنظمات في المعاملات التجارية؟
- ما هو دور الانترنت والتكنولوجيا الحديثة في العملية التجارية؟
- ما هي التحديات الإدارية في عملية تأسيس وبناء نظام معلومات متكامل في المنظمات؟

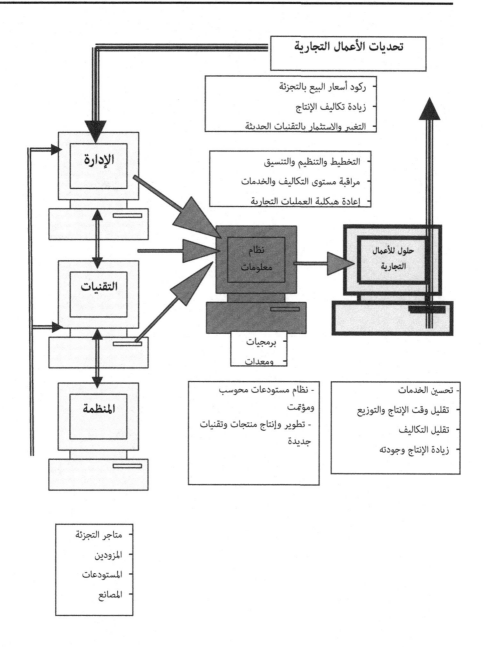

شكل 5-1 إدارة المنظمات الرقمية

1-5 مقدمة Introduction:

ينبغي للمنظمة في نهاية المطاف أن تعمل على إرضاء عملائها بمستوى أعلى من الرضا وهذا بدورة يؤدي إلى الهدف الأكبر وهو ولاء العميل، ويقصد بذلك استمرار العميل في التعامل مع المنظمة وعلى مدى طويل، حيث يعتبر الولاء من أهم مفاتيح الربح في المنظمات العصرية لأنه يعمل على زيادة المبيعات، ويشكل ميزة تنافسية كبيرة في السوق التجاري. ولكي تحقق المنظمات ولاء العميل لا بدّ لها من أن تواجه التحدي الكبير وهو عملية التحول إلى منظمات رقمية مبنية على التقنيات الحديثة والوسائل الحديثة مثل:

- الانترنت Internet
- الحاسوب Computer
- أنظمة معلومات مبنية على الحاسوب Computer Based Computer system
- أنظمة اتصالات متطورةAdvanced Communications systems
- البريد الالكتروني E-mail
- الانترانت Intranet والاكسترانت Extranet... وغيرها من التقنيات مثل الطابعات Printer والماسحات الضوئية Optical Scanners و.... الخ.

2-5 ما هو نظام المعلومات Information system؟

يمكن تعريف نظام المعلومات من الناحية التقنية على أنه مجموعة من المكونات المتداخلة والتي تعمل على جمع ومعالجة وتخزين وتوزيع المعلومات بهدف المساعدة في دعم عملية اتخاذ القرارات والتحكم والسيطرة على المنظمة، بالإضافة على دعم عمليات التنسيق والتنظيم والتخطيط ومساعدة المدراء والموظفين في عمليات تحليل المشكلات ورؤية المواضع المعقدة وبناء منتجات جديدة.

إن أنظمة المعلومات تتكون من مجموعة من المعطيات عـن الأمـاكن والأشياء داخـل المنظمة أو التي تحيط بها ومعلومات عمـن لـه علاقة بالمنظمة مـن عمـلاء ومـزودين وشركاء العمل وغيرهم، كما أن نظام المعلومات يتضمن معلومات عن الشركات المنافسة والتقنيات الجديدة والموجـودة في المؤسسـة، إن هـذه المعلومـات التي تضم نظـم المعلومات يجب أن تكون في صورة ذات معنى ومفيدة للجنس البشري، وفي المقابل فإن البيانات هي عبارة عن مجموعة من الحقائق تمثل أحداث حصـلت في الشركة أو تمثل البيئة المادية قبل أن يتمّ تنظيمها على شكل مفهوم وقابل للاستخدام مـن قبل الجنس البشري.

البيانات هي:
المادة الخام للمعلومات والتي تكون عادة مبهمة وغير مفهومـة للجنس البشري حيث أنها تمثل أحداث وقعت في الشركة ولم يتمّ تنظيمها وترتيبها بشكل مناسب.

المعلومات هي:
مجموعة من البيانات التي تمت معالجتها وتمّ ترتيبها ووضعها بشكل مفهـوم وذا معنى ومفيد للجنس البشري.

يوجـد ثـلاث نشـاطات أساسـية في نظـام المعلومـات والتـي تعمـل عـلى إنتـاج المعلومات والتي تحتاج إليها المنظمات للمساعدة في اتخاذ القرارات وهذه النشاطات هي:

1- عناصر المدخلات.
2- المعالجة (عمليات الحساب، الترتيب، الفرز، التصنيف، ...الخ).
3- عناصر المخرجات.

إن هذه النشاطات الثلاثة تساعد المدراء في العديد من النشاطات مثل:
• اتخاذ القرارات.

- تحليل المشكلات.
- التحكم والسيطرة على المعاملات الادارية والعمليات التجارية.
- بناء وإنشاء منتجات وخدمات جديدة.

يوضح هذه النشاطات الشكل 5-2 حيث يعمل عنصر المدخلات على جمع المادة الخام من داخل المؤسسة أو من البيئة الخارجية لها، أما عنصرـ المعالجة فيعمل على تحويل المادة الخام من البيانات إلى شكل قابل للفهم ومفيد للعنصر البشري، أما عنصرـ المخرجات فيعمل على نقل البيانات التي تمت معالجتها إلى العناصر البشرية التي سوف تقوم باستخدامها أو تعمل على نقل النشاطات إلى حيث يتم استخدامها واستفادة منها وهناك عنصر رابع لا بد من التطرق إليه وهو عنصرـ التغذية الراجعة حيث أن أنظمة المعلومات تتطلب هذا العنصر من أجل عمليات التقييم والتحسين والتطور.

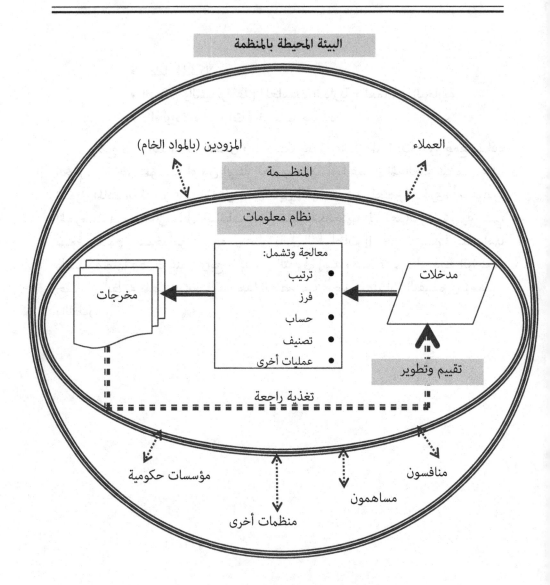

شكل 5-2 وظائف نظام المعلومات

تكنولوجيا المعلومات:
هي عبارة عن استخدام التقنيات (الوسائل) الحديثة مثل الحاسوب والطابعة والإنترنت والماسحات الضوئية والأجهزة الخلوية وأجهزة المراقبة والبرمجيات

وغيرها من الوسائل في عمليات جمع البيانات وحفظها ومعالجتها وتوزيعها وبثها بسرعة ودقة كبيرة من أجل المساعدة في عمليات دعم اتخاذ القرارات وحل المشكلات وتحليل البيانات.

إذن إن نظام المعلومات المبني على الحاسوب ما هو إلا نظام معلومات يعتمد على معدات وبرمجيات الحاسوب في معالجة وحفظ واسترجاع وبث المعلومات.

أما النظام فيمكن تعريفه كما يلي:

النظام عبارة عن مجموعة من العناصر المترابطة مع بعضها البعض من أجل تحقيق هدف ما، فعلى سبيل المثال هناك النظام الشمسي- والذي يتكون من الأرض والقمر والشمس والنجوم.... الخ وهذه العناصر مرتبطة مع بعضها البعض من أجل تحقيق الهدف وهو الحياة. وهناك نظام الطائرة حيث تتكون الطائرة من المحرك والأجنحة وأجهزة الحاسوب وغيرها من العناصر والتي تتضافر مع بعضها البعض من أجل تحقيق الهدف وهو الانتقال من مكان إلى آخر.

ولا يوجد أي اتفاقية حول ماهية المعلومات أو كيف سوف يتم حفظها ومعالجتها إلا أن هذه المعلومات ضرورية لبقاء المنظمة وتنافسها في السوق، أما منظمة المعلومات الرسمية فهي إما أن تكون مبنية على الحاسوب أو يدوية مبنية على الورق والملفات حيث تقوم هذه الأنظمة اليدوية بالمهمات الضرورية التي تحتاج إليها الشركات التقليدية والتي لن تكون ضمن دراستنا في هذا الكتاب، أما بالنسبة لأنظمة المعلومات المبينة على الحاسوب والتي تستخدم تقنيات الحاسوب لمعالجة المادة الخام وتحويلها إلى معلومات مفيدة جداً للمدراء والموظفين في الشركة فأجهزة الحاسوب التي تكون المعدات لتخزين ومعالجة المعلومات وبرمجيات الحاسوب ما هي إلا مجموعة من تعليمات تسيطر وتتحكم في عمليات المعالجة التي تتمّ في الحاسوب حيث أن معرفة مبدأ عمل الحاسوب مهم جداً في

تصميم الحلول التجارية لمشكلات الشركات إلا أن الحاسوب يعتبر جزء مـن نظـام المعلومات والذي يمثل الجزء الأساسي والمهم للمنظمات الحديثة.

3-5 لماذا نحتاج لأنظمة المعلومات ؟

كما بينا سابقاً فإن نظام المعلومات يمكن تعريفه على أنه مجموعـة مـن العناصـر المتداخلة مع بعضها البعض تقوم بجمع ومعاجلة وحفظ وتوزيع وبث المعلومات مـن أجل المساعدة في عمليات اتخـاذ القـرارات مـن قبـل الإدارة كمـا يسـاعد الإدارة في كـلّ الوظائف الإدارية كالتنسيق والتحكم والتحفيز والتنظيم وغيرها. إذن بدون هذه نظام معلومات ذا كفاءة عالية لن يكون هناك وظائف إدارية فعالة ولن تكون هناك قـرارات صائبة فالمدير من أجل أن يتخذ قرار ما لا بدّ له من الحصول علـى المعلومـات المناسبة وبالكمية المناسبة وفي الوقت المناسب وبالسرعة المناسبة عنـدها يستطيع أن يتخـذ القرار المناسب، فمثلاً لنأخذ المثال أو السيناريو التالي:

تأخر أحد الموظفين عن الحضور إلى عمله أكثر مـن ساعة وتمّ إبـلاغ المـدير بـذلك، إذن ما هو القرار الذي سوف يتخذه المدير في هذه الحالة، للإجابة على هـذا السـؤال لا بدّ مـن الحصـول علـى المعلومـات الكافيـة مـن أجـل اتخـاذ القـرار المناسب فمـا هـي المعلومات المطلوبة؟

• هل تأخر الموظف قبل هذه المرة؟

• ما هي أسباب تأخر الموظف هذه المرة وفي المرات السـابقة إن كـان تـأخر مـن قبل؟

• ما هو الإجراء السابق الذي تمّ اتخاذه بحق الموظف المتأخر؟

• ما هي وظيفة هذا الموظف؟

• ما مدى الضرر الذي سببه الموظف بسبب تأخره للمؤسسة؟

- هل هناك بديل عن هذا الموظف أم أنه موظف حساس ومهم ولا يمكن للشركة أن تقوم بعمل قاس ضده.؟

كل هذه الأسئلة بحاجة إلى إجابة من قبل المدير قبل أن يتخذ أي قرار بحق هذا الموظف، والمدير في هذه الحالة لديه العديد من القرارات التي باستطاعته أن يتخذها مثلاً:

- تقديم تنبيه أو إنذار للموظف.
- القيام بعمل حسم بقيمة معينة من راتب الموظف.
- فصل الموظف.
- نقل الموظف نقلاً تأديبياً.
- الاكتفاء بمناقشة الموظف عن سبب تأخيره وتعهد بعدم تكرار ذلك.

إن المدير الجيد لكي يكون قائداً كفؤاً لا بدّ له من أن يقوم باتخاذ القرار المناسب وفي الوقت المناسب بمساعدة نظام معلومات مبني على الحاسوب ذا كفاءة عالية، وهنا تكمن أهمية نظام المعلومات في تحقيق الجودة في العمليات داخل المنظمة فبدون نظام معلومات مبني على تقنيات الحاسوب لن يتم تحقيق الجودة على الاطلاق، لنأخذ المثال والسيناريو التالي:

أحد الأجهزة أو الماكينات التي تعمل في المؤسسة تعطلت، فما هو القرار الذي يجب أن يتخذه المدير في هذه الحالة؟

للإجابة على هذا السؤال لا بد أولاً من إجابات على العديد من الأسئلة مثل:

- ما أهمية هذه الآلة؟
- هل تعطلت هذه الآلة من قبل؟
- ما هي تكلفة الصيانة لهذا الآلة كلّ فترة زمنية؟
- من المسؤول عن هذه الآلة؟
- ما هو سبب تعطل الآلة؟

هذه الأسئلة لا بد من إجابات سريعة لها لكي يستطيع المدير أن يتخذ القرارات المناسبة في الوقت المناسب مثل:

- بيع الآلة وشراء واحدة جديدة.
- القيام بصيانة الآلة وتصليحها بالسرعة الممكنة.
- إعادة هيكلة أعمال الصيانة في المؤسسة.

في هذه الأيام تعتبر المعرفة والإدراك بنظام المعلومات ضرورة لكل مسؤول وقائد ومدير وذلك لأن معظم المؤسسات تحتاج إلى أنظمة المعلومات من أجل استمرارها وازدهارها بين الشركات المحلية والإقليمية والعالمية، إن نظام المعلومات يساعد الشركات لكي:

- توسع من مدى أعمالها إلى الكثير من الأسواق الجديدة.
- تساعدها في إنشاء وخلق منتجات جديدة وخدمات جديدة.
- تساعد على فعالية تدفق العمل وخط الإنتاج.
- تساعد في إعادة تصميم وهندسة الوظائف والعمليات والحركات في الشركة.
- تساعد على تحسين وتطوير طريقة إجراء العمليات التجارية.

إن البيئة التنافسية للأعمال التجارية في العصر ـ الحديث قد أدت إلى التحديات الرئيسية التالية التي تواجه كافة المنظمات وعلى اختلاف أنواعها وهي:

1. العولمة Globalization
2. ظهور الشركات الرقمية The Rise of Digital Firm
3. ظهور الاقتصاد المعلوماتي.
4. تغير المنظمات وطريقة عملها.
5. دمج وتكامل تقنيات المعلومات وتقنيات الاتصالات في الأعمال التجارية.

1- العولمة Globalization:

لقد ساهمت تكنولوجيا المعلومات وأنظمة معلومات الحاسوب وتقنيات الاتصالات على إمداد الشركات التجارية بالقدرات والإمكانيات الفعالة التي تحتاجها من أجل تسويق منتجاتها في كلّ أنحاء العالم فهذه التقنيات جميعها زودت المؤسسات بالقدرات الفعالة لعمل ما يلي:

- الكفاءة في الاتصالات مع كلّ العملاء في كلّ أنحاء العالم.
- القدرة التحليلية الفعالة لإدارة وإجراء الأعمال التجارية على مستوى عالمي.
- العمل على مدار الساعة (24 ساعة في اليوم 7 أيام في الأسبوع و365 يوم في العام).
- العمل ضمن مختلف التقاليد والعادات والثقافة واللغة على مستوى العالم.
- تنسيق العمل العالمي كفريق عمل واحد من مختلف مواقع تجارية في العالم.
- تلبية الاحتياجات من التقارير العالمية والمحلية بشكل سريع وفعال.

العولمة: وهنا نقصد العولمة التجارية فقط وهي عالمية التجارة أي القيام بالنشاطات التجارية للشركات في كلّ أنحاء العالم بدون قيود سياسية أو حدودية أو ثقافية.

وفي المقابل فإن العولمة وتكنولوجيا المعلومات قد جلبت معها الكثير من التهديدات والمخاطر الجديدة والتي تعمل على وضع المطبات والعوائق أمام الشركات التجارية ومن هذه المخاطر ما يلي:

- القضايا الأمنية (فيروسات، قراصنة كمبيوتر،سرقة المعلومات،... الخ).

- حقوق الملكية الفكرية وحقوق النسخ والطبع والتوزيع الغير قانوني.
- التكلفة العالية للاستثمار تكنولوجيا المعلومات في الشركات التجارية.
- ظهور حركات مقاومة للعولمة من قبل الصناعات الوطنية في العالم.
- القضايا السياسية والتحالفات الدولية وشروط منظمة التجارية العالمية من أجل عولمة التجارة والتي رفضتها أو لم تستطع أن تلبيها الكثير من دول العالم وخاصة في الدول الفقيرة ودول العالم النامي.

بسبب عولمة التجارة يستطيع أي إنسان في ا لعالم أن يتسوق 24 ساعة في اليوم للحصول على أسعار المنتجات ومواصفاتها بسرعة كبيرة جداً لذا فالشركات التجارية التنافسية إلى نظام معلومات فعّال يمكنها من الدخول إلى الأسواق العالمية من أجل تلبية طلبات العملاء في مختلف أنحاء العالم.

2- ظهور الشركات الرقمية The rise of Digital Firms:

يتميـز العصـر الحـديث بغـزارة استخدامـه للوسـائل والتقنيـات الحديثـة مثـل: الحاسوب والإنترنت والشبكات والهاتف النقال حيث نلاحظ وبشكل كبير تحول الشركات التقليدية إلى شركات رقمية مبنية على استخدام تكنولوجيا المعلومات في كـلّ معاملاتها التجارية داخل الشركة وخارجها حيث تمتاز هذه الشركات بخصائص ميزتها عن الشركات التقليدية في كثير من النواحي منها:

- تعتمد على بنية تحتية من شبكات الحاسوب والاتصالات الرقمية.
- علاقات مبنيـة عـلى التكنولوجيـا الرقميـة مـع العمـلاء والمـوظفين وشركاء العمل وغيرهم.
- إكمال وانجاز الأعمال التجارية الجوهرية يتمّ من خلال شبكات الحاسوب الرقمية.
- أعمال إدارية مبنية على التكنولوجيا الرقمية والتي تشكل أساس رأس المال لهذه الشركات.

• الاستجابة السريعة للمتغيرات التي تطرأ في بيئة الأعمال التجارية والتكنولوجيا الرقمية.

الشركات الرقمية: هي منظمات تعتمد عملياتها التجارية وعلاقتها مع البيئة المحيطة بها من عملاء ومزودين وغيرهم على التكنولوجيا الرقمية أي استخدام الحاسوب وبرمجياته في إدارة أصول الشركة وكل تعاملاتها التجارية والإدارية.

3- ظهور الاقتصاد المعلوماتي:

لقد تحولت العديد من الدول المتقدمة من دول صناعية إلى دول معلوماتية مثل الولايات المتحدة الأمريكية وألمانيا واليابان حيث قام ببناء اقتصادها اليوم على اقتصاد المعرفة واقتصاد الخدمات المبنية على المعلومات بينما تمّ نقل المصانع إلى دول العالم الثالث فكما نرى فقد أصبحت الكثير من الدول النامية كالدول العربية دول صناعية تقوم بتصنيع معظم الصناعات الخفيفة و الثقيلة كالسيارات والثلاجات والطائرات وغيرها.

إن الاقتصاد المبني على المعرفة والمعلومات هو طريق الدول المتقدمة حالياً لجمع الثروات من دول العالم الثالث. لقد بدأ هذا الاقتصاد المعلوماتي في نهاية القرن العشرين وتسارع بشكل كبير منذ بداية القرن الواحد والعشرين حيث ازداد عدد الموظفين ذوي الهندام الأبيض والذين يمثلون الطبقة المتعلمة والحاصلة على شهادات جامعية وفي نفس الوقت تدنت أعداد العمال ذوي الهندام الأزرق والذين يشكلون طبقة العمال والذين لا يحملون أي شهادات عليا ويعملون في العديد من القطاعات كقطاع الزراعة والنظافة وفي المصانع على خطوط الإنتاج (شكل 5- 3).

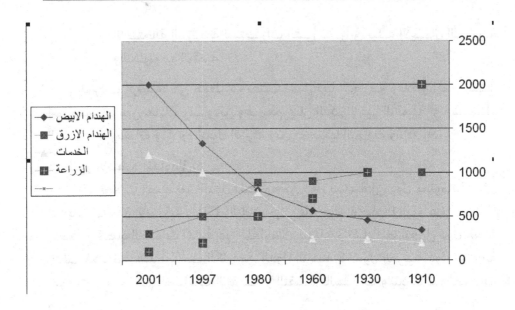

شكل 5-3 نسبة القوى العاملة منذ العام 1910 إلى 2001

فكما نرى في الوقت الحـاضر فـإن العـدد الأكبر مـن العـاملين يعملـون في قطـاع التعليم والصحة والمبيعات والبنوك وشركات التأمين والقانون وغيرهم من الشركات التـي تقدم في معظمها خدمات للمواطنين، حيث تعتمـد الوظـائف فيهـا بشـكل خـاص عـلى تقديم المعلومات والمعرفة، حيث يشكل المـوظفين ذوي الهنـدام الأبيـض مصـدر هـذه المعلومات، حيث تكون قيمة هذه الشركات مبنية على أصول الشركة الغير مادية وليس على أصولها المادية مثل الشركات التقليدية كالمبـاني والعقـارات التـي تمتلكهـا، حيث أن أصول الشركات الرقمية من مباني وعقارات وأجهزة تكون عادة أقل من 20% من قيمـة رأسمالها و تعتبر المعلومات والمعرفة التي تقدمها الشركات الرقميـة الحديثـة هـي رأس المال الحقيقي والقيم للشركة ومثال عـلى ذلـك شركة يـاهو yahoo.com وهـي شركة تقدم خدمة البحث عن المعلومات وتزويد المعلومات عبر الانترنت لكلّ المسـتخدمين في العالم وهذه الشركة لا تمتلك الكثير من المباني

أو العقــارات بــل تعتـبر قيمتهـا في الســوق مـا تـزوده مـن معلومـات وخـدمات للمستخدمين في كلّ أنحاء العالم.

إن المعرفة والمعلومات هـي أسـاس المنتجـات والخدمات الجديـدة مثل خدمـة بطاقات الصراف الآلي وبطاقات الاعتماد وخدمة توصيل الطرود والبريد أو أنظمة حجـز تذاكر السفر وأنظمة حجز غرف الفنادق مـن مختلـف أنحاء العـالم، وتعتـبر المنتجـات المبنية على المعلومات والمعرفة مثل العاب الحاسوب ذات قيمة كبيرة تعتمد على أفراد وفنيين ذوي معرفة وخبرات برمجة الحاسوب أي تعتمد على أعمالهم الذهنية والفكرية ومقدار المعلومات والمعرفة لـديهم. وحتـى في صناعة السيارات والماكينـات والأجهـزة الثقيلة يعتمد تصنيعها بشكل أساسي وجوهري على المعلومات والمعرفة.

إن عملية الاستثمار في تقنيات المعلومات يشكل نسبة كبيرة للشركات الرقمية قـد تفوق الـ 50% من أرباحها لما لـه مـن أهميـة في نجـاح هـذه الشركات وزيادتها عـلى مستوى العالم، حيث بلغت في تكنولوجيا المعلومات منـذ العام 1980 إلى العـام 2002 35% أما نسبة الاستثمار في كافة الأعمال التجارية فبلغت 19% فقط.

والمقصود بالاستثمار في تكنولوجيا المعلومـات هـو عمليـة توظيـف وشراء العديـد من التقنيات مثل:

- الحاسبات الالكترونية.
- البرمجيات وأنظمة التشغيل.
- معدات الاتصالات السلكية اللاسلكية.
- طابعات وماسحات ضوئية.
- معدات شبكات الحاسوب (راوترات Routers ، جسـورBridges، كـابلات Cables، ...الخ).

4- تغير المنظمات وطريقة عملها:

لقد تغيرت طريقة الشركات الحديثة في الإدارة وطريقة المعاملات مع العملاء والمزودين كما تغيرت أيضاً تعامل الشركات مع الموظفين وكيفية إدارة وتنظيم العمل من الداخل، إن الشركات التقليدية تبنى على هيكلية الهرم المعروفة كما هي موضحة في الشكل 5-4 التالي:

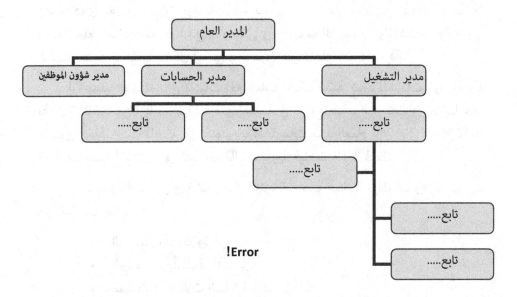

شكل 5- 4 التنظيم الهيكلي للشركات التقليدية

أما الشركات والمنظمات الرقمية الجديدة فقد تغيرت بشكل أساسي في تنظيمها الهيكلي فأصبحت شركات مستوية التنظيم الهيكلي (شكل 5-5-1 وشكل 5- 5-2) حيث بني هذا النظام على إعطاء الصلاحيات لكل موظف لكي يقوم بعمله بدون الرجوع إلى المدير الأعلى منه كما هو في التنظيم الهيكلي للشركات التقليدية حيث أن الموظف لا يستطيع أن يقوم بأي عمل بدون الرجوع إلى المسؤول عنه والمسؤول عنه يرجع إلى المدير الأعلى منه حتى يصل القرار النهائي إلى المدير العام.

5-4 الشركات الرقمية Digital Firms

أصبحنا اليـوم نعـيش في عـالم رقمـي ومعلومـاتي حيـث كـلّ شيء يعتمـد عـلى المعلومات وطريقة تنظيمها وجمعها وبثها بحيث ظهرت مـا يعـرف بالشركات الرقميـة والتي تعتمد على التقنيات والانترنت وشبكات الحاسوب المحلية لأداء أعمالهـا الإداريـة والتجارية وهذه الشركات لها مميزات وصفات وخصائص منها:

1- أنها أصبحت أقل هرمية Less Hierarchy أو مسطحة Flatten

بمعنى أن التنظيم الهيكلي أصبح أقل هرمية وذلك بإعطاء الموظفين المزيـد مـن الصلاحيات في عمليات اتخاذ القرارات بـدون الرجـوع إلى المسؤولين مـما يـوفر الوقت ويزيد من كفاءة الموظفين والشركة بشكل عام.

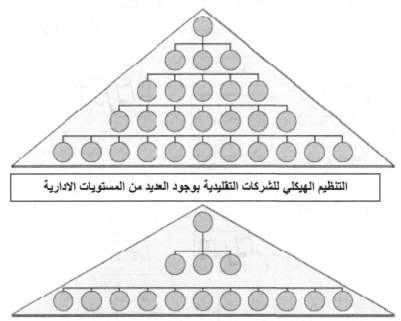

التنظيم الهيكلي للشركات التقليدية بوجود العديد من المستويات الادارية

An organization that has been "flattened" by removing layers of management

الشكل5-5-1، 5-5-2 التنظيم الهيكلي للشركات الرقمية بإزالة العديد من المستويات الإدارية وإعطاء صلاحيات للموظفين

2- تدفق العمل الكترونياً Electronic workflow

تعتمد الشركات الرقمية الجديدة اعتماداً كليا على الحاسبات المتصلة بشبكات حاسوب محلية وهذه الشبكات المحلية بدوها مرتبطة بعضها ببعض بشبكة الانترنت، حيث أنه إذا كان هناك للشركة أكثر من فرع في أكثر من مكان أو قطر. فعملية الإدارة والتحكم بالعمل واتخاذ القرارات تتمّ بواسطة هذه الحاسبات والشبكات والبرامج المتصلة بها وذلك لإجراء العمليات والحركات داخل الشركة وخارج الشركة وعملية التخاطب مع العملاء Clients والمزودين Suppliers وشركاء العمل Business Partners كله يتمّ التعامل معه رقمياً عبر أجهزة الكمبيوتر والشبكات. فعلى سبيل المثال يقوم مندوب المبيعات في الشركات الرقمية بعرض المنتجات وإجراء عمليات التسويق وإبرام العقود عن طريق جهاز كمبيوتر محمول Laptop والمتصل بالشركة عبر شبكة الانترنت Internet حيث يمكن التخاطب مع الشركة بالصورة والنص والصوت كما يوضح الشكل 5-6 التالي:

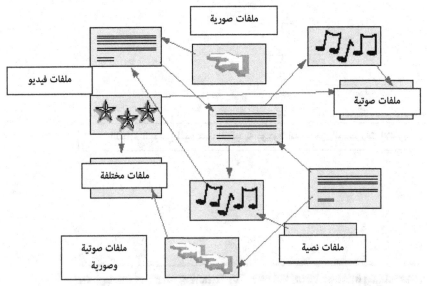

شكل 5-6 تدفق البيانات عبر الانترنت بالنص والصوت والصورة

3- المرونة Flexibility:

حيث تستطيع الشركات الرقمية التكيف والتطور بما يلائم العصر ـ الحديث والتطورات التي تطرأ على ساحتي التقنيات Technology والبرمجيات Software ، وأيضاً تعتبر الشركات الرقمية مرنة جداً حيث تكون صغيرة بالتحكم والضبط للأصول والموارد البشرية فيها وكأنها شركه صغيرة جداً وبنفس الوقت تكون مرنة بحيث تنتج هذه الشركة الرقمية الصغيرة ما تنتجه الشركات التقليدية الضخمة وذلك بسبب التقنيات الجديدة التي تستخدمها وبسبب اعتمادها على إدارة تستخدم استراتيجية قوية في الإدارة وتنظيم العمل.

4- اعطاء صلاحيات أكثر للموظفين Empowerment:

الشركات الرقمية كما بينا سابقاً تعتمد على مبدأ الأقل هرمية في السلم الإداري حيث هناك صلاحيات موزعة على الموظفين ومدراء الافرع والأقسام والتي من خلالها يستطيعون اتخاذ القرارات بدون الرجوع إلى المدير الأعلى وبهذه الطريقة يكون ليس فقط المدير مسؤول عن الشركة فقط بل كلّ الموظفين العاملين يكونون مسؤولون عن الشركة ونموها وازدهارها وبالتالي زيادة الربح والقيمة بين الشركات الأخرى.

5- 5 العملاء الجدد New Customers:

لقد ظهرت شركات رقمية جديدة ولكن بالمقابل هناك زبائن أو عملاء من نوع مختلف ولهم خصائص وسمات تختلف عن العملاء أو الزبائن قبل عشرة سنوات أو أكثر من الآن، حيث يتصف الزبائن الجدد بالمميزات التالية:

- ذوي ثقافة عامة عالية Sophisticated:

نلاحظ في هذا العصر أن التعليم والمدارس والجامعات انتشرت بشكل كبير، كما انتشرت ثقافة الكمبيوتر في مختلف المستويات، فالزبائن الجدد متعلمون

ويضغطون على الشركات أن تستخدم التقنيات الجديدة مثل الانترنت والكمبيوتر وغيرها في عملية التخاطب معهم وفي عمليات البيع والشراء لهم.

- ذوي حساسية للسعر Price Sensitive:

إن غالبية الزبائن في هذا العصر لهم درجة عالية من الحساسية بالنسبة للسعر، حيث من المهم له أن يشتري البضاعة أو الخدمة بأقل سعر ممكن وبأفضل جودة ولذلك من المهم على مدراء الشركات إقامة علاقات طويلة الأمد مع الزبائن مما يجعل الحساسية للسعر أقل حدة وسوف نأتي لاحقاً في الفصول القادمة عن أهمية إدارة علاقة الزبائن في النجاح والازدهار.

- تريد أن تلبى احتياجاتهم ومتطلباتهم Want their needs met:

إن الكثير من الزبائن في هذا العصر يرغب بأن يتمّ تصميم المنتجات أو الحصول على الخدمات بالطريقة التي يفضلها هو، حيث يقوم الزبون بطلب تغيير على السلعة بحيث تلبي احتياجه بشكل تام كما يريده هو. لذلك تقوم العديد من الشركات على اشراك الزبون في عملية التصميم وطرح الأفكار والآراء والتي تؤدي إلى إنتاج منتجات تلبي طلبات الزبائن بشكل كبير مما يضمن رضاهم وبالتالي ولائهم لهذا الشركات.

- كثيري المتطلبات والاحتياجات Are demanding more and more

حيث يمتاز الزبائن في هذا العصر بكثرة طلبهم لمنتجات جديدة ليست بالضرورة من الأساسيات الضرورية لهم لذلك تقوم الشركات في كل سنة بتحسين منتجاتهم وابتكار أشكال وتصاميم جديدة وجذابة تلائم مختلف الأذواق.

- **يريدون المنتجات أو الخدمات بسرعة وتكون مناسبة لهم want their products or service fast and convenience**

حيث نلاحظ في هذا العصر الرقمي عمليات تسليم للمنتجات فورية وبمجرد الضغط على زر الفأرة يتمّ إنزال الكتب الإلكترونية أو التطبيق المعين بسرعة الضوء.

6-5 تحديات الجودة والتغيير:

إن عملية تحقيق الجودة عملية طويلة مستمرة ما دامت المنظمة مستمرة، ولكن هناك تحديات والمطبات كثيرة لا بد للمنظمات من تجاوزها، وتشمل هذه التحديات العديد من المجالات المختلفة والمنوعة داخل وخارج المنظمة، وأهم هذه التحديات هو قدرتها على التأقلم مع التغيرات السريعة في المجالات التقنية. حيث يتتطلب من كافة المنظمات وعلى اختلاف أنواعها وأحجامها أن تتبنى تكنولوجيا المعلومات أو التقنيات الحديثة مثل التجارية الالكترونية والأعمال الالكترونية والانترنت وغيرها من التقنيات الحديثة.

بقدر ما توفر الأعمال الالكترونية من فرص كبيرة ومتنوعة في ظل الاتجاه نحو العولمة والتحول إلى الاقتصاد الرقمي، إلا أنه يواجه بعض التحديات والصعوبات التي تحدّ من استخدامه والاستفادة منه، ويمكن تحديد أهم هذه التحديات فيما يلي:

- **التحديات التنظيمية:**

إن عملية تبني التجارة والأعمال الالكترونية تتطلب من المنظمات أحداث تغييرات جوهرية في البنية التحتية في الهيكلية والفلسفة التنظيمية لها، فهناك حاجة ماسة إلى إعادة تنظيم هياكلها ودمج الأنشطة والفعاليات الاتصالية التسويقية

الخاصة بالتسويق الإلكتروني بإستراتيجيتها التقليدية مع تحديث إجراءات العمل بها بما يتمشى مع التطورات التكنولوجية المتجددة.

- **جذب الكفاءات والحفاظ عليها:**

إن عملية جذب الكفاءات للمنظمة والحفاظ عليها تتطلب تخطيط ودراسة معمقة، حيث يتوجب على المنظمات أن تضع العديد من المعايير لذلك.

- **تطور تكنولوجيا المواقع الإلكترونية:**

إن سرعة التطورات التكنولوجية في مجال تصميم وتطوير المواقع الإلكترونية وتعزيز فعاليتها وقدرتها التنافسية يعد من أهم التحديات التي تواجه استمرارية هذه المواقع ونجاح التسويق الإلكتروني من خلالها.

- **عائق اللغة والثقافة:**

إن اللغة والثقافة من أهم التحديات التي تعوق التفاعل بين كثير من العملاء وبين العديد من المواقع الإلكترونية، لذا فهناك حاجة ملحة لتطوير مواقع بلغات مختلفة أو تطوير برمجيات تعمل على ترجمة المواقع إلى لغات يفهمها العملاء، كذلك ضرورة مراعاة العوائق الثقافية والعادات والتقاليد والقيم بحيث لا تكون عائقاً نحو استخدام المواقع التجارية.

- **العائق الأمني:**

إن من أهم التحديات التي تواجهها المنظمات في العصر الحديث هو كيفية الحفاظ على أمن وسرية المعلومات الخاصة بها والخاصة بعملائها، حيث انتشرت في الانترنت العديد من البرامج المستخدمة في عمليات القرصنة وسرقة المعلومات وبرامج التصنت والتجسس والفيروسات التي تتسبب بخسارات مالية تفوق الملايين الدولارات الأمريكية كل شهر. لذلك يتوجب على المنظمات أن تقوم بتوظيف الكفاءات والبرمجيات القادرة على منع الثغرات الأمنية لديها.

- **تحدّي البنية التحتية الرقمية:**

حيث تواجه العديد من المنظمات الافتقار إلى البنية التحتية الضرورية من أجل استخدام التقنيات الحديثة والأعمال الالكترونية.

- **الرؤية والإستراتيجية:**

حيث يتوجب على المنظمات أن يكون لديها رؤية وإستراتيجية بعيدة المدى واضحة المعالم للتطور وتبني الأعمال الالكترونية المستقبلية للتسويق الإلكتروني.

- **العائق المادي:**

حيث تتطلب عملية تبني الأعمال الالكترونية الحديثة استثمارات كبيرة في تقنية المعلومات والانترنت.

- **عدم الثقة بالتقنيات الحديثة من العملاء:**

عدم تقبل العملاء لفكرة الشراء عير الإنترنت لإحساسهم بالمخاطر المتعلقة بجودة السلع ورغبتهم في فحصها قبل الشراء. أو خوفهم من تعرضهم للقرصنة أو السرقة من قراصنة الحاسوب.

- **عوائق ومشكلات التقنيات:**

مثل بطء شبكة الإنترنت وصعوبة التنقل عبر المواقع الإلكترونية أو عدم معرفة العملاء باستخدام الحاسوب أو الانترنت أو ارتفاع كلفة الشبك بالانترنت وخاصة في الدول النامية.

الفصل السادس

منهجية الستة سيجما (σ)

محتويات الفصل:

الفصل السادس

منهجية الستة سيجما (σ)

Six Sigma Methodologies

الأهداف التعليمية للفصل السادس:

يهدف هذا الفصل إلى توضيح أهمية منهاج الستة سيجما في العملية الإدارية ونجاح المنظمات وتحقيق الجودة الشاملة بشكل كبير، حيث يتمّ في هذا الفصل تعريف إستراتيجية الستة سيجما ونشأتها وتوضيح المبادئ الأساسية التي قامت عليها هذه الإستراتيجية مع شرح عن الوسائل المستخدمة في الستة سيجما، كما ويبين هذا الفصل المعتقدات الخاطئة المتعلقة بهذا المنهاج.

ومن أهم أهداف هذا الفصل:

- تعريف مفهوم الستة سيجما وما هي فلسفتها وكيفية نشأتها.

- شرح المبادئ التي قامت عليها الستة سيجما.

- بيان الوسائل المستخدمة في منهجية الستة سيجما.

- شرح كيفية استفادة المدراء من منهاج الستة سيجما في سير العمليات الفنية والإدارية في المنظمة.

- سرد أهم المعتقدات الخاطئة المتعلقة بمنهج الستة سيجما.

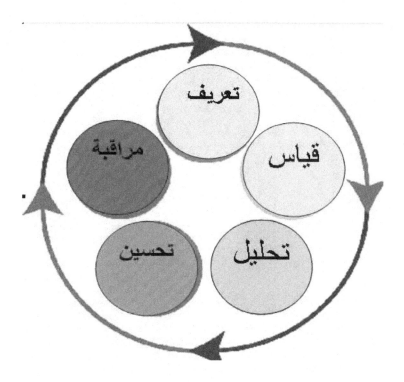

شكل 6-1منهجية الستة سيجما

1-6 مقدمة Introduction:

تقوم طبيعة البشر دائماً على مبدأ البحث عن الكمال، ويحاول أن يتجنب الأخطاء ما أمكن ويعمل على إصلاح العيوب، وكذلك المنظمات فهي أيضاً تبحث عن الكمال، وتحاول تجنب الأخطاء، وتعمل على إصلاح العيوب التي تظهر في مختلف نشاطاتها داخل وخارج حدودها، لذلك فقد ظهرت العديد من الوسائل والتقنيات والتي تعمل على تقليل الأخطاء وزيادة الجودة فبعض هذه الوسائل صممت من أجل تجميع الأفكار كلّها داخل عملية إدارية متماسكة مترابطة، ومن هذه الوسائل أو المناهج منهجية الستة سيجما6 Sigma.

إن منهجية الستة سيجما 6 Sigma لم تنشأ في ليلة أو ضحاها، بل هي امتداد لتطور علم الإدارة وممارساته وخاصة في الدول المتقدمة كاليابان ومنذ السبعينيات والثمانينيات، حيث ظهرت الجودة الشاملة التي أدت إلى تطور الأدوات العلمية والإحصائية في سبيل الكشف عن المشكلات والعمل على إزالتها بهدف تحسين الأداء، وكانت شركة موتورولا من أوائل الشركات التي وضعت منهجية أسلوب "سيجما ستة" واستخدمته عام 1979، وحقق لها هذا الأسلوب توفيراً بلغ 2.2 بليون دولار خلال أربع سنين.

تركزت عمليات الجودة في الماضي على تلبية متطلبات واحتياجات المستفيدين، بأي تكلفة، واستطاعت تلك الشركات إنتاج منتجات ذات جودة عالية على الرغم من قلة كفاءة العمليات الداخلية فيها، وكانت تلك المنظمات تبذل قصارى جهدها لتحقيق الجودة، حيث ساد الاعتقاد آنذاك أن الجودة تكلف المنظمات الكثير من المال والجهد والوقت، لذلك ظهرت العديد من المناهج ومنها منهاج الستة سيجما، وهي مبادرة قيمة لتطوير الجودة والتي تعمل على الربط بين أعلى جودة وأقل تكاليف للإنتاج.

2-6 المفهوم العام لفلسفة الستة سيجما:

السيجما ($\acute{O}$) هي الحرف الثامن عشر في الحروف الإغريقية ورمزه $\acute{O}$، وقد استخدم علماء الاحصاء هذا الرمز للدلالة على الانحراف المعياري والانحراف وهو طريقة إحصائية ومؤشر لوصف الانحراف أو التباين أو التشتت أوعدم التناسق في عملية معينة بالنسبة للأهداف المنشودة.

إن منهجية الستة سيجما تعتبر إستراتيجية تمكن المنظمات من التحسن بصورة كبيرة فيما يخص عملياتها الجوهرية وهيكلها عبر تصميم ومراقبة النشاطات اليومية في المنظمة وذلك بتقليل الوقت والجهد الضائع وتقليل المصادر المستهلكة وفي نفس الوقت تلبية متطلبات العملاء وتحقيق القناعة والرضاء لديهم بشكل كبير.

إن إستراتيجية الستة سيجما تدل على أن المنظمة تقدم خدمات أو منتجات خالية بنسبة كبيرة من العيوب لأن نسبة العيوب في 6 سيجما هي 3.4 عيب لكلّ مليون فرصة، أي أن نسبة كفاءة وفاعلية العمليات تساوي 99.99966%.

خلاصة الأمر أن فكرة سيجما ستة تكمن في أنه إذا كانت المنظمة قادرة على قياس عدد العيوب الموجودة في عملية ما فإنها تستطيع بطريقة علمية أن تزيل تلك العيوب وتقترب من نقطة انعدام العيوب في المنتجات أو الخدمات التي تقدمها للعملاء.

إن استراتيجية الستة سيجما تعتبر من أشهر الإستراتيجيات الإدارية المعاصرة في فلسفة التحسين المستمر للعمليات حيث يعتبرها الكثير من الباحثين صورة مطورة لإدارة الجودة الشاملة حيث تقوم هذه الإستراتيجية على المراقبة الإحصائية لجميع العمليات الإدارية و المالية و الفنية في المنظمة.

تتميز إستراتيجية الستة سيجما عن غيرها من الأدوات العلمية الأخرى للإدارة بالنقاط التالية:

- التحليل الإحصائي الدقيق.
- إتباع الطريقة النظامية لحلّ المشكلات.
- التحديد الدقيق للأسباب الجذرية التي تؤدي إلى التباين والاختلافات في خصائص الجودة.
- تعمل على إعادة تعريف العمليات من أجل الحصول على نتائج مرضية على المدى البعيد.

إن إستراتيجية الستة سيجما حسب عالم الجودة كروسبي (Crosby) والذي طرح في كتابه الشهير "الجودة مجانية" (Quality is free) سنة 1979 حيث قامت بتبنيه الشركة العالمية موتورولا (Motorolla) لتحسين جودة منتجاتها الإلكترونية و استعادة حصصها السوقية أمام منافساتها اليابانية. وقد حقق هذا المفهوم خلال الثمانينات والتسعينات انتشاراً واسعاً وبدأت كبرى الشركات العالمية مثل جنرال إلكتريك (General Electric) بتبنيه وتطبيقه على إجراءاتها الإدارية والإنتاجية المختلفة.

3-6 تعريف الستة سيجما:

هناك أكثر من تعريف لهذه الفلسفة، فجميعها قائمة على وجهات نظر وزوايا مختلفة لقضية التباين و الاختلافات في خصائص جودة المنتجات أو الخدمات، لذلك فقد وردت عدة تعاريف لهذه الفلسفة:

- الستة سيجما هي إستراتيجية لإدارة الأعمال التجارية وجدت من أجل تطوير مخرجات الإنتاج بتعريف وازالة مسببات الأخطاء أو العيوب وتقليل المتغيرات في عمليات التصنيع والعمليات التجارية، تستخدم هذه الطريقة الوسائل الاحصائية حيث تخلق بنية تحتية خاصة من الأفراد ضمن المنظمة.

- حسب شركة موتورولا، فإن الستة سيجما هي برنامج لتحسين الجودة من خلال الوصول لهدف تقليل وتخفيض عدد العيوب ليصل إلى نسبة 3.4 وحدة في مليون فرصة. وفي هذا التعريف فإن الستة سيجما هي مقياس إحصائي يشير إلى نسبة 3.4 وحدة معيبة في كلّ مليون وحدة منتجة وهذا يعني تحقيق دقة أداء تعادل 99.99966%. حيث تمثل σ التباين الحاصل في العملية.

- وحسب الباحثين (Cross, 1989) و (Arthur, 2004) فإن الستة سيجما هي إستراتيجية تنظيمية لتحسين العملية يتمّ استخدامها من أجل تحسين ربحية المنشأة، والتخلص من الإنتاج المعيب والفاقد، وتقليل تكاليف الإخفاق في الجودة، وتحسين فاعلية العمليات بما يلبي احتياجات وتوقعات المستهلكين والعملاء ويؤدي إلى تجاوز هذه الاحتياجات.

إن منهجية الستة سيجما إذن تعتبر بمثابة رؤية إدارية إستراتيجية تهدف إلى تحقيق درجة التميز عبر التركيز على المستفيدين العملاء وتحليل متطلباتهم ومراقبة العمليات وتحسينها بصفة دورية، لذلك فهي تمثل كلّ من الرؤية البعيدة أو الإستراتيجية وتمثل الهدف المراد تحقيقه وتمثل الأداة من أجل تحقيق الجودة، وبشكل عام يمكن أن تتضمن الستة سيجما العناصر التالية:

□ إدارة الجودة الشاملة:

توفر إدارة الجودة الشاملة الأدوات والأساليب اللازمة لإحداث التغيرات الثقافية وتطوير وتحسين النشاطات والعمليات داخل المنظمة.

□ مراقبة العمليات إحصائياً:

حيث يتم استخدام أدوات القياس و التحاليل الإحصائية لمراقبة العمليات والتدخل في حالة حدوث انحرافات عن الخصائص القياسية للجودة.

4-6 مبادئ الستة سيجما:

تعتبر الستة سيجما بوابة عبور لتحسين كفـاءة العمليـات وزيادة الجـودة حيـث تتطلب هذه الطريقة العديد من العناصر منها:

- استيعاب متطلبات العملاء.
- ترتيب استخدام الحقائق.
- التحليل الاحصائي.
- إدارة واعية وذكية.
- التحسين، واعادة تصمبم العمليات.

إن منهجية الستة سيجما عبارة عن نظام إسـتراتيجي شـامل ومـنظم يتكـون مـن مجموعة من الأدوات والتي تعمل على ترابط ونجاح المنظمة، فهو نظام شـامل يشـدد على ارضاء العملاء وهو نظام منظم لأنه يعتمد منهج مكون من مجموعة من المراحل وهو مجموعة أدوات لأنه يستخدم وبشـكل كبـير أدوات إدارة الجـودة الشـاملة. وهو منهج علمي يضع الحلول للمنظمات ويطبق الرقابة العلمية لعملية التصميم والتحسين لنظام إدارة عمليات المنظمة.

إن إستراتيجية الستة سيجما يمكن أن يتمّ تطبيقها في العديد من النشاطات ضـمن المنظمة والتي قد تشتمل على:

- عمليات تحسين لمجالات متعددة في الصناعة.
- عمليات الإدارة.
- عمليات خدمة الزبائن.
- عمليات الأمور المالية.
- التحاليل المالية.
- تحليل متطلبات العملاء... وغيرها.

تعتبر إستراتيجية الستة سيجما فلسفة إدارية متطورة لإدارة الجودة في جميع أقسام المنظمة عن طريق تخفيض عنصرين أساسين يؤثران تأثيراً سلبياً على جودة العمليات وهما المعيب (defects) و التأخر في تسليم المنتجات أو الخدمات، وقد ذكر الباحثين أن الستة سيجما تقوم على المبادئ الأساسية التالية:

- التركيز على العملاء (Customer Focus).
- إدارة العملية و اتخاذ القرارات بناء على الحقائق و البيانات.
- التركيز على العمليات و الإدارة و التحسين المستمر.
- الإدارة الفعالة المبنية على التخطيط الاستراتيجي المسبق.
- التعاون غير المحدود بين جميع العاملين في المنشأة.
- التحسين المستمر باستخدام أدوات علمية مع التركيز على الأولويات والمبادرات الأقل عدداً والأكثر حيوية (قاعدة باريتو).
- المشاركة الكاملة،حيث تؤكد سيجما ستة على مشاركة كلّ فرد في العمل الجماعي كما تؤكد على أهمية الاتصالات اللا مركزية والاتصالات الأفقية.
- الوقاية بدلاً من التفتيش الذي يستنزف الطاقات البشرية والمالية.

5-6 وسائل الستة سيجما:

إن مشروع الستة سيجما يتبع منهجين تمّ اقتباسهما من قبل الباحث الغربي ديمنغ Deming وهما:

1. **منهاج DMAIC**: ويستخدم في المشاريع التي تهدف إلى تحسين العملية التجارية الحالية في المنظمات.

2. **منهاج DMADV**: ويستخدم في المشاريع التي تهدف إلى إنشاء منتجات جديدة أو تصميم عمليات جديدة.

1- منهاج DMAIC:

اسم هذا المنهاج مشتق من بداية الكلمات التالية:

D: Define عرف

M: Measure قس

A: Analyze حلل

I: Improve تحسين

C: Control راقب

وهو نظام سيجما لحلّ المشاكل لغرض تحسين عمليات النشاط العلمي وهو مختصر: حدد الفرصة، قس الأداء، حلل الفرصة، حسن الأداء، تحكم بالأداء، أو يمكن تقسيم هذا المنهاج إلى خمسة مراحل هي:

1. تعريف المشكلة.
2. قياس المظاهر الأساسية للعملية الحالية وجمع المعلومات المهمة.
3. تحليل البيانات من أجل تقصي وتعريف العلاقات بين السبب والتأثير.
4. تحسين أو تطوير العملية الحالية بناءً على تحليل البيانات باستخدام تقنيات معينة.
5. مراقبة حالة العملية المستقبلية للتأكد من اصلاح أية انحرافات قبل أن تؤدي إلى اعطال أو عيوب.

وفي كلمات أخرى، فهذا المنهاج يبدأ بمرحلة التعريف والتي من خلالها يتم وضع الأهداف لمشروع الستة سيجما، أما مرحلتي القياس والتحليل فتعملان في العملية أما التحسين والمراقبة فتعملان على تحسين العملية ومن ثم الحفاظ عليها.

2- منهاج DMADV

D: Define عرف

M: Measure قس

A: Analyze حلل

D: Design صمم

V: Verify تحقق

وهذا المنهاج يعرف ايضاً باسم " تصميم من أجـل الستة سيجما"، وهو منهـاج شائع يستخدم ضمن المشاريع المصممة إلى الستة سـيجما وهـو مختصر- إلى: حـدد المتطلبات ثم قس الأداء ثم حلل العلاقات وصمم الحلول وتحقق من عملها ، وفيما يلي الخمسة مراحل لهذا المنهاج:

1. تعريف أهداف التصميم والتي تتناسب مع متطلبات العملاء واستراتيجية المنظمة.

2. قياس وتعريف الخصائص والتي تكون حاسمة للجودة مثل:

   a. امكانيات الإنتاج.

   b. امكانيات عملية الإنتاج.

   c. المخاطر.

3. تحليل من أجل تطوير وتصميم البدائل وانشاء تصميم ذا مستوى عال وتقييم امكانيات التصميم من أجل اختيار أفضل تصميم للمنتج.

4. تصميم التفاصيل وتحسين التصميم والتخطيط مـن أجـل مواصـفات التصـميم، حيث قـد تتطلـب هـذه الخطـوة استخدام نظـام المحـاكاة باستخدام بـرامج الحاسوب.

5. التحقق من التصميم وتجهيز عملية التنفيذ وتنفيذ عملية الإنتاج وتولي عمليـة التسليم.

6-6 الستة سيجما والمدراء:

يوجد تقريباً 66000 عيب لكل مليون عملية نقل للحقائب والتي تعادل تقريباً نسبة احتمال تساوي 94% بأن العميل سوف يتسلم حقيبته. فهل تعتبر هذه النسبة جيدة كفاية؟

بالتأكيد لا بالنسبة لهؤلاء العملاء والذين تكون حقائبهم بين الحقائب المعيبة، أن العيب سواءً كان في الإنتاج أو الخدمة يؤدي إلى زيادة التكاليف لخطوط الطيران حول العالم، وذلك لأن الموظف يجب أن يتعامل مع كلّ العملاء بما فيهم الذين لم يتسلموا حقائبهم، وهذه العيوب قد تكون سبب خسارة المنظمات وفقدانها للعمل في السوق التجاري.

إذا تحولت شركة الطيران إلى منهجية الستة سيجما في عملية تولي حقائب المسافرين، فسوف تكون النتيجة بشكل واضح تقليل التكاليف وزيادة نسبة العملاء الراضين عن الخدمة. والذين سوف يكونوا موالين لهذه الشركات في المستقبل.

والجدول التالي يبين أن العمل على أي نشاط بأقل من مستويات ستة سيجما يعني ذلك أن هناك عمليات لها احتمالات أعلى لحدوث الأخطاء أو العيوب. وقد يبدو من الشكل أن ثلاثة سيجما قد تكون جيدة كفاية، وعلى كلّ فإنه يوجد 66807 عيب لكلّ مليون والذي يعني أنه هناك 933193 عملية جيدة بنسبة 93.319%.

مستوى سيجما (احتمالات العملية)	عدد العيوب لكل مليون
2	308.537
3	66.807
4	6.210
5	233
6	3.4

جدول 6-1: احتمالية العيوب لمستويات سيجما مختلفة

فإذا اخذت شركة الطيران المستوى الثالث لسيجما فإنها بالتأكيد سوف تخسر الكثير من الأموال والعديد من العملاء، ولو أخذنا بعين الاعتبار مستوى الثلاثة سيجما من منظور آخر، فعلى سبيل المثال:

بالنسبة للعملاء فان مستوى الثلاثة سيجما تمثل أداء غير راض بشكل كبير، اذن فشركة الطيران لا تلبي تطلعاتها الأساسية وهي أن كلّ الحقائب سوف تكون في الرحلة الصحيحة لها وأنها سوف تكون مع المسافر في نفس الطائرة و سوف تصل إلى العميل بدون اخطاء، لذلك فمن المحتم أن تفقد هذه الشركة العديد من العملاء الغير راضين عن الخدمة.

إن منهاج الستة سيجما يغطي طبقات العمليات المختلفة وذلك بجمع البيانات الصحيحة وفهمها وضبطها من أجل التخلص من العيوب والتكاليف الباهظة. إذن فهي طريقة الإدارة والقيادة في المنظمة والتي تهدف إلى تحقيق معايير الجودة وذلك من خلال القياس والمراقبة للعمليات وذلك من أجل إخراج الأخطاء من جذورها.

7-6 المعتقدات الخاطئة بالنسبة للستة سيجما:

إن إستراتيجية الستة سيجما لا تعتبر برنامج جودة آخر، وهذه نقطة مهمة لا بدّ من التشديد عليها، حيث أن الأعمال التجارية توجد من أجل هدف واحد وهو خدمة العملاء من أجل الربح، حيث تعمل طريقة الستة سيجما على المصادر من أجل اصلاح المشاكل المعرفة حيث تعمل على اثبات قيمتها بربطها بالنتائج.

أيضاً لا تعتبر منهجية الستة سيحما برنامج تدريب فبالطبع لا بدّ من تدريب الأفراد على منهاج الستة سيجما لضمان التطبيق الصحيح والنتائج المرجوة، إلا أنها تعتبر إستراتيجية تجارية تعمل على تحفيز نقلة ثقافية في كلّ المستويات والأقسام والمجموعات العاملة في المنظمة وأيضاً على مستويات الادارة.

وهناك أيضاً العديد من الاساطير والخرافات التي ساء فهمها حول الستة سيجما منها:

1. أنها إستراتيجية تعمل فقط في إعدادات عمليات التصنيع فقط.
2. أنها لا تشتمل على احتياجات العملاء.
3. أنها بديل عن إدارة الجودة الشاملة TQM
4. أنها لعبة حسابية بدون ضمانات حقيقية.
5. أنها مجرد تدريب.
6. أنها فاتورة سحرية مع قليل من الجهد.

يجب التذكر دائماً أن إستراتيجية الستة سيجما تعمل على ربط الأفراد بالعمليات مع العملاء بطريقة صارمة من أجل الحصول على النتائج المرجوة والمنشودة، وبغض النظر عن نوع الشركة أو العمل التجاري أو الإنتاج أو الخدمة المقدمة المطبقة فيها نظام الستة سيجما، فإنها دائما تؤدي إلى نتائج ملموسة في كل المشاريع.

الفصل السابع
ضمان جودة المؤسسات التعليمية

محتويات الفصل:

الفصل السابع

ضمان جودة المؤسسات التعليمية

Quality in Educational Institutions

الأهداف التعليمية للفصل السابع:

يتناول هذا الفصل مسألة مهمة يعمل عليها القائمون على ضمان جودة المؤسسات التعليمية واعتمادها. ومن ثم يهتم بالركيزة الأساسية للبرنامج التعليمي ومقرراته الدراسية وهي المستهدفة التي تتضمن المعارف والمهارات التي يتطلع إليها المجتمع في أبنائه القادرين على إدارة المستقبل ومواجهة تحدياته والارتقاء بالمهن المختلفة وتوفير فرص عمل جديدة.

ومن أهم أهداف هذا الفصل:

- شرح وتوضيح ماهية المقصود من جودة التعليم والمؤسسات التعليمية.
- تلخيص وشرح أهم الفوائد من عملية تطبيق الجودة الشاملة في التعليم.
- توضيح أهمية الجودة في المؤسسات التعليمية وحاجة المنظمات إليها.
- توضيح وشرح وتقديم أهم المبادئ والأسس التي قامـت عليهـا الجـودة في التعليم.
- تعريف أهم المعايير المتعلقة في جودة التعليم.
- تقديم توضيح وفلسفة القيادة والجودة في المؤسسات التعليمية.
- تقديم شرح حول التعليم الالكترونية ومدى مساهمته في جودة التعليم.
- تقديم بعض المقترحات المهمة لرفع جودة التعليم إلى أعلى مستوى.

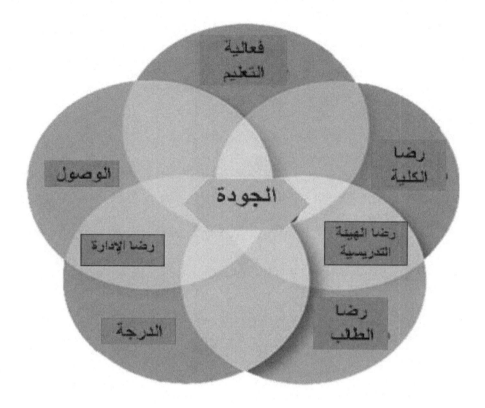

شكل 7-1 جودة التعليم

عندما سئل وزير التعليم في اليابان عن سر تفوق الدولة في تلك المدة الوجيزة أجاب:

"وهبنا للمعلم راتب وزير وحصانة دبلوماسي"

1-7 المقدمة Introduction:

يشهد العصر الحديث العديد من التحديات القوية والمتغيرة بشكل سريع فالعولمة ومتطلبات سوق العمل المتغيرة، وفرص العمل النادرة، وظهور المنظمات الرقمية وظهور عملاء جدد، وغيرها من الأمور تحث الدول والمنظمات إلى تطوير قدراتها وتحسين المنتجات أو الخدمات التي تقدمها للمستفيدين ومنها وبشكل خاص النظام التعليمي، لما له من تأثير كبير ومباشر على الجوانب الاجتماعية والثقافية والاقتصادية والمجتمعية للفرد.

يعتمد ويعول المجتمع وبشكل كبير على مؤسسات التعليم والتعليم العالي في إعداد وتهيئة وتنشئة أجيال قادرين على تلبية احتياجات ومتطلبات الأمة، وتوفير متطلبات المهن وفرص العمل الجديدة. ولذلك تعمل هذه المؤسسات على توفير المواصفات المناسبة والتي ينبغي أن تتوفر في خريجي المؤسسات التعليمية في مختلف التخصصات والميادين.

لذلك وفي سياق مفهوم ضمان الجودة الشاملة الذي نشأ في قطاع الصناعة والخدمات بهدف الحصول على صناعات ومنتجات أو خدمات تتوفر فيها المواصفات والشروط التي ترضى العملاء، سارعت معظم الدول وفي العصر الحالي بالأخذ بمفهوم الجودة وتطبيقه في مجال التعليم، بهدف الحصول على مخرجات تعليمية يمثل ركناً أساسياً يحقق الجودة لكافة المنتجات الصناعية أو التجارية، فبدون الإنتاج التعليمي الجيد المتمثل في أبناء الأمة القادرين على إعداد المنتجات الصناعية

والاقتصادية الجيدة، والقادرين على تطوير وبناء مستقبله، لا يمكن أن تتحقق الجودة في أية جانب من جوانب المجتمع. حيث يعد توفر المعايير التى يتطلبها المجتمع لدى أبنائه من أهم عوامل نجاح المؤسسة التعليمية، واكتساب ثقة المجتمع به، لذلك تتنافس المؤسسات التعليمية في استخدام الآليات الفاعلة التى تؤدى إلى اكتساب الخريج لهذه المواصفات.

2-7 مفهوم الجودة في التعليم:

مما لاشك فيه أن الجودة في التعليم مطلب مهم وغاية منشودة من قبل المسئول عن التعليم والمستفيد منها وقد شهد النصف الثاني من القرن العشرين- بصفة خاصة- جهوداً مكثفة من أجل الارتقاء بمستوى العملية التعليمية في المدرسة، وامتدت هذه الجهود لتشمل الطالب منذ التحاقه برياض الأطفال وحتى بلوغه نهاية السلم التعليمي بالمرحلة الجامعية وما بعدها، كما امتدت هذه الجهود لتشمل أيضاً كافة عناصر العملية التعليمية بدءً من المبنى المدرسي ومرافقه وتجهيزاته، والمناهج الدراسية وتطويرها، وإعداد المعلم، و تطوير أداء الإدارة المدرسية. وغيرها من جوانب العمل المدرسي المتعددة.

ويجمع كلّ من يتابع مسيرة النظم التعليمية على أن غالبية الدول لا تدخر جهداً من أجل رفع مستوى العملية التعليمية، انطلاقا من أن الإنسان هو الاستثمار الأمثل، وأن بناءه لا يكون إلا بالتعليم المتقن. غير أنه رغم الجهد المبذول كثيراً ما تطرح علينا التساؤلات المثيرة للقلق والتي لا تسهل إجاباتها حول مخرجات التعليم ومستواه وجدواه.

إن مفهوم الجودة بشكل عام يدل على ثقافة التعامل مع المؤسسات التطبيقية وذلك لضمان جودة المخرجات وكذلك لضمان جودة كافة عناصر المدخلات، لتحقيق الأهداف المنشودة بفعالية تامة، ويرى الكثير من الباحثين أن الجودة الشاملة

للتعليم يقصد بها الحصول على مخرجات أو منتجات تعليمية جيدة بالمؤسسات التربوية والتعليمية متمثلة فى خريجيها، بالإضافة إلى مساهمتها الكبيرة فى خدمة المجتمع وتقدمه وتنمية البيئة، وذلك من خلال تحسين مدخلات كلّ مؤسسة من تلك المؤسسات.

تعتبر جودة التعليم مفهوم متعدد الاتجاهات يشمل جميع عناصر العملية التعليمية ووظائفها من كفاءة العملية التعليمية، ويمكن الحكم على ذلك من خلال التقويم الذاتى داخل المؤسسة، والتقويم الخارجي من خلال أساتذة وخبراء متخصصين.

إن تحقيق جودة نتائج العملية التعليمية يتطلب مراعاة شروط ومواصفات جميع العناصر والمدخلات التى تتطلبها، وفقاً لمعايير دولية متفق عليها عالمياً وسبق مناقشتها وتجريبها، وأصبح متفق عليها، بما يعود بالتأثير الإيجابى على نتائج العملية التعليمية. وتشمل مدخلات منظومة العملية التعليمية:

- المباني والمرافق والأثاث.
- الأجهزة الالكترونية والأدوات والمعدات.
- البحوث العلمية.
- توفير الخدمات للمجتمع المحلي.
- وسائل التعليم.
- الأهداف والخطط الدراسية والمناهج الدراسية والأنشطة.
- الطلاب والبرامج التعليمية وأدوات ووسائل التقويم.
- اللوائح والقوانين.
- المعلمين والإداريين والعمال والفنيين وهيئات المتابعة والتوجيه والإشراف والمسئولين.
- آخرين ممن لهم صلة مباشرة أو غير مباشرة بالعملية التعليمية.

أما إدارة الجودة الشاملة في التعليم فيقصد بها أداء العمل بأسلوب صحيح متقن وذلك حسب المعايير التربوية العالمية بهدف رفع مستوى جودة المنتج التعليمي بأقل جهد وكلفة محققاً بذلك الأهداف التربوية التعليمية، وأهداف المجتمع وسد حاجة سوق العمل من الكوادر المؤهلة علمياً.

إذن فهي عملية إدارية ترتكز على مجموعة من القيم وتستمد طاقة حركتها من المعلومات التي توظف مواهب العاملين وتستثمر قدراتهم الفكرية في مختلف مستويات التنظيم على نحو إبداعي لضمان تحقيق التحسن المستمر للمؤسسة. ومن الاساتذة البارزين في مجال الجودة إدوارد ديمنج حيث قام بتطوير أربعة عشر نقطة توضح ما يلزم لإيجاد وتطوير ثقافة الجودة، وتسمى هذه النقاط " جوهر الجودة في التعليم " وقد قمت تلخيصها إلى النقاط الثمانية المهمة التالية:

1. تبني فلسفة الجودة الشاملة والبحث عن التناسق بين الأهداف.
2. انجاز النشاطات التعليمة بطرق جديدة.
3. تقليل التكاليف وتحسين الجودة.
4. القيادة والتعليم مدى الحياة.
5. إزالة معوقات النجاح التخلص من العنف والخوف.
6. خلق ثقافة الجودة وتحسين العمليات.
7. مساعدة الطلبة على النجاح.
8. غرس روح المسئولية والالتزام.

3-7 لماذا نحتاج إلى الجودة في التعليم؟

تؤدي إستراتيجية الجودة وبرامجها إلى اشتراك كلّ المسئولين فى إدارة المؤسسة التعليمية وأعضاء هيئة التدريس والطلاب ليصبحوا جزءً من برنامج الجودة، وبالتالي فالجودة تعتبر القوة الدافعة المطلوبة لدفع نظام التعليم إلى الأمام

بشكل فعال ليحقق أهدافه ورسالته من قبل المجتمع وكافة الأطراف ذات الاهتمام بالتعليم سواءً كان تعليماً جامعياً أو تربوياً أو غيره.

إن العصر الحديث وما به من متغيرات وتقنيات وعلوم جديدة متسارعة لتفرض على كلّ المؤسسات التعليمية ضرورة الأخذ بمنهج التخطيط الاستراتيجي لبناء أجيال قادرة على مواجهة هذه التغيرات بفكر جديد يتجاوز حدود الواقع ويستشرف المستقبل بما يحمله في طياته من تهديدات وفرص يجب التفكير فيها بشكل عميق من قبل ذوي الاختصاص وذوي القرارات في المؤسسات التعليمية، فعملية تبني الجودة أصبحت ضرورة لكثير من الأسباب والمزايا ولكافة الأطراف وذلك للأسباب التالية:

- لحفظ أكثر من 45 % من تكاليف الخدمات التي تضيع سداً بسبب غياب التركيز على الجودة الشاملة.
- لقد أضحى تطبيق الجودة ضرورة حتمية تفرضها المشكلات المترتبة على النظام البيروقراطي، وتطور القطاع الخاص.
- بسبب شدة المنافسة العالمية الحالية والمتوقعة في ظل العولمة.
- بسبب كون تطلعات ومتطلبات وتوقعات العملاء في ازدياد مستمر.
- لخفض المصروفات، والاستثمار الأمثل للموارد البشرية والمادية.
- لسدّ متطلبات العاملين فيما يخص أسلوب وجودة العمل.
- تعديل ثقافة المؤسسات التربوية بما يتلاءم وأسلوب إدارة الجودة الشاملة، وإيجاد ثقافة تنظيمية تتوافق مع مفاهيمها.
- الجودة الشاملة تؤدي إلى رضا العاملين التربويين والمستفيدين (الطلاب) وأولياء أمورهم، وكافة أفراد المجتمع.
- يعتمد أسلوب إدارة الجودة الشاملة بوجه عام على حلّ المشكلات من خلال الأخذ بآراء المجموعات.

إن تبني إستراتيجية الجودة تعتبر من أهم الوسائل والأساليب لتحسين نوعية التعليم والارتقاء بمستوى أدائه في العصر الحالي والذي يطلق عليه بعض المفكرين بأنه عصر الجودة، فلم تعد الجودة ترفيهاً تأخذ به المؤسسات التعليمية أو بديلاً تأخذ به أو تتركه الأنظمة التعليمية، بل أصبح ضرورة ملحة تمليها حركة الحياة المعاصرة، وهى دليل على بقاء الروح وروح البقاء لدى المؤسسة التعليمية.

7- 4 فوائد تطبيق الجودة الشاملة في التعليم:

يمكن تقسيم فوائد تطبيق الجودة الشاملة في التعليم إلى ثلاثة أنواع من الفوائد والتي تكون ناتجة عن ضبط جودة التعليم:

1- فوائد تعود على المجتمع ككل, وتشتمل هذه الفوائد على النقاط التالية:

- التحسين السلوكي والشخصي لدى الطالب، والمتمثلة في القيم الدينية والاجتماعية والوطنية.
- التغيرات الثقافية والتقنية والاقتصادية والاجتماعية والسياسية، التي يحدثها التعليم.
- الاستخدام الأمثل للموارد المادية والبشرية المتاحة.
- تحقيق رضا المستفيدين وهم (الطلبة، أولياء الأمور، المعلمون، المجتمع).
- تحسين وتطوير المنظومة التعليمية وذلك من خلال تقييم النظام التعليمي وتشخيص أوجه القصور فيه.
- مواكبة التغير وتكييف المجتمع واستشراف مستقبله والإعداد له.

2- فوائد تعود على المؤسسة التعليمية, وتشتمل على النقاط التالية:

- تنظيم أفضل للعمل الإداري في المؤسسة وبجهد أقل.
- تمكين إدارة المدرسة من تحليل المشكلات بالطرق العلمية والتعامل معها من خلال إجراءات تصحيحية ووقائية لمنع حدوثها مستقبلاً.

- تحسين العملية التربوية ومخرجاتها بصورة مستمرة.
- تطوير المهارات القيادية والإدارية لقيادة المؤسسة التعليمية.
- تنمية مهارات ومعارف واتجاهات العاملين في الحقل التربوي.
- التركيز على تطوير العمليات أكثر من تحديد المسؤوليات.
- توفير أدوات ومعايير لقياس الأداء.
- تنظيم العمل الإداري بشكل أكثر فعالية وبتكلفة وجهد أقل.

3- فوائد تعود على الطالب، مثل:

- قدرة الطالب على التعلم الذاتي والتحليل والنقد من خلال أساليب علمية مناسبة.
- قدرة الطالب على الاحتفاظ بالمعرفة لمدى طويل بسبب التركيز على طريقة الفهم وليس طريقة الحفظ والتلقين.
- رفع مستوى الوعي لدى الطلاب وكافة المستفيدين من الخدمات التعليمية.
- قدرة الطالب على تكوين معرفة جديدة.
- قدرة الطالب على تطبيق ما لديه في حلّ المشكلات، ومجابهة المواقف المختلفة التي يتعرض لها.
- قدرة الطالب على توصيل ما لديه من معرفة للآخرين, من خلال الكلمة المقروءة، أو الكلمة المكتوبة، أو المسموعة، وامتلاكه لمهارات الأرقام والتمثيل البياني والرسم الهندسي والأشغال اليدوية ومهارات الاتصال والمنطق.
- رغبة الطالب في معرفة المزيد، والاستعداد للتعلم مدى الحياة.

5-7 مبادئ الجودة في التعليم:

إن مبادئ الجودة في التعليم التي اتفق عليها كثير من الباحثين والأساتذة بالجودة الشاملة هي من المبادئ الأساسية في العمل بشكل عام وخاصة إذا كانت مرتبطة بالمفهوم الإسلامي للجودة والذي يدعو إلى اتقان العمل والتفاني والاخلاص فيه، حيث أن العمل في المفهوم الإسلامي هو العبادة، والذي وضع رضا رب العالمين في المرتبة الأولى ثم رضا المستفيدين في المرتبة الثانية. إن توكيد الجودة الشاملة في التعليم يعتمد على كثير من المفاهيم والأسس والمبادئ التالية:

1- اعتبار الطلاب شركاء في إدارة المدرسة.

2- الأساتذة والطلاب شركاء في العملية التعليمية، وأهدافهم وتطلعاتهم الفردية يجب أن تكون محل تقدير ودراسة.

3- توجيه الطلاب وتشجيعهم لإتقان التخصص أو المهنة التي تتناسب مع ميولهم ورغباتهم.

4- أن يتعلم الطالب كيفية تقييم عمله تقييماً ذاتياً.

5- تهيئة البيئة المناسبة للعمل الخالي من الخوف والعقاب والتهديد بكافة أنواعه.

6- التأكيد على جعل التعلم أكثر فائدة وأهمية للطلاب.

7- تقدير القيمة الإنسانية والاجتماعية للطالب عملياً ونظرياً.

8- صياغة فلسفة تربوية تهتم بالجودة الشاملة وتحمل القيادة مسؤولية التغير.

9- معرفة الآثار السلبية والأسباب المعطلة لعملية التعلم ومقاومتها.

10- تدريب الأفراد على استخدام التقنيات الحديثة لتسهيل نقل المعارف والارتقاء بالمستوى التعليمي للطلاب.

6-7 معايير الجودة التعليمية:

تتطلب الجودة الشاملة تطوير نظم معلومات مبنية على الحاسوب وتكنولوجيا المعلومات المختلفة مثل الانترنت وتتطلب أيضاً جمع الحقائق إذ أن اتخاذ قرار

لتجاوز مشكلة ما أو العمل على تحسين أي مجال من مجالات العمل داخل المؤسسة التعليمية يتطلب جمع معلومات وفيرة ودقيقة ومن مصادر متعددة حتى يمكن التعامل مع المشكلة أو التجديد المزمع من خلال الانطلاق من قاعدة بيانية محكمة. إن معايير الجودة التعليمية تتعدد وتختلف والتي نستطيع الحكم من خلالها على توفر الجودة في المجال التعليمي ومن ذلك:

1- جودة النظام التعليمي من حيث العمق والشمولية والتكامل والمرونة وموافاتها لمتطلبات العصر وتحدياته والتغيرات التي تطرأ عليه.

2- جودة الأساتذة تأهيلاً علمياً وتربوياً وسلوكياً وثقافياً وأخلاقيا.

3- جودة طرق التدريس التي تعتمد على تكامل المفاهيم والممارسات النظرية مع التطبيقية وربط ما يدرس بقضايا ومشكلات البيئة.

4- جودة الإدارة وقدرتها على التخطيط والتنظيم والتنسيق والتطوير والتحليل والتنفيذ والتقييم واتخاذ القرارات الصائبة.

5- جودة التمويل، فيما يخص التجهيزات المتعلقة بالمباني التعليمية والمشروعات والإنفاق وتوفير الموارد المالية الكافية.

6- جودة التقييم، حيث انه لا بد من توفر معايير لتقييم جميع المحاور السابقة.

7-7 مراحل تطبيق الجودة الشاملة في التعليم:

إن عملية تطبيق الجودة الشاملة في المؤسسات التعليم لابدّ أن تكون عملية مستمرة وبدون توقف فهي ليست محددة بفترة زمنية معينة بل هي دورة حلقية تمر بعدة مراحل تسمى مراحل تطبيق الجودة الشاملة في التعليم وهذه المراحل هي:

1- مرحلة الوعي ونشر أفكار ثقافة الجودة وفوائدها على الجميع:

قبل البدء بتطبيق الجودة لا بدّ من نشر الوعي والأفكار المتعلقة بثقافة الجودة داخل المؤسسات التعليمية وتهيئة البيئة التعليمية والمجتمع التعليمي لتقبل متطلباتها

حيث يمكن تحقيق ذلك من خلال الندوات واللقاءات وورش العمل التي تضم جميع العاملين بالإدارات والمؤسسات التعليمية للتعريف بفلسفة الجودة الشاملة ومبادئها والقيم والاتجاهات المرتبطة بها.

2- مرحلة الرؤية والتخطيط الاستراتيجي للجودة:

وتتضمن هذه المرحلة وضع رؤية بعيدة المدى وخطة رئيسية للإدارة التعليمية ووجود إستراتيجية قوية لنجاحها وتتضمن الخطة أهداف محددة تسعى المؤسسات التعليمية لتحقيقها باعتبار أن تحديد الأهداف هو المدخل الأول لإدارة الجودة الشاملة.

وتنطوي عملية التخطيط الاستراتيجي على النقاط الأساسية التالية:

• الرؤية والمهمات:

يقوم المخططون بتحديد الغرض من وجود المدرسة ومهمتهم ورؤيتهم الأساسية والأهداف التي ينبغي تحقيقها (شكل 7-2).

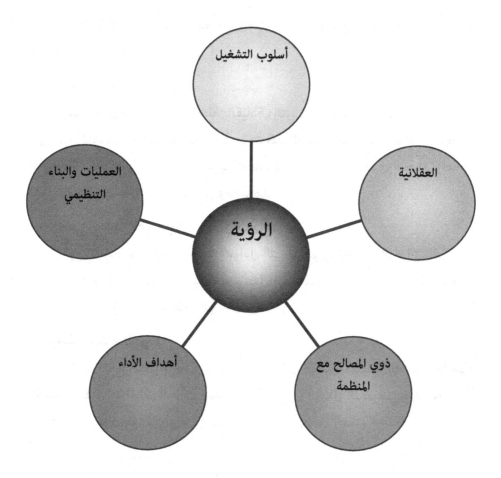

شكل 7-2 الرؤية ومجالاتها

• **متطلبات المستفيدين:**

حيث تقوم القيادة بتحديد عملاء المؤسسة التعليمية الداخليين وهم الطلاب والأساتذة وكافة المؤسسات التعليمية من مدارس وجامعات ومعاهد ومراكز والأقسام المتضمنة في كل منها والإداريين والعمال، والعملاء الخارجيين وهم

التنظيمات والتشريعات والمجتمع وأولياء الأمور وغيرهم ومعرفة كيفية تحقيق متطلباتهم وما يتوقعونه.

- **تحديد المتطلبات:**

حيث تكون هذه المهمة منوطة بالقيادة والتي يتوجب عليها تحديد الاحتياجات التي تمكن المؤسسة التعليمية من تلبية ما يتوقعه العميل ومتطلباته إضافة إلى تحديد الطرق والأساليب التي يمكن استخدامها لتحديد تلك المتطلبات وطرق النجاح ونقاط القوة والضعف والصراعات والتنافس وتفسيرها.

- **تحديد العوامل الحاسمة في النجاح:**

تقوم القيادة أو الإدارة بتحديد العوامل التي تسهم في تحقيق النجاح والتأهيل للجودة ووضع المستويات القياسية التي ستصل إليها المدرسة وكيفية توجيهها وتكلفتها وكيفية إعداد العاملين لعمليات التقويم وغيرها.

3- مرحلة التنظيم للجودة:

يتطلب نجاح التنظيم غرس روح الجودة داخل المؤسسة لتهيئة البيئة التعليمية والمجتمع لتقبل متطلبات الجودة وتغيراتها، وأن يكون الهيكل التنظيمي مرناً وبسيطاً ويقوم على فريق عمل قوي ويتركز عمله على دعم وتكامل العملية التعليمية ورعاية الطلاب.

4- مرحلة التنفيذ:

إن تنفيذ برنامج الجودة الشاملة يعتمد على مجموعات العمل داخل المؤسسة التعليمية حيث يتم اختيار مجموعات فرق عمل يتم اختيارهم بحيث يتوفر لديهم خبرات متشابهة ويجتمعون أثناء العمل لحلّ المشكلة التي تواجهها المؤسسة التعليمية وذلك بوضع جدول زمني للخطة يحدد في النشاط المطلوب تنفيذه والوقت اللازم والتكلفة التقديرية وكيفية التغلب على العقبات ومقاومة التغير، كما تقوم بمراقبة

الجودة في أقسامهم والتعرف على المكان الـذي يحتـاج إلى تحسـين الجودة مـع مراعاة أن ما يتبع من عمليات وإجراءات تؤدي إلى جـودة العملية التعليمية وزيـادة كفـاءة الأداء وتقليـل الفاقد وإشراك جميـع العـاملين في المؤسسـة التعليمية تحمل مسئولية التحسين المستمر وصنع القرار ونشر ثقافة الجودة الشاملة.

5- مرحلة التقويم:

إن فريق التقويم يقوم بالاستعانة بفرق الجودة الأخرى للتعرف على النتائج التي تحققت والأسباب التي أدت إلى ذلك ومقارنة النتائج التي تحققت بالحالة التي كـان عليها قبل بدء برنامج الجودة في المؤسسة التعليمية ومقارنة النتائج التي تحققت بما كان متوقعاً من نتائج وتقويم خطة التنفيذ ومدى تحقيقها للأهداف والموضوعات التي حددت سلفاً بالإضافة إلى التعرف على السلبيات والإيجابيات ونشر الخبرات الفائقة.

وتعني هذه العملية التأكد من أن جميع النشاطات التعليمية والتربوية تؤدي بالكفـاءة المطلوبـة باستخدام أدوات وتقنيات الجودة الشـاملة وإعادة النظر في السياسات التعليمية والإدارية وتوجيه العملية التعليمية لتصحيح الأخطاء والوصول إلى التحسين المستمر في الأداء التعليمي والتربوي.

7-8 قيادات الجودة:

من أقوال نابليون في صفات القائد: "أن أول مـا يجـب أن يتـوفر في القائـد رأس هادئة، وبذلك تظهر له الأشياء علـى حقيقتها وفي مظهرها الصحيح ويجـب ألا يتأثر بالأخبار الحسنة أو السيئة، كما ينبغي ألا يتخلص مـن مسـؤولية أخطائـه بإلقائها علـى الأوامر التي تلقاها من رئيس يعلوه، بـل عليه أن يسير وفقاً لهدف تجاربـه الخاصـة ويعتمد على مواهبه، فالقيادة تنمو بالتجربة الشخصية وتتبع تجارب القادة الناجحين، كذلك فإنه من النادر أن تجتمع كل الصفات اللازمة للقائد العظيم في رجل واحد.

والمطلوب للقائد الناجح أن يوازن بين الذكاء والمقدرة والشجاعة. فالقائد الناجح القائد الناجح يحتاج إلى تعلم العديد من الأمور منها:

- فن التعليم والتدريب.
- فن التنظيم.
- فن اصدار الأوامر.
- فن المراقبة.
- فن التأنيب.
- فن المعاقبة.
- فن التعامل مع المشاكل.
- فن المكافأة والتشجيع.
- فن الاستعانة بالمواهب المساعدة.
- فن التعاون مع القادة الآخرين.

يجب أن تركـز القيـادة عـلى العلاقـات الإنسانية وتهـتم بالمستقبل والرؤيـة والتوجهات الاستراتيجية وتمارس أسلوب القدوة والتدريب من بداية برنامج الجودة وفي كلّ المراحل.

لا يمكـن أن يكتـب لأي برنـامج لتطبيـق الجـودة النجـاح دون الالتـزام الكامـل لقيادات الجودة بأهمية هذا المبدأ والمشاركة الفعلية في التطبيق وهذا الالتزام لا بدّ أن يكون واضحاً منذ بداية التطبيق وخلال مراحله المتعددة. أن للقيادة أهمية في تحقيق مدخل إدارة الجودة الشاملة إذ يحدد أعضاء مجلس الجودة مركز نشاط واتجاه العمل بما لديهم من رؤية مستقبلية وقدرة على نشرـ رؤيـتهم ومفهـومهم عـن إدارة الجودة لدى الأساتذة والطلاب والعاملين داخل المؤسسـة التعليميـة ويمكن للقيـادة تحقيـق مدخل إدارة الجودة الشاملة عن طريق استخدام مفهوم المشاركة بالمسئولية وتشجيع الأساتذة

والإداريين والطلاب على المشاركة والانفتاح والإبداع والتجديد في العملية التعليمية وإيجاد طرق جديدة للعمل داخل المؤسسة إضافة إلى تبني مفهوم إدارة الجودة الشاملة في مستويات الإدارة المختلفة وتتمثل وظائف قيادة الجودة فيما يلي:

1- تكوين رؤية وفكر واضح عن مدخل إدارة الجودة الشاملة في المؤسسة التعليمية.
2- الالتزام بعملية تحسين الجودة.
3- نشر الوعي وثقافة الجودة بين كافة المعنيين من أساتذة وطلاب وغيرهم.
4- وعي احتياجات الطلاب ووضعها في أعلى اهتمامات القيادة عند تطبيق الجودة.
5- تنمية مفهوم إدارة الجودة الشاملة لدى جميع الأفراد داخل المؤسسة التعليمية.
6- تحديد المسئوليات بوضوح.
7- التشجيع على الابتكار وإبداء الرأي من كافة المعنيين.
8- استخدام كافة التقنيات الحديثة من أجل تأكيد نجاح تطبيق الجودة.
9- استخدام الطرق العلمية الأساسية ومبادئ إحصاء الجودة وعمليات التوجيه.

9-7 التعليم الإلكتروني (E-Learning)

نحن نعيش الآن في عصر الانترنت أو عصر المعلومات، حيث الانفجار المعرفي، والتدفق المعلوماتي، حيث يوجد الآن طرق سريعة لنقل المعلومات من مكان إلى آخر، وذلك عبر الشبكة العنكبوتية العالمية (World Wide Web) والتي تشكل جزءً كبيراً من الإنترنت، يتمّ استخدامها في كافة نواحي الحياة. لقد أدى التقدم التقني إلى ظهور أساليب وطرق جديدة للتعليم غير المباشر، تعتمد على توظيف التقنيات الحديثة المبنية على الاتصالات والانترنت للحصول على التعليم المطلوب، وهذه التقنيات الحديثة تشمل:

o استخدام الكمبيوتر وملحقاته.

o الأقمار الصناعية.

o القنوات الفضائية.

o الانترنت.

حيث يتم تسخير هذه التقنيات بغرض إتاحة التعلم على مدار اليوم والليلـة لمـن يريده وفي المكان الـذى يناسبه بـدون أن ينتقل مـن مكـان إلى آخر، لتقـدم المحتوى التعليمى من خلال برامج ذكية مكتوبة بلغات الحاسوب، وهذا المحتوى العلمي يتكون من عناصر مختلفة تشمل:

o عناصر نصية ورمزية وشكلية.

o عناصر صوتية ومقاطع فيديو.

o عناصر مرئية ثابتة ومتحركة.

o تأثيرات وخلفيات متنوعة سمعية وبصرية.

حيث يتمّ عرض هذه المحتويات العلمية للمتعلم من خلال الكمبيوتر، مما يجعل عملية التعلم عملية شـيقة وممتعـة وخالية مـن الملل، يتحقـق بـأعلى كفـاءة، وبـأقل مجهود، وفى أقل وقت، مما يهدف إلى تحقيق جودة التعليم.

إن توظيف التقنيات الحديثة التى أفرزها التزاوج الحادث بين مجـالي تكنولوجيا المعلومات والاتصالات وبين تكنولوجيا التعليم فى العملية التعليمية، أصبح ضرورة ملحة تفرض على النظم التعليمية إحداث نقلة نوعية فى الأهداف التـى تسـعى إلى تحقيقهـا، ليكون التركيز على إكساب المتعلمين، مجموعة من المهارات التى تتطلبها الحياة فى عصر المعلومات، ومنها:

o مهارات التعـلم الذاتي (Self-Learning Skills).

o ومهارات المعلوماتية (Informatics).

- o مهارات التعامل مع تقنيات المعلومات الحديثة.
- o مهارات إدارة الذات، بدلاً من التركيز على عملية التلقين في التعليم.

كما توجد مجموعة من المتطلبات والحاجات التي فرضها علينا العصر الحالي، والتي تجعل التعليم الإلكتروني الخيار الاستراتيجي الذي لا بديل عنه، ومن هذه المتطلبات:

- o الحاجة إلي التعليم المستمر.
- o الحاجة إلي التعليم المرن.
- o الحاجة إلي التواصل والانفتاح علي الآخرين.
- o الحاجة إلى التوجه لجعل التعليم غير مرتبط بالمكان والزمان.
- o تعلم مدي الحياة.
- o الحاجة إلى تعلم ذاتي وفعال.

تهتم تكنولوجيا التعليم بتصميم المواقف التعليمية وبيئات التعلم بجميع مكوناتها، وتطويرها وإدارتها بما يحقق الأهداف المحددة بأعلى كفاءة وفى أقل وقت وبأقل مجهود. وتكنولوجيا التعليم عملية متشابكة ومتداخلة تشمل الأفراد والأساليب والأفكار والأدوات والتنظيم الذي نستخدمه لتحليل المشكلات، وبناء حلول لها، وتنفيذها وتقييمها، وتنظيم إدارة هذه الحلول، بحيث يتم ذلك في مواقف يكون التعلم هادفاً نتحكم فيه، وحلول المشكلات في تكنولوجيا التعليم تأخذ شكل مكونات نظام التعليم التي يتمّ بناء إطارها سلفاً من حيث التصميم أو الاختيار أو الاستخدام، ويتمّ تجميعها في شكل أنظمة تعليمية كاملة، وتحدد هذه المكونات والأشخاص والمواد والأدوات والأساليب والتجهيزات.أما العمليات الخاصة بتحليل المشكلات وبناء الحلول لها ثم تنفيذها وتقييمها فتُعرف بوظائف تطوير التعليم الخاصة بعمليات البحث والنظرية والتصميم والإنتاج والتقييم والاختيار والاستخدام.

ولقد تعددت تعريفات التعليم الإلكتروني في أدبيات تكنولوجيا التعليم، ومن تعريفات التعلم الإلكتروني أنه نوع من التعليم الذي يتمّ كلّ إجراءات الموقف التعليمي فيه من خلال الإنترنت بحيث يكون المتعلم نشطاً وإيجابياً وفعالاً. وفي تعريف آخر، التعليم الالكتروني هو ذاك التعليم القائم علي شبكة الإنترنت، وفيه تقوم المؤسسة التعليمية بتصميم موقع من مواد أو برامج معينة لها، ويتعلم المتعلم فيه عن طريق الكمبيوتر و يمكنه الحصول علي التغذية الراجعة.

أو هو عبارة عن عملية منظمة من التخطيط والتصميم والتطوير والتقييم والتطبيق لابتكار بيئة تعلم عبر شبكة المعلومات الدولية بحيث يكون التعليم مبني بشكل نشط وفعّال. أو هو عبارة عن تلقي التعليم عبر تقنيات حديثة مثل الحاسوب والانترنت والاتصالات السلكية واللاسلكية من أي مكان وفي أي وقت وذلك من أجل تحقيق جودة وكفاءة التعليم لكل فئات الشعب.

إن من أهم ضرورات الجودة في العصر الحديث هو استخدام التعليم الالكتروني في المؤسسات التعليمية كافة وذلك للأسباب التالية:

- تعدد مميزات التعليم الإلكتروني التى تؤدى إلى تحقيق جودة التعليم العام.
- يحقق التعليم الإلكتروني أهداف التعليم بفعالية.
- يساهم فى حلّ كثير من مشكلات التعليم منها:
  o كسر الحواجز النفسية بين المعلم والمتعلم.
  o إشباع حاجات وخصائص المتعلم.
  o يتيح فرصة تدريب المعلمين والقيادات والفنيين، وكلّ من لا تسمح ظروفهم بالذهاب لأماكن التعلم و التدريب دون ترك

أماكنهم، حتى لا يحدث خلل بسبب ترك مواقع العمل، أو بسبب ظرف صحية أو غيرها من المبررات.

- o التعرف على الجديد أولاً بأول دون تراكم المعارف انتظاراً لإعداد دورات تدريبية.
- o زيادة كثافة الفصول بالمتعلمين.
- o تعويض نقص الكوادر الفنية من خلال الصفوف الافتراضية.

- مواكبة التطور العلمي لبناء المجتمعات الحديثة.
- التعليم الإلكتروني يلغي الحدود الجغرافية والسياسية من خلال انتقال المعلومات عبر شبكة الانترنت بدون عائق.
- تطوير القطاع الخاص من خلال الاعتماد عليه فى تقديم الأجهزة والمعدات والوسائل المتعددة والدعم الفني لخدمة المدارس والمنشآت التعليمية مما يغذى الاقتصاد الوطني بالشركات المتخصصة التي تقدم خدماتها بشكل متميز لخدمة المشروع، وبالتالي يتمّ إيجاد فرص عمل جديدة في ظل هذا المشروع القومي .
- يحقق المساواة فى المعلوماتية، حيث أن السرعة الكبيرة التي يتمّ بها نقل المعلومات عبر الشبكة تسقط عامل الزمن من الحسابات، وتجعل المعلومة متاحة وقت صدورها، وتساوي بين كلّ أبناء البشر في جميع دول العالم.

10-7 ما هي المقترحات المطلوبة لرفع جودة التعليم؟

على المؤسسات المسئولة عن التعليم في الدول وخاصة الدول العربية أن تهتم بإستراتيجية الجودة واعتماد البرامج التعليمية الحديثة وتقييم البرامج الحالية من أجل معرفة مدى الحاجة إلى تطويرها، وذلك بهدف المساعدة في تحقيق أهداف الجودة

في التعليم. وفيما يلي بعض من المقترحات والتي من الممكن أن تعمل على رفع جودة التعليم العالي في كافة المؤسسات التعليمية:

1- وضع وتحديد فلسفة التعليم:

من المهم جدّاً أن تقوم كلّ مؤسسة تعليمية بتحديد فلسفة تربوية ووطنية واضحة لها، ومنسجمة مع فلسفة المجتمع الذي تعيش فيه، وفلسفة الأمة التي ينتمي إليها مجتمعها المحلي. وهذا يجب أن يتمّ من خلال تعريف المؤسسة التعليمية تعريفاً واضحاً ومحدّداً، ثم تحديد مجموعة من الأهداف الخاصة والعامة لها. وذلك مهم لأن المؤسسة التعليمية مسئولة أمام الله ومن ثم أمام المجتمع في أداء الدور المتوقع منها في مجال التعليم لأبنائه، والمساهمة في تنشئتهم تنشئة تربوية وتعليمية منسجمة ومتوافقة مع أهداف المجتمع.

والمؤسسة التعليمية الجيدة حسب المعايير التربوية العالمية هي المؤسسة التعليمية التي تعي أهمية القضايا الرئيسية التالية:

1- الأهداف المراد تحقيقها.
2- مدى مقدرتها على تحقيق الأهداف بفعالية.
3- ما هي الأهداف العامة، والخاصة للمؤسسة التعليمية، والتي يجب تطويرها والحفاظ عليها؟ وما هي تلك الأهداف التي يمكن محوها، ووقف العمل بها بعد مرحلة زمنية معينة؟
4- ما التغييرات التي يمكن تقديمها للمؤسسة التعليمية بهذا الشأن، والتي تقوم بالدور المطلوب منها؟
5- يجب أن يعرف، ويعي الأساتذة والموظفون في المؤسسة هذه الأهداف ويعملوا على المساهمة في تحقيقها وتطويرها.

6- إن من أهم واجبات المؤسسة التعليمية أن تتعامل مع الطلبة بوضوح وشفافية، وتقوم بنشر أهدافها بينهم بشكل سليم، وتشركهم في نشاطات متنوعة تؤدي إلى فهم تلك الأهداف، وبحيث يعيها أكبر عدد ممكن من الطلبة، ثم يتبنوها، ويعملون على نشرها في بيئتهم التعليمية وخارجها.

2- إعداد المدرس إعداداً تربوياً:

يجب على المؤسسات التعليمية العمل على إعداد تربوي منظم للمدرسين من أجل العمل على تحقيق الأهداف التربوية في المؤسسة التي يعملون فيها. كما أن هناك من أعضاء هيئة التدريس القدامى، والذين اعتادوا مجموعة من المعطيات التربوية التي قد يكون بعضها غير مناسب للأجيال الجديدة من الطلبة الذين تعلموا في المدارس وفق نظريات تربوية حديثة.

لذا من المهم للمؤسسات التعليمية أن تعمل على عقد ورشات عمل للمدرسين في المؤسسة ممّن ليس لديهم إعداد تربوي مناسب، وذلك يتمّ من خلال أسلوب تعليمي مناسب لهؤلاء المدرسين الذين قد تكون لديهم حواجز نفسيّة في حضور مثل هذه الورشات باعتبار أنّهم ينظرون إلى أنفسهم على أنهم مؤهلون أكاديمياً بشكل مناسب، ولا حاجة لمثل هذه الورشات والتدريبات متناسين أنه لا يمكن القيام بمهمّة التدريس في الجامعات وفق أسلوب المحاولة والخطأ.

لذا يحتم على المؤسسات التعليمية ضرورة تصنيف المدرسين إلى مجموعات عمل وفق ما تحتاجه كل مجموعة من معلومات، ونظريات، وتدريبات. وبحيث يتمّ من خلال ورشات العمل توفير قاعدة تربوية مناسبة للمدرسين تهتم بكل ما يؤدي إلى أن تكون العملية التعليميّة عملية ناجحة. وهذا يؤدي إلى ظهور خمس قضايا أساسية للمدرسين وهي:

أ- معرفة المدرس لأهداف المؤسسة التعليمية التي يعمل فيها:

وذلك من أجل أن يساهم المدرس في تحقيق هذه الأهداف بشكل فعال.

ب- معرفة مناهج التدريس المختلفة:

هذه المعرفة مهمّة لكي يتمكن المدرس من اختيار طريقة مناسبة لتعميم البرنامج الدراسيّ للمساقات التي يدرّسها، فيتمكن من إعداد خطة دراسيّة مناسبة لكلّ مساق وفقاً للأسس التي تعدّها المؤسسة.

ج- معرفة طرق تعلم الكبار والعوامل التي تؤثر فيهم:

من المهم للمدرسين أن يتعرّفوا على طرق تعلم الكبار المتنوّعة، وأن يختاروا منها ما يناسب الطلبة مع مراعاة وجود عوامل كثيرة تؤثّر في تعلّم الطلبة وخاصة الجامعيين منهم مثل:

• اتجاهات كلّ طالب نحو التعليم الجامعي.
• قدرة الطالب الخاصة والعامة.
• مستوى الطالب الاجتماعيّ والاقتصاديّ.

د- معرفة أساليب التقويم المتنوّعة وطريقة تنفيذها:

من الضروري لكلّ مدرس أن يكون على معرفة بأساليب تقويم المساقات التي يدرسها، والأدوات التي يمكن استخدامها في التقييم، وكيفية تعميم الاختبارات المختلفة. وذلك من أجل مساعدة المدرس على الاختيار منها بما يناسب المساقات التي يدرسها، والأهداف التي يسعى إلى تحقيقها في كل مساق من المساقات المختلفة.

هـ- تقديم النصوص التعليمية المختلفة بطرق تمكّن الطلبة من الحصول على المعرفة المطلوبة في شكل أهداف تعليمية محدّدة.

بناء على ذلك فإن على المدرّس أن يحاول تقديم النصوص التعليمية التي يدرّسها بطريقة واضحة، أو بأمثلة، ورسومات، ومناقشات متعدّدة وفقاً لما يحتاجه النص التعليميّ المراد دراسته، وهذا العمل يحتاج من المدرس تفكيراً ابداعياً كلّ حسب قدراته وثقافته وتخصصه.

3- أن يقوم المدرس بتقييم ذاتي لأدائه التدريسي:

يتأثر ما يتلقاه الطلبة من معلومات، وقيم تربوية وأخلاقية متنوعة بعوامل عديدة منها الممارسات، والأساليب التعليمية التي يقوم بها المدرس في الصف. لذا فإن تحسين الممارسات والأساليب التعليميّة التي يؤديها المدرس يؤدي إلى تحسين ما يتعلّمه.

لذلك يتوجب على كلّ مدرس أن يطوّر مهارته التدريسية، وقدرته على الاستمرار في اتباع تلك المهارة أطول فترة ممكنة مع الأخذ بعين الاعتبار أن التدريس هو مهنة يختارها المدرس ويصعب عليه تغييرها بعدما يمضي فيها فترة زمنية معقولة، لذلا فإنّ من المهم للمدرّس أن يقوم بين الحين والآخر باجراء تقييم ذاتي لأدائه التعليمي في المواد التي يدرسها وذلك من خلال:

• **تنمية المعلومات التربويّة له،** وهذا يتمّ من خلال قراءات يقوم بها في أساليب التدريس، وطرقه، وطرق تعميم المناهج الدراسية، والامتحانات وغيرها. كما يمكن أن يتمّ من خلال حضور المدرّس لورشات العمل التي سبق الاشارة إليها، والتي من المفترض أن تعدّها المؤسسة بشكل دوري، وتدعو لحضورها جميع أعضاء هيئة التدريس فيها، وقد يكون من المناسب

أن تفرض حضورها على الجميع لابعاد الإحراج عمّن يمكن أن يشعروا بذلك.

- **تنمية معرفة المدرّس في مجال علم النفس العام والتربوي**، وذلك يتمّ أيضاً من خلال قراءات خاصة، وبحيث يستطيع من قراءاته معرفة الأوضاع النفسية للطلبة، والتغييرات التي تطرأ عليها بين الحين والآخر، وفقاً للظروف السياسيّة، والاجتماعيّة، والاقتصادية المختلفة التي يمرّ بها المجتمع، فمن المهم أن يعلم المدرس أن الطلبة يتعرضون لحالات نفسية صعبه مباشرة، أو غير مباشرة بشكل شبه يومي.
- **تنمية المعرفة الاجتماعية للمدرس**، وهذا يتمّ من خلال قراءات خاصة في مبادىء علم الاجتماع بحيث يكون قادراً على معرفة آثار الأوضاع الاجتماعية المختلفة التي يمرّ بها الطلبة، ما يسهم في تمكينه على التعامل معها ايجابياً.

من المهم أن يلجأ المدرس الذي يسعى إلى النجاح، وتطوير نفسه باستمرار إلى تقييم نفسه بنفسه، وهناك العديد من الطرق التي يمكنه من خلالها تقييم نفسه سلوكياً، وتدريسياً، وأهم تلك الطرق هي:

- **اختيار طريقة الامتحان المناسبة لقياس ما تحقّق في تدريسه المساقات التي يدرسها.**

وفي هذه الطريقة من الضروري للمدرس أن يلاحظ أن اختباراته يجب أن لا تقتصر على الحفظ والاستذكار بل لا بّد أن تشمل قدرات الطلاب على التفكير، والتحليل، والتركيب، وذلك بتفاوت بين مساق وآخر لا بل بين وحدة دراسية وأخرى.

- **إجراء مقابلات مع عدد من طلبة المساقات الذين يدرسهم، أو عمل استبانة لهم.**

وذلك من أجل الحصول على اجابات عن أسئلة محدّدة مثل:

- o ضبط الصف.
- o طريقة الشرح.
- o طريقة إدارة النقاش داخل الصف.
- o وغيرها من الأسئلة.

- **دعوة بعض الخبراء التربويين، أو ممن لهم الخبرة والكفاءة إلى حضور محاضرة أو أكثر له لمحاولة معرفة مواطن القوة والضعف،** ومن ثم مناقشة ما يلاحظه الزملاء بطريقة علميّة وتربوية هادفة.

4- تحديد حاجة المجتمع للتخصصات الأكاديمية.

من المهم لكلّ مؤسسة تعليمية أن تحدّد حاجات المجتمع الذي تخدمه أكاديمياً، وتربوياً، وذلك من أجل أن تسهم في جعل المتخرجين من تلك التخصصات الأكاديمية مادة فاعلة في المجتمع، وقادرة على خدمته.

ومن المهم في هذا المجال أن تقيم المؤسسات التعليمية نوعاً من التكامل التربوي، والتعليمي فيما بينها لخدمة المجتمع الذي توجد فيه، فكثير من التخصصات الأكاديمية بحاجة إلى تنسيق بين المؤسسات التعليمية، وبين الوزارة المسؤولة عن المؤسسة التعليمية، والتي عادة ما تعنى بشؤون التعليم العالي، بحيث يكون المتخرجون في كلّ تخصص قادرين على سدّ حاجة المجتمع المحلي، وأن لا يكون هناك بطالة كثيرة في تلك التخصصات.

وقد يساعد في تحديد حاجة المجتمع القيام بعملية توعية وارشاد للأهالي، والطلبة مع تقديم النصائح الضرورية من أجل توجه قسم من الطلبة إلى تخصصات مهنية يحتاجها المجتمع، ولا يرغبها الطلبة، والأهل بتأثيرات متنوعة.

ويخدم هذا الموضوع أن تلجأ الـدول إلى اقامـة مـدارس تقنيّـة متنوّعـة، وكليات جامعية تقنيّة بحيث تؤدي إلى أن يقوم المتخرجون من تلك الكليـات التقنيّـة مسـتقبلاً، وبشكل تدريجي بالحلول محل عمال المهن الحرفية غير الفنيين، وغير المؤهلين أكاديمياً.

5- إعادة النظر فى النظام التعليمى الحالى، وتطويره بشكل شامل متكامـل، يحقـق التنمية الشاملة والمتكاملة للمتعلم.

6- الاستمرار فى بناء المؤسسات التعليمية الحديثة التى تساير التقدم التكنولوجى فى العالم.

7- ضرورة توظيف تكنولوجيا التعليم وملحقاتهـا لخدمـة المـتعلم، والتركيـز عـلى الاستفادة بها فى مناهج التعليم وبرامجه.

8- إتاحة الفرصة للمتعلمين لاختيار التعليم الذى يناسب كلّ منهم.

9- وضـع دسـتور أو ميثـاق أخلاقـى لمهنـة التعلـيم، وإعـادة النظـر فى رواتـبهم، وتشجيع المتميز منهم مادياً ومعنوياً.

10- إنشاء صندوق لدعم عمليـة تطويـر التعليـم، يتيـح مشاركة جميـع الجهـات العامة والخاصة والأفراد للمساهمة والمتابعة.

أخيراً وليس آخراً فقد آن الاوان قبل فوات الاوان أن تتبنـي المؤسسـات التعليميـة فلسفة جودة التعليم أو إدارة الجودة الشاملة، فهذا المصـطلح يعنـي أن هنـاك رسالة من اجل تحسين الأداء والمنتج التعليمي حتى درجة الاتقان، لذا فلا بد من التركيـز عـلى أهمية هذا الموضوع واعطائه حقه من كافة القيادات وذوي القرارات لما لـه مـن نتائج عظيمة تعود بالأمة والمجتمع بالخير والتقدم والنمو والازدهار وفي كافة الميادين.

الفصل الثامن

مراحل التغيير (التقني) التكنولوجي

الفصل الثامن

مراحل التغيير (التقني) التكنولوجي
Stages of Technological Changes

الأهداف التعليمية للفصل الثامن:

يهـدف هـذا الفصـل إلى التعريـف بـأهم المراحـل المتعلقـة بعمليـة التغيـير في المنظمات من أجل تحقيق الأهداف والجودة المنشودة، حيث يبين هـذا الفصـل أهميـة استخدام التقنيـات الحديثة مثل الحاسـوب وضرورة عمليـة التحـديث الدوريـة للنظام، كما يشرح بالتفصيل المراحل الأساسية لاختيار النظام المناسب للمنظمة.

ومن أهم أهداف هذا الفصل:

- التعرف على أهمية الحاجة إلى الحوسبة.
- التعرف على مراحل اختيار النظام المناسب.
- التعرف على مراحل تنفيذ النظام الجديد.
- التعرف على مواقف الموظفين حول النظام الجديد.

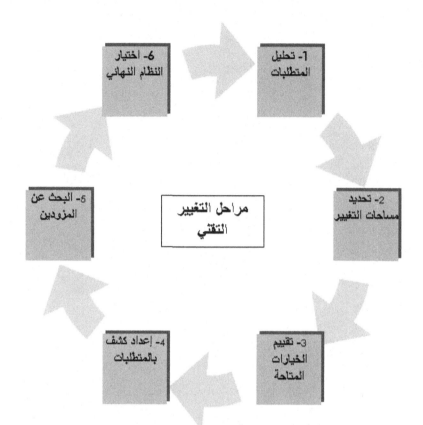

شكل 8-1: مراحل التغيير التقني

1-8 الحاجة إلى التغيير   The Need to Changing Process

من أجل أن تحافظ الشركات على بقائها واستمرارها وتنافسها في العصر الحالي، لا بدّ لها من أن تتبنى مشاريع مستمرة من أجل التغير و التطور لتحقيق الجودة الشاملة، حيث أن الشركات لا يمكنها أن تتبنى عملية تحقيق الجودة الحديثة والمتطورة بدون أن تكون مبنية على بنية تحتية قوية من تقنيات المعلومات كالحاسوب والانترنت... الخ. أن عملية تحقيق الجودة الشاملة تتطلب إدارة للتغيير وإدارة للمعرفة، فإدارة المعرفة في العصر ـ الحالي تتطلب استخدام أفضل التقنيات المتوفرة وتسخيرها للأفراد من أجل استغلالها في تسهيل المعرفة ونشرها في المنظمة.

إن العديد من المنظمات في هذا العصر قد تأسست مع نظام حاسوب كمكون جوهري وأساسي. حيث أن نظام الحاسوب هو قلب المنظمة وجميع الأعمال والنشاطات تعتمد عليه حيث أن نظام الحاسوب في مثل هذه الشركات عنصر ـ مهم وأساسي ولا يمكن لهذه المنظمة أن يتمّ إجراء أي عمل فيها أو نشاط إذا ما توقف الحاسوب أو تعطل النظام ومثال على هذا التعطل:

- انقطاع في الطاقة الكهربائية.
- تلف البيانات.
- انهيار نظام التشغيل.
- فقدان البيانات نتيجة لفيروسات أو عملية هجوم لصوص الحاسوب.

إن نظام الحاسوب الذي تمّ إعداده في المنظمة لا بدّ له من التغيير أو التعديل أو التحديث كلما تغيرت الظروف وتغيرت متطلبات العمل وتغيرت تقنيات المعلومات في العالم وللأسف هناك العديد من الشركات تفتقر فيها الإدارة ولأسباب عديدة إلى:

- قلة التمويل المالي مـما يـؤدي إلى العكـوف عـن القيـام بـأي نشـاط للتغييـر والتطور.

- قلة الخبرة باستخدام الحاسوب وتقنيات المعلومـات، حيـث يتكون الخوف الكبير من التكنولوجيا والخوف من الفشل في استخدامها أو الخوف من عدم توفر الكفاءات والخبرات المناسبة في الوقت المناسب وحسب قدرة وميزانيـة المؤسسة.

- عدم الإقدام على التغيير من الأنظمة المجربة اليدوية إلى أنظمـة الحاسـوب وتكنولوجيا المعلومات، حيث أن المؤسسة مطمئنة لوضعها الحالي باستخدام الوسائل اليدوية، حيث ينعدم عندها التفكير العميق بتأثير عـدم استخدام التقنيـات الحديثـة عـلى وضعهـا التنافسي ـ في المسـتقبل حيـث أن استخدام التقنيات الحديثة لها فوائد عديدة منها:

- قلة التكلفة في عمليات وتكاليف الإنتاج والمنتجات.

- قلة الموظفين حيث أن استخدام التقنيات الحديثة يوفر العديد مـن الأيـدي العاملة في المؤسسات.

- الوصول إلى أسواق جديدة وتوسيع الأعمال

- زيادة الطاقة الإنتاجية أضعاف مضاعفة.

- قلة الأخطاء والمشكلات الناتجة من خطوات العمل وخط الإنتاج.

إن المؤسسات وللأسباب أعلاه لن تقوم بالتغير إلى مـنظمات رقميـة تعتمـد عـلى الحاسوب والتقنيات الحديثة في كافة أعمالها الداخلية والخارجية. وعلى كلّ حـال فـإن الأفكار والظروف دائمـاً في تغير وفي الغالب بشكل سريع وخاصة في الشركات التجاريـة المعاصرة، حيث أن هناك العديد من الأسباب المختلفة والتي تقود الشركات إلى التغيير والأخذ بعين الاعتبار حوسبة أعمالها التجارية اليدوية

أو حتى تطوير وتحديث الأنظمة المحوسبة لديها إلى أنظمة أكثر تقدماً ومن هذه الأسباب:

- توسع الأعمال التجارية أو أحوال التغير في السوق قد تجلب معها العديد من المشكلات الجديدة والتي لم يتمّ مواجهتها في السابق.

- في كثير من الأحيان يقوم أحد المنافسين بحوسبة نظام الشركة وبكل بساطة فإن هناك شركات لا تستطيع أن تتحمل أن تبقى متخلفة ولا تتبنى التقنيات الحديثة كما فعلت الشركات المنافسة.

- ربما تكون الدراسات والأبحاث العلمية حول استخدام الحاسوب وفوائده في الأعمال التجارية والشركات وفي كافة الصناعات قد أدى إلى إدراك الإدارة لفوائد التقنيات الحديثة والتحسينات التي تسببت بها هذه التقنيات.

- إن الموظفين الجدد حديثي التخرج وخاصة على المستوى الإداري يمتلكون خبرة كبيرة باستخدام الحاسوب والتقنيات الحديثة حيث أنه من الممكن أن يكون لديهم أفكار جديدة معاصرة بما يخص استخدام تقنية المعلومات والحاسوب في الشركات.

- إن هناك فهم عام وإدراك كبير للفوائد المحتملة والتحسينات والتي يمكن الحصول عليها من عملية الحوسبة واستخدام تقنية المعلومات في الشركات.

مها كانت الأسباب ففي كلّ الحالات إنه لمن المهم وفي المراحل المبكرة أن يتمّ تشكيل وتقديم الأفكار حول الموضوع وبشكل متماسك وذلك لتدرك الإدارة النقاط التالية:

- إن عملية الاستثمار في الحاسوب وتقنية المعلومات هو قرار مالي مهم جداً.

- الأنظمة الكبيرة الحيوية تتطلب عملية التغيير وبشكل دوري في وظائف الأفراد وفي طريقة عملها وإدارتها للمشاريع.
- إن الطريقة المتعبة في عملية التغيير قد تختلف وذلك حسب طبيعة عمل الشركة وطبيعة الأعمال التي يقوم بتنفيذها نظام الحاسوب والمصادر المتوفرة في المؤسسة.
- إن الوظائف الأساسية للإدارة والتي تتضمن التخطيط والتنظيم والتنسيق والتحفيز والتحليل والمراقبة أيضاً يجب أن يتمّ توظيفها وأخذها بعين الاعتبار وذلك عند اختيار وتطبيق وتنفيذ نظام الحاسوب.
- إن النجاح في عملية تقديم نظام حاسوب جديد أو في عملية تحديث النظام إلى نظام أكثر تقدماً يعتمد وبشكل أساسي على عمليات التحضير والتخطيط والتي يجب الاعتماد على تطبيقها قبل البدء بالتغيير.

2-8 مراحل اختيار النظام المناسب Stages of Selecting the right system:

إن التغيير عملية ضرورية من أجل مواكبة التقدم العلمي ومن أجل التمكن من التنافس مع الشركات المتقدمة، إن عملية التغيير ليست عملية سهلة فهي تحتاج إلى الوقت والتمويل المالي وتحتاج إلى الخبرات والكفاءات وقدرات الإدارة ومهاراتها في إدارة عملية التغيير، حيث عملية اختيار النظام المناسب ليست عملية سهلة فهي تحتاج إلى تخطيط وتنظيم ودراسة مسبقة، وعلى العموم فإن هناك ستة مراحل يتمّ من خلالها اختيار النظام الصحيح والمناسب للمؤسسة وهذه المراحل هي (شكل 8-2):

1. تحليل احتياجات المشروع.
2. تحديد وتعريف الأقسام التي سوف تتأثر بالتغيير.
3. تقييم الخيارات والبدائل المتوفرة.
4. إعداد وتطوير كشف بالمتطلبات.

5. البحث عن مزود مناسب.

6. تقييم العـروض المقترحـة والقيام باختيـار النظام المناسـب النهـائي.

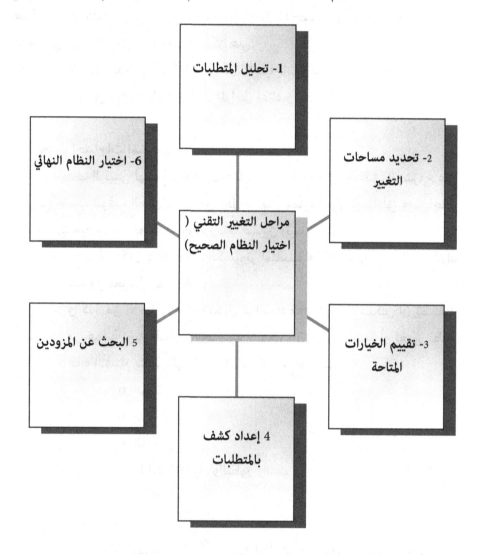

شكل 8-2: مراحل اختيار النظام الصحيح

حيث أن الوقت الذي سوف يخصص لكلّ مرحلة من المراحل أعلاه سوف يختلف وذلك حسب المشاكل التي ستواجه المشروع والتي يتطلب حلّها وقت معين وفي بيئة معينة وحسب قدرات وخبرات الإدارة وفريق العمل المخصص لهذا المشروع حيث أن التشديد في هذه الأقسام سوف يكون مركزاً على:

- التحليل الدقيق والشامل على كلّ الاحتياجات ومشاكل المشروع.
- التوثيق الواضح الشامل لكلّ المراحل أعلاه.

أولاً: تحليل احتياجات المشروع:

إن الهدف الرئيسي لهذه المرحلة هو عملية مراجعة وتحري وتدقيق للمشروع على أنه مبني حسب الوقت الحالي وذلك من أجل تسهيل عملية تعريف مناطق ومساحات المشاكل الرئيسية وهذه عملية ضرورية وذلك لسببين رئيسين هما:

- يجب أن يكون هناك نظام الكمبيوتر المناسب وذلك ليلبي حاجات الأفراد لمشروع معين في المنظمة.
- في كثير من الأحيان وعندما تكون هناك عدة أقسام من الممكن أن تستفيد من عملية تغيير النظام والحوسبة لا يمكن أن يتمّ حوسبة أو تغيير نظام هذه الأقسام بنفس الوقت وذلك لأسباب عديدة منها:
    - الوقت
    - المصادر
    - التنظيم
    - قابلية التطبيق والتطور والنمو
    - التكلفة

إن عملية تحليل النظام الحالي للمؤسسة أو المشروع ووضعه التقني والتجاري والعملي له هدفين رئيسين هما:

- لكي يتمّ تزويد إطار عمل على أساسه يتمّ التخطيط لتوظيف التطبيق المناسب للنظام الجديد المقترح.

- لكي يتم تأسيس وتكوين قواعد وأسس للمتطلبات الأساسية للنظام الجديد المقترح وذلك لاختيار المزودين والذين سوف يتمّ التعاقد معهم لشراء المعدات المطلوبة للنظام الجديد.

إن النظام الجديد المقترح لا بدّ أن يتضمن العديد من المعلومات والتي تكون مهمة جداً في عملية تحويل النظام الحالي إلى النظم الجديد المتطور والذي سوف يتمّ توظيفه وتطبيقه في النهاية ومن المعلومات التي يجب أن يتضمنها النظام الجديد المقترح:

أ‌- شرح مفصل للمشروع يتضمن المعلومات التالية:

a. نوع وطور النشاطات في المشروع.

b. عـدد المـوظفين ويـتمّ تصـنيفهم حسـب أصـنافهم ومراكـزهم وأهميتهم.

c. أهداف العمل التجاري للسنوات الثلاثة القادمة.

d. حجم العمل المتوقع الحالي وخلال السنوات الثلاثة القادمة.

e. نوع وعدد العملاء والمزودين والمنتجات وخطوط الإنتاج... الخ

f. أي تفاصيل أخرى أو ميزات أو خدمات أو ظروف خاصة والتي لها علاقة بالمشروع والتي يتمّ تمييزها عن الخدمات الأخرى وذلك في نفس مجال خط العمل التجاري.

ب‌- تفاصيل إضافية أخرى عن المشروع والطريقة التي يتمّ من خلالها تنظيم وإدارة شئونها، حيث تبين هذه التفاصيل:

a. النشاطات المتعلقة بمختلف الأقسام.

b. تفاصيل عن عملية تدفق المعلومات وخطوات العمل.
c. أي نسخ لمستندات تمّ استخدامها

ثانياً: تعريف الاقسام التي ستتأثر في التغيير:

في هذه المرحلة فإن الإدارة لم تتخذ أي قرار حاسم حول ما إذا أرادت أن تنفذ سياسة التغيير والتطور وتحديث النظام أم لا، لذا فإنه من المفيد أن تتمّ عملية المراجعة والتدقيق لكلّ الدوائر والمساحات وذلك لتعريف الفوائد المجناة والتي من الممكن أن تأتي من عملية التغيير والتطوير.

إن عملية المراجعة والتحليل من هذا النوع من الممكن أن تؤدي إلى الإدراك بأن هناك مساحات معينة من الشركة قد يكون معيار الوقت والفعالية في عملية التغيير أقل منها في مساحات أخرى من الشركة لذا يجب أن يتمّ ملاحظة هذه المساحات مع التي تمّ ملاحظتها في الأصل، حيث يتطلب ذلك عرض بعض الاقتراحات منها:

- هل من الممكن أن يتمّ إرسال الفواتير وكشوفات الطلبات في الفترة القريبة.؟
- هل من الممكن أن تصبح عملية الدفع النقدي للديون أكثر فعالية؟
- هل عمليات التأخير في عمليات التسليم والشحن سببها نقص في المواد الأولية والخام أم في النقص في المنتجات النهائية؟
- هل يمكن التنبؤ في هذه النواقص وهل يمكن للمساعدة وعملية التغير والحوسبة أن تتعامل بشكل فعال مع هذه النواقص؟
- هل يمكن التعامل مع طلبيات العملاء بشكل أسرع؟
- هل أفضل صفقة تجارية تمّّ الحصول عليها هي عندما نجد المزود المناسب لكلّ نوع من المنتجات أو المواد الخام؟

يجب أن يتم إصدار تقرير يضم على الأقل النقاط أعلاه ويضم الفوائد الممكنة والمجناة من عملية التغيير وعملية تطوير النظام الحالي إلى نظام أكثر تطوراً وأكثر اعتمادية على تقنيات المعلومات حيث في النهاية يتم وضع أولويات للطلبات والتي يتطلب شراءها من مجموعة من المزودين.

بالإضافة إلى ذلك من الممكن أن يكون هناك خصائص وميزات والتي لا يوجد مساحات لها في النظام الحالي والتي من الممكن أن تتمّ الفوائد المجناة من النظام الجديد وعلى سبيل المثال، الشاشات الرسومية والإحصائيات وغيرها من عمليات التحسين والتي لا يمكن أن تتمّ عملية توظيفها بدون نظام حاسوب متطور، وفي النهاية نرى أن هناك بعض المزايا لا يمكن أن تكون قابلة للتطبيق وذلك لتنوع الثوابت والإمكانيات المتوفرة.

لذا إنه من الضروري في المساحات التطبيقية أن نقوم بشكل واضح بوضع علامة على:

- أي من المساحات تعتبر الأكثر أهمية والتي يجب أن تشكل أساس النظام الجديد المتطور والمحوسب.
- أي من المساحات من الممكن أن يكون التغيير فيها مفيداً ولكن يمكن أن يتمّ تأجيل ذلك إلى المستقبل القريب.

لذا في نهاية المرحلتين الأولى والثانية يجب أن تكون هناك صورة واضحة تخرج حول الاحتياجات الضرورية والأولويات لهذه الاحتياجات للشركة والمصاحبة لكلّ المعلومات التي يحتاج إليها من أجل إكمال عملية التغيير والتطور، لذا من الممكن على الإدارة أن تبدأ البحث عن حلول معينة لهذه الاحتياجات والتي تؤدي إلى تغير ناجح وبأقل التكاليف والجهد والوقت المطلوب.

ثالثاً: تقييم الخيارات والبدائل المتاحة:

إن الخيارات المتنوعة والتي ظهرت في هذه المرحلة على فرض أن النظام اليدوي والنظام القديم هو النظام الوحيد الذي يعمل في هذه اللحظة، هذه الخيارات يمكن تصنيفها على النحو التالي إما في نفس التسلسل أو بتسلسل مختلف:

- **الخيار الأول**: الإبقاء على النظام الحالي اليدوي أو المحوسب وتطوير بعض نشاطاته والقيام بعملية تحسين لفعاليته وذلك بدون تقديم نظام حاسوب جديد.
- **الخيار الثاني**: الحصول على نظام حاسوب يتمّ تطويره من داخل المؤسسة حيث تمّ حوسبة وتغيير بعض أو كل المساحات في الشركة.
- **الخيار الثالث**: تبني حلّ إداري ذو منافع متعددة يتمّ من خلالها تغير وحوسبة مساحات معينة من الشركة.

رابعاً: إعداد وتطوير كشف بالمتطلبات:

إن محتوى كشف المتطلبات والذي يجب أن يضم الحقائق والاستنتاجات التي تمّ اشتقاقها من المرحلتين الأولى والثانية وذلك بعدما وأثناء عملية التحليل.

لاحتياجات المشروع وتعريف المساحات التي يجب أن تتأثر بهذا التغيير، لذا إنه لمن المهم التطرق إلى بعض المزودين والذين سوف يقومون بتزويد المشروع بالمعدات والتقنيات اللازمة لعملية التغيير بالإضافة إلى ذلك فإن كشف المتطلبات لا يحتوي على وصف لكلّ النشاطات ولكلّ المشكلات المتعلقة بالمشروع، إن تفاصيل ومعلومات كشف المتطلبات لعملية التغيير لا بدّ أن يلبي ويراعي بعض الخصائص والميزات منها:

- نوع وحجم البيانات والتي سوف يتمّ استخدامها في النظام، فعلى سبيل المثال ماهي التفاصيل والتي نحتاج إليها والمتعلقة بالعملاء والمزودين

والمنتجات وقسم المحاسبة وغيرها؟. حيث أنه أفضل طريقة لتجميع تلك المعلومات هو عبر تدقيقها وتدقيق كلّ السجلات اليدوية ومن ثم ملاحظة محتوياتها وكيفية العمل على تطويرها وتحسينها.

- حجم البيانات والتي سوف يتمّ توظيفها في النظام الجديد وذلك في الوقت الحاضر ومن الممكن في المستقبل ، وعلى سبيل المثال عدد الزبائن أو العملاء عدد المزودين وعدد خطوط الإنتاج...الخ بالإضافة إلى عدد التعاملات التجارية أو الإدارية والتي تتمّ يومياً وأسبوعيا وشهرياً.

- أي ميزات خاصة والتي تمّ ذكرها مسبقاً وإذا كان ممكناً فيكن تضمين بعض المخططات فهي ستكون مفيدة جداً للإدارة في إدارة عملية التغيير.

- مخرجات النظام والنماذج المستخدمة مثل التقارير والرسائل والتحاليل والفواتير... الخ وتكرارها المطلوب والذي سوف يتمّ استخدامها في النظام المقترح وأيضاً يجب أن يتضمن هذا القسم جودة الطباعة المطلوبة للمستندات الداخلية والخارجية المستخدمة في النظام.

يجب أن يتضمن مع كلّ ذلك صورة واضحة لنوع وطبيعة ومدى وقت النظام المطلوب للمشروع حيث أن هذا الوقت يكون مناسباً من أجل عملية البحث عن النظام المناسب والمزود الذي سوف تتعامل معه المؤسسة من أجل إكمال وسدّ حاجات المشروع.

خامساً: البحث عن المزود المناسب:

يجب أن يتمّ التذكير والتشديد دائماً أن أهم ميزات أي نظام يجب أن يتمّ استخدامه في المشروع لا بدّ أن يلبي متطلبين هامين هما:

- أنه موثوق ويمكن الاعتماد عليه للقيام بكلّ نشاطات المؤسسة الرئيسية والفرعية.

• أنه ينبغي أن يقوم بالأعمال والنشاطات كلّها المنوط بها بدون إعاقة أو قصور أو توقف وبشكل فعال.

إن ميزة الاعتمادية تتعلق بشكل أساسي بالبرمجيات والمعدات بينما الأداء والفعالية تتعلق بشكل أساسي بالبرمجيات، حيث أن أثمن وأعقد حاسوب أو قطعة من المعدات لا يمكن أن تعمل بدون أن يكون هناك برمجيات تقوم بتشغيلها للاستفادة منها، لذا لا بدّ للإدارة من تذكر أن المعدات مرتبطة ارتباطاً كبيراً بالبرمجيات لذا يفضل أن يتمّ توفير المعدات والبرمجيات من نفس المزود إن كان ذلك ممكناً.

إن من المهم أن تقوم الإدارة بالبحث عن المزود الجيد الأمين ذو الخبرة المسبقة في حوسبة وتحديث الأنظمة والموثوق بها حيث يفضل كما أسلفنا أن يكون المزود هو نفسه الذي يزود بالمعدات والبرمجيات بالإضافة إلى عمليات التدريب على النظام وكيفية استخدامه كما يكون المزود مسئولاً عن عملية الإعداد والتنصيب وتركيب كلّ الأجهزة والبرمجيات وأنظمة التشغيل الخاصة بالشبكة والتطبيقات وغيرها. كما لا بدّ من الاهتمام بقضية الضمان وخدمة ما بعد البعد لما لها من أهمية كبيرة في حال كان هناك أخطاء أو حدوث أعطال في النظام وذلك لكي يتمّ التأكيد بأن يبقى النظام عاملاً بدون توقف أو إعاقة.

إن عملية اختيار المزود المناسب هي عملية حيوية ومهمة جداً لذا إنه لمن المستحب أن يتمّ اتخاذ القرار بالنسبة إلى طبيعة الأجهزة والبرمجيات حول مصدرها حيث أن هناك خيارات عديدة منها:

• شراء المعدات من مزودين أصليين وهي الأكثر تكلفة وهي في العادة تكون شركات كبيرة وعالمية وتعتبر منتجاتها معتمدة ومستوى خدماتها جيداً إلا أن أسعارها تكون أكثر من باقي السوق.

- يمكـن أن يـتمّ تصـميم الـبرامج محليـاً داخـل الشركة وهـذا يتطلـب وجـود مهندسين وفنيين ذوي كفاءة وخبرة عالية في عمليات البرمجة وكيفية تصميم الأنظمة حتى أنه يمكن محلياً تجميع قطع أجهـزة الحاسـوب المـراد شراءهـا وذلك من قبل المفنيين المحليين وهذا طبعـاً يحتـاج إلى إعـدادات كبـيرة مـن أجل القيام بذلك.
- يمكن أن يتمّ ذلك حسب الطريقتين أعلاه، أي أنه يمكـن شراء بعـض الأجهـزة والبرمجيات ويمكن في نفس الوقت القيام محلياً بتجهيز بعض البرمجيات من قبل الموظفين الفنيين في الشركة.

سادساً: تقييم الخيارات والقرار النهائي:

إذا تمّ قبول العروض فإنه من المستحسن في هذه المرحلة أن يقوم المدير أو مـن له علاقة باتخاذ القرارات بأن يحضر عـرض للنظـام المقـترح مـن قبـل المـزود أو المبنـي محلياً وذلك باستخدام بيانات من الشركة إذا كان ذلك ممكناً أو من كل مـزود اقترحهـا من عنده، حيث يجب أن يتمّ الأخـذ بعـين الاعتبـار النقـاط التاليـة عنـد الاتفـاق مـع المزود:

- يجب أن تكون مسئولية التزويد والتركيب والتـدريب والـدعم ومـن ضـمنها ترتيب عقود الصيانة كلّ تلك يجب أن تكون من مسئولية المزود.
- المزود يجب أن يقدم مراجع معتمدة تـدل عـلى خبرتـه وعملـه مـع شركـات كثيرة من قبل.
- إن النظام يجب أن يتمّ توثيقه بشكل واضح ويجب أن يتمّ توضيح مـع مـن سوف يتمّ الاتصال لتلبية احتياجات الشركة من صيانة ودعم فني وغيرها.
- يجب أن يتمّ دمج المتطلبات التي تمّ إعدادها مسبقاً في العقد.

في هذه المرحلة تتمّ مقارنة كلّ الأنظمة المقترحة وفائدة ومزايا ونواقص كلّ منها حيث عند الانتهاء من دراستها من الممكن أن تتخذ الإدارة القرار النهائي بشأن المزود وبشأن النظام المقترح المنوي تطبيقه في المؤسسة.

من الممكن للإدارة في هذه المرحلة أن تقوم بتعيين مستشار أنظمة لديه خبرة كبيرة يمكن استغلالها في اتخاذ القرارات بشأن النظام المقترح، حيث أنه هناك الكثير من الفوائد من تعيين مستشار أنظمة أو مستشار حاسوب ومن هذه الفوائد:

- قدرة المستشار على الإمداد بالتعليقات والملاحظات على المشروع بدون تحيز نحو الحلّ المقترح المحوسب.
- مقدرته على تعريف المشاكل وإضافة وسرد متطلبات أخرى مفيدة للمشروع وتقديمه النصائح المتعلقة بعملية التغيير.
- مقدرته على شرح العديد من مصطلحات الحاسوب إلى المسئولين بلغة سهلة وواضحة وشرح مبدأ عمل العديد من الأجهزة والمعدات والتي تكون متوفرة من أجل توظيفها في النظام الجديد.
- المعرفة والخبرة بالبرمجيات المتوفرة في السوق وجودة كل منها.
- المقدرة على تقييم كلّ من المزودين وعملية دعمهم بالمعدات والبرمجيات المناسبة.

إن عملية استخدام وتوظيف مستشار تكون مفيدة وغالباً عندما تكون الإدارة مشغولة كثيراً حيث أن تعيين المستشار من الممكن أن يساهم:

- توفير وقت الإدارة والذي يجب أن يتمّ استغلاله في المهمات والأنشطة المهمة من أجل إدارة وتنظيم المشروع.
- توفير النظام الصحيح للمشروع والشركة من خلال قرارات مبنية على النصائح والتوصيات من قبل متخصص وخبير مثل هذا المستشار.

3-8 مراحل تنفيذ النظام الجديد Stages of Running the New system

تحضير خطة للتنفيذ:

عندما يتمّ استلام المقترحات من عدة مزودين وقبل عملية اتخاذ القرار النهائي من قبل الإدارة حول أي الأنظمة سيتمّ اختيارها من بين البدائل المختلفة فمن الممكن أن يتمّ التحضير لوضع خطة تمهيدية لعملية النظام الذي سوف يتمّ في النهاية توظفيه في المؤسسة وفي بعض أو كل أقسام الشركة. الوجه العام للخطة يمكن تطبيقه على أي نظام سوف يتمّ تنفيذه إلا أن التفاصيل بالطبع سوف تختلف حسب نوع وحجم المشروع وحجم العمليات الداخلية للمؤسسة للمشروع المعين.

كما بينا سابقاً فإن عملية التخطيط هي من أهم الوظائف الأساسية للإدارة وهي أيضاً مهمة جداً في عملية التغيير وتطوير المؤسسة إلى نظام أفضل متقدم، إن عملية التنظيم والتنسيق والمراقبة سوف تكون كلها عمليات ضرورية ومهمة وأساسية خلال فترة التنفيذ كما أيضاً عملية تحفيز الموظفين والذين من الممكن أن يكون لدى بعضهم تحفظات ومعارضة لهذا التغيير.

إن عملية تنفيذ التغيير عملية كبيرة وتحتاج إلى وقت وجهد كبير من أجل الوصول إلى الوضع الجديد المثالي، ويمكن تقسيم مراحل عملية التنفيذ إلى المراحل التالية:

1- تعيين مدير المشروع، ليكون هو المسئول عن المشروع والتفاوض على بنود العقد قبل التوقيع حيث التقرير المقدم منه سوف يكون ذو أهمية كبيرة بالنسبة للإدارة العليا.

2- التنسيق مع المزود من أجل نشاطات التحضير والتسليم والتدريب والإعداد والتنصيب.. الخ.

3- تنظيم وتحضير الموقع وفي حالة بناء شبكة حاسوب لا بدّ من تحديد وتجهيز مواقع مختلف المكونات المتعلقة بنظام الشبكة والحاسبات والخادمات والطابعات والماسحات الضوئية... الخ حيث يتطلب إعداد الموقع المزيد من قوابس الكهرباء وبنية تحتية لخطوط شبكة الحاسوب والكابلات المتصلة بها.

4- القيام بعمليات طلب القرطاسية والمستلزمات المستهلكة التي يحتاج إليها فريق العمل.

5- يجب أن يتمّ الاتفاق على مواصفات النظام وخاصة في حالة تصميم البرمجيات حسب طلب المؤسسة.

6- إعادة تنظيم الموظفين والتحضير من أجل تعيين بعض الموظفين بشكل مؤقت من أجل القيام بإدخال البيانات إلى الحاسوب.

7- تنظيم البيانات اليدوية وذلك كعملية تحضير من أجل تغذيتها إلى الحاسوب.

8- متابعة ومراقبة عمليات التسليم في النظام والشروع في التحضير والإعداد من أجل حضور جلسات التدريب على النظام.

9- تدريب كلّ الموظفين المعنيين سواء كان موظفين دائمين أو بعمل مؤقت والقيام بالإعدادات من أجل التحضير لعملية وإجراءات التوثيق لكلّ خطوات التنفيذ خطوة بخطوة.

10- اختبار النظام باستخدام بيانات اختبار وضعت خصيصاً لعملية الاختبار.

11- القيام بإدخال البيانات الحية والبيانات الرئيسية إلى النظام وهذه البيانات تكون ثابتة ولا تتغير.

12- القيام بإدخال البيانات المتحركة والتي تخص العمل والعملاء وهـي عـلى الأغلب تتغير حسب العمليات التي تجرى عليهـا، حيـث في هـذه الخطـوة يكون كلا النظامين بعملين النظام القديم والنظام الجديد بشكل متواز.

13- عندما تتمّ الخطوة السابقة (12) بشكل ناجح مئة بالمائة يتمّ هجر النظام القديم والعمل بالنظام الجديد فقط (انظر الشكل التالي: (8-3)

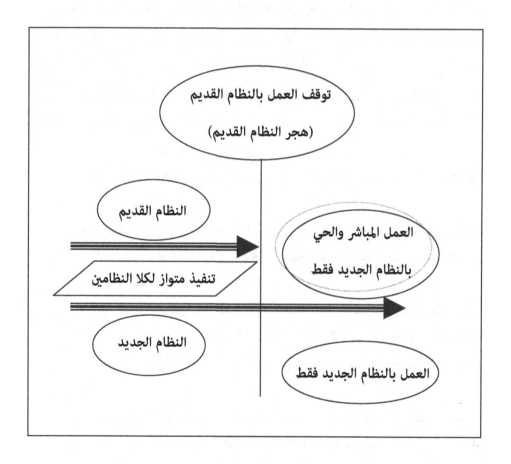

شكل 8-3 العمل المباشر بالنظام الجديد

4-8 مواقف الموظفين Employees Attitudes:

تختلف مواقف الموظفين حول النظام الجديد حيث يمكن تقسيمها إلى ثلاثة مواقف:

- موقف معارضين ومتشددين للنظام الجديد.
- موقف مؤيد بشدة للتغيير والتطور والنظام الجديد.
- مواقف محايدة وليس لها رأي واضح حول التغيير.

على مدير المشروع أن يلم بهذه المواقف وأن يعمل على توحيدها وجرها نحو تشجيع التغير والتطور لذا عليه أن يضع إستراتيجية وخطة من أجل القيام بذلك وهذه الخطة من الممكن أن تنبني على أساس النقاط التالية:

- عقد الاجتماعات واللقاءات والتي يشرح من خلالها مدير المشروع أهمية التغير والتطور وأهمية استخدام الحاسوب والتقنيات الحديثة في تطور الشركة ونجاحها ونجاح الموظفين وتطورهم.
- بيان أهمية الحاسوب للعمل وبيان خصائص الحاسوب وفوائده للمشروع وبيان وشرح استخداماته.
- يجب على المدير أن يشرك الموظفين في تنفيذ المشروع وتسهيل عملية التشاور معهم لأخذ آرائهم واقتراحاتهم مما يشجعهم كثيراً على العمل بتنفيذ المشروع بشكل اقوي واكبر.
- على المدير أن يبين للموظفين أن استخدام الحاسوب وتوظيفه في المؤسسة لا يعني الاستغناء عن خدمات الموظفين بل على العكس حيث يعتبر الحاسوب أداة بيد الموظف كالآلة الحاسبة لتسهيل وتسريع العمل وجعله أكثر كفاءة وفعالية.
- يجب على المدير عقد الدورات التدريبية للموظفين وحثهم علي حضورها مما يزيد من إقبالهم على قبول النظام وعدم الخوف من استخدام الحاسوب.

الفصل التاسع

مساحات التغيير في المنظمة

محتويات الفصل:

الفصل التاسع

مساحات التغيير في المنظمة

Areas of Change in Organization

الأهداف التعليمية للفصل التاسع:

يهدف هذا الفصل إلى التعريف بأهم المفاهيم الأساسية المتعلقة بإدارة التغيير، حيث يبين المساحات الممكن تغييرها في المنظمات وكيفية العمل من أجل اختيار القادة لإستراتيجية مناسبة من أجل القيام بعملية التغيير المطلوبة والمناسبة للمنظمة للوصول إلى الجودة المنشودة، كما يهدف هـذا الفصل إلى توضيح الأسباب المختلفـة المتعلقـة بالأسباب التي تتغير من أجلها المنظمات.

ومن أهم أهداف هذا الفصل:

- شرح وتوضيح المساحات المختلفة والتي يمكن أن يقوم القـادة بالعمـل على تغييرها وفق الحاجة والظروف المحيطة للمنظمة.
- التعـرف عـلى الأسـلوب القيـادي الصـحيح مـن أجـل اختيـار المسـاحة المناسبة للتغيير.
- توضيح التحديات والمعوقات التـي مـن الممكـن أن تطـرأ أثنـاء تنفيـذ عملية التغيير في بعض المساحات في المنظمة.
- شرح الأسباب الدافعة إلى التغيير في المنظمة.

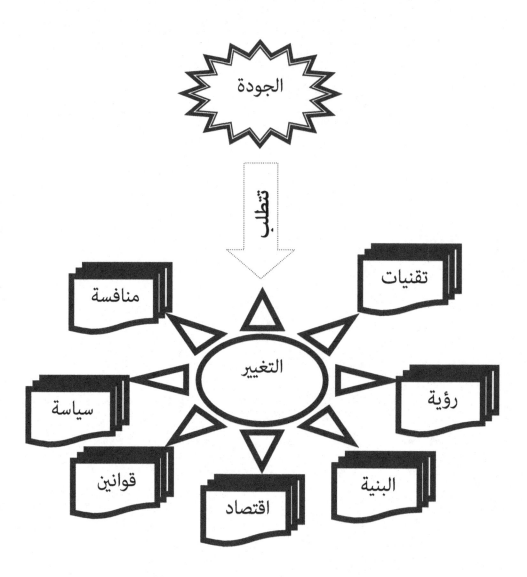

شكل 9-1: الجودة والتغيير

1-9 المقدمة   Introduction:

يقصد بإدارة التغيير: " سلسـلة مـن المراحـل التـي مـن خلالهـا يـتم الانتقـال مـن الوضع الحالي إلى الوضع الجديد، وحيث أنه يوجد العديد من الأمور التي بسببها تتغـير المنظمات كما تمّ ذكره في الفصول السابقة إلا أنه هناك أسباب أو مفـاتيح تعمـل عـلى تسريع عملية التغيير، أسباب عامة كما يبين الشكل 9-2 التالي:

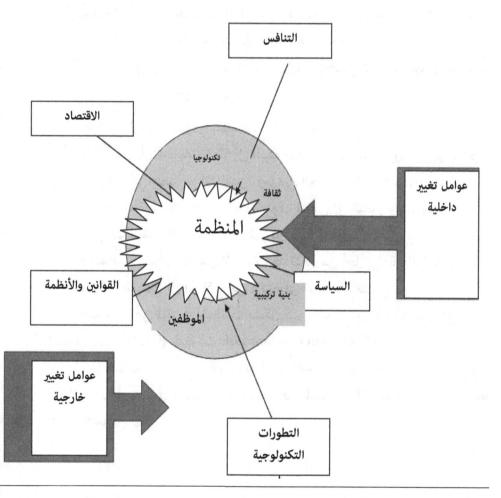

شكل 9-2 القضايا الرئيسية التي تسرع في عملية التغيير في المنظمات

كما يبين الشكل 9-2 فإن المنظمة قد تتغير نتيجة لعوامل داخلية تتعلق بالمنظمة نفسها مثل:

- الوظائف والمهام الجديدة.
- الموظفين.
- البنية التركيبية للمنظمة.
- ثقافة المنظمة ويقصد كل ما يتعلق بالمنظمة من أنظمة وقوانين كقوانين الإجازات وإنهاء الخدمة والاستئذان من العمل... الخ.
- التقنيات الموجودة في المنظمة حيث أنها قد تحتاج إلى تحديثها أو استبدالها لتواكب التقدم والتطور العالمي.

وهناك عوامل خارجية قد تؤدي بالمنظمات إلى التغيير مثل:

- **التنافس:** فكلّ المنظمات تنظر إلى البيئة المحيطة بها كمنافسين وتدرس ما هي المميزات التي يتميز بها المنافسين؟ وما هي الخدمات التي يقدمونها فاذا كانت متطورة ومتقدمة فإن هذه المنظمة سوف تسعى إلى التغيير والتطور.
- **التطورات التقنية الحديثة التي تظهر بين فينة وأخرى.**
- **الاقتصاد:** حيث أن كثير من المنظمات قد تتغير من أجل زيادة عائداتها المالية أو من أجل الوصول إلى أسواق جديدة تتخطى الحدود الاقليمية.
- **السياسة:** وهي تؤثر في المنظمات بشكل كبير وتلعب دوراً كبيراً في تغييرها.

2-9 مساحات التغيير في المنظمات Areas of Changes in Organization:

إن المنظمات كالبشر قد تتغير بالكامل أو يتغير جزء معين منها أو عدة أجزاء من أجل الوصول إلى الهدف المنشود، حيث تسعى المنظمات إلى التغير من أجل أمور عديدة أهمها:

لتحقيق الجودة الشاملة.

- زيادة قيمتها في السوق.
- ومن أجل زيادة ارضاء الزبائن.
- ومن أجل زيادة أرباحها وعائداتها المالية.
- ومن أجل مواكبة التطور والتقدم العالمي.
- ومن أجل إنتاج سلع أو خدمات جديدة.

إن عملية التغيير في المنظمات من الممكن أن يتم تنفيذها في الأقسام أو المساحات التالية (الشكل 9-3):

1- تغيير في البنية التركيبية للمنظمة:

حيث من الممكن أن تعمل المنظمة على تغيير العديد من الأمور المتعلقة بهيكلية المنظمة مثل:

- تغيير في تعريف الوظائف الشاغرة.
- تغيير مجموعات العمل والوظائف.
- تغيير في فرق العمل.
- تغيير في عملية أو طريقة التفاوض.
- تغيير في طريقة وعلاقات إنتاج التقارير حول الموظفين.

2- التغيير في التقنيات:

(علي سبيل المثال: الحوسبة، الأعمال الإلكترونية، التجارة الإلكترونية، الانترنت،.... الخ) حيث في كثير من الأحيان تتطلب وتقود التقنيات الحديثة إلى التغيير والإبداع وذلك بـ:

o الوصول إلى وسائل وتقنيات جديدة في العمل.
o إزالة أو تزويد بوسيلة تنافسية بين غيرها من المنظمات.

3- تغيير في الموظفين:

وهي عملية تغيير في مزايا الموظفين من حيث الجودة والمهارات المتطورة المبنية على استخدام التقنيات الحديثة. إن مصادر القوى البشرية هي المحرك الرئيسي- لمعرفة التغيير وللمهارات والسلوك والانطباعات التي تحتاج إليها العمل في المنظمة. فمصادر القوى البشرية تستخدم الكثير من متطلبات العمل مثل:

a. الاختيار والتوظيف

b. التدريب

c. تقييم الأداء

d. أنظمة المكافآت

4- تغيير ثقافة المؤسسة:

وهي القوانين الموضوعة لكلّ شئون المنظمة والمتعلقة بالموظفين أو عمليات البيع والشراء والرواتب.. الخ)، إن قضية ثقافة المنظمة تعتبر من أهم القضايا والتي يجب أن يتمّ الاهتمام بها قبل إجراء أي عملية تغيير أخرى في المنظمة، حيث اثبتت الدراسات والأدلة أن التغيير الناجح لثقافة المنظمة تحتاج إلى العديد من التحضيرات والإعدادات مثل:

a. الوقت الكافي لإجراء عملية التغيير حيث تمّ وضع ثقافة المنظمة عبر مرور عدد ليس بقليل من السنوات.

b. تمّ وضع ثقافة المنظمة من قبل الإدارة العليا القديمة في المنظمة والتي تملك الخبرة والمهارة اللازمة لتضع الأسس التي سوف تقوم عليها المنظمة.

5- تغيير الخدمات أو المنتجات:

حيث تعمل العديد من المنظمات على تحسين منتجاتها أو ابتكار منتجات جديدة من أجل تسويقها إلى عملائهم.

6- تغيير في سياسة المنظمة: تغيير في نظام العقوبات والمكافآت للموظفين.

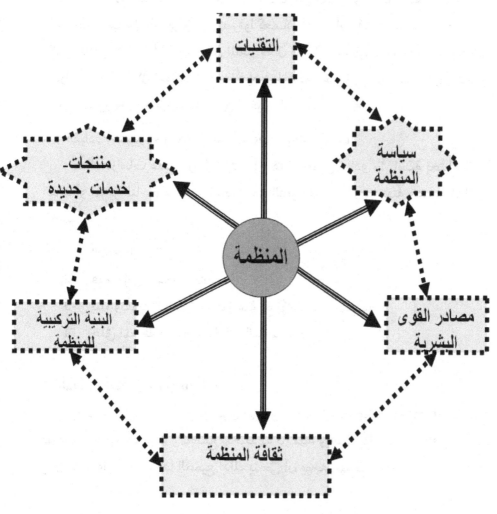

شكل 9-3 مساحات التغيير في المنظمات

3-9 التحدي المستمر لتغيير ناجح:

Continuous Challenge for Successful Changes

إن عملية التغيير في المنظمات قد لا تسير وفقاً لما تمّ التخطيط له من قبل الإدارة، حيث أنه وبدلاً من ذلك تحتاج المنظمة إلى اعتناق عملية التغيير وأن تكون مستعدة دائماً وفي كلّ الأوقات حتى تصبح المنظمة قادرة على التغيير وله قدرة التغيير المستمرة. حيث أنه يجب على المديرين أن يتصرفوا كعملاء تغيير أو كقادة لعملية التغيير وأن يكونوا قادرين على بناء فريق عمل للتغير فعّال وذا كفاءة عالية. وأن يستطيع هؤلاء المدراء أن يحفزوا كلّ الموظفين وكلّ الأفراد في المنظمة على أن يكون لهم دوراً كبيراً في عملية التغيير وأن يكونوا ضمن فريق التغيير نفسه.

4-9 القيادة والتغيير Leaderships and Change Process:

هناك دراسات عديدة وأدلة اثبتت أن هناك خمس مبادىء أساسية يحتاج إليها القائد أو المدير الناجح من أجل التعامل مع التغيير المستمر ومواجهته وهذه المبادىء الخمسة هي:

1- الهدف الأخلاقي.
2- فهم وإدراك عملية التغيير.
3- بناء وتقوية العلاقات الاجتماعية مع كافة أفراد المنظمة.
4- خلق المعرفة وصنع المشاركة والتماسك.

1- الهدف الأخلاقى Moral Purpose:

يعني أن يعمل القائد وهو ينوي أن يقوم بعمل إيجابي مختلف يؤدى إلى تحسين ظروف موظفيه وعملائه والمجتمع المحيط به بأكمله، وبالتالى فالهدف الأخلاقى للقائد يمثل قيمة واضحة يقدرها الجميع لذلك ينبغى أن يوجه الهدف

الأخلاقي القائد فى عمله وتصرفاته حيث يعتمد عليه فى نجاح المؤسسة وفى تحقيق أهدافها.

2- فهم عملية التغيير:

إن الهدف الأخلاقى بدون فهم لعملية التغيير لا يعتبر من مزايا القائد الناجح وبالتالى متى يحقق القائد نجاحاً فى عملية التغيير ينبغى أن يجمع بين التزامه بالهدف الأخلاقى مع احترامه وتفهمه للمشكلات والعقبات المتراكمة والتي قد تنشأ عن عملية التغيير في المنظمة ، ولكي يفهم القائد عملية التغيير، ينبغي له أن يدرك الأمور الأساسية التالية:

- **الهدف لا يجب أن يكون تغيير كلّ ما في المنظمة عن بكرة أبيها.**

فبعض المديرين يغيرون أفكارهم كما يغيرون ملابسهم، وذلك ينبغى البدء بتطبيق فكرة ما وإعطائها الوقت الكافى للتأكد من نجاحها وفعاليتها قبل التفكير فى تطبيق فكرة جديدة.

- **لايكفي أن يكون لديك فقط أفضل الأفكار.**

فبعض المدراء لديهم أفضل الأفكار التى يعبرون عنها ولكنهم لا يستطيعون تسويقها للآخرين وخصوصاً الأفراد الذين يعمل معهم هذا المدير أو القائد، حيث أنه إذا لم يقتنع هؤلاء الأفراد بالأفكار التى تطرحها الإدارة فإنهم لن يقوموا بتطبيقها أو تبنيها وسيرفضونها لعدم إيمانهم بها أو لأنهم لم يشاركوا في إنشائها منذ البداية أو يشاركوا في طرحها. لذا يتوجب على القائد من البداية أن يشارك كلّ موظفيه بعملية التغيير ويشجعهم على طرح الأفكار والمشاركة الفعّالة.

- **يجب على القائد الجيد أن يجيد تقدير الصعوبات المبكرة التي قد تواجهه عند محاولة تجريب شيء جديد.**

فالأفراد على اختلاف مواقعهم الوظيفية يواجهون حقيقة أنهم بحاجة إلى فهم أفضل للتغيير وربما إلى تنمية مهارات جديدة، وعند تطبيق أية عملية جديدة فإنها سوف تكون غير مريحة ومزعجة لكثير منهم وخاصة أولئك الذين يعيدون التفكير فى خبراتهم ومهاراتهم وأساليبهم السابقة، فالطبيعة الإنسانية تشعر بالقلق دائماً عند القيام بأي جديد، وتظهر هنا براعة القادة الذين يستطيعون توجيه الآخرين والخروج بهم سالمين من مشكلات تطبيق التغيير.

- **يجب على القائد الناجح أن ينظرإلى مقاومة التغيير باعتبارها قوة إيجابية دافعة.**

يجب على القائد الناجح والحكيم أن يعيد النظر في مفهوم مقاومة الأفراد للتغيير حتى يمكن فهم عملية التغيير، فالناس يرتاحون فى التعامل مع الآخرين الذين يفكرون بنفس طريقتهم وبالتالى لا يشعرون بالارتياح فى التعامل مع الناس الذين لا يتفقون معهم أو يقاومون أفكارهم رغم أن ذلك أمر قد يكون مفيد للغاية، فالمقاومة تفيد كثيراً في عملية تنفيذ التغيير لأن اختلاف الآراء تعبير عن عملية التعاون والتنسيق والتي تدفع بعملية التغيير إلى الأمام، ولذلك ينبغى احترام الأفراد وآرائهم حول مقاومة التغيير وإلا فإنهم سوف يعبرون عن أنفسهم فيما بعد بطرق أكثر سلبية.

- **التغيير يعتمد علي القدرة علي تغيير الثقافة السائدة.**

إن عملية تغيير الثقافة وإحداث تحول فيها هو الفكرة الرئيسة فى عملية التغيير الناجح والتحول فى الثقافة يضفى بعداً أخلاقياً على عملية التغيير ويجعل الجميع يعملون معاً وهم يقدرون الاختلافات الثقافية فيما بينهم حيث أن عملية تغيير الثقافة عملية صعبة ومعقدة وتتطلب وقتاً وجهداً كبيرين من قبل المديرين.

التغيير عملية شديدة التعقيد.

فالقيادة الناجحة تكون مبنية على مجموعة معقدة من المهارات كما أنها تتطلب التعامل مع العديد من المواقف الصعبة باستجابات مختلفة أكثر تعقيداً، فكلّ قائد يمكن أن يتعامل مع موقف معين بطريقة تختلف تماماً عن غيره بحيث تكون النتائج مفيدة وجيدة، فالقيادة عملية معقدة وبالتالى فإن عملية التغيير تكون أكثر تعقيداً.

3- بناء العلاقات.

اثبتت كثير من الدراسات أن العامل الرئيسي المشترك فى كلّ عمليات التغيير الناجح في المنظمات هو تحسين العلاقات بين العاملين في المنظمة، فكلما كانت العلاقات بين الأفراد أكثر قوة وأكثر تعاوناً كلما تحسنت الأمور وكانت عملية التغيير أكثر سلاسة، إذن فلا بدّ للقائد الناجح من أن يمتلك المهارات المناسبة من أجل بناء علاقات إيجابية بين جميع عناصر العمل خصوصاً مع الأفراد والجماعات المختلفة عن بعضها في الآراء والأفكار.

4- إنشاء المعرفة ومشاركتها.

إن العصر الذي نعيش فيه الآن يسمى عصر المعرفة والانفجار المعرفي، وبالتالي فإن من أهم أدوار القائد الناجح فى عملية التغيير هو زيادة المعرفة داخل وخارج مؤسسته وكيفية ربط المعرفة بالعناصر الثلاثة السابقة. وتعتمد هذه الكفاية على ما سبق من عدة نواحي:

- **أولاً:** إن الناس لن يتشاركوا المعرفة التى حصلوا عليها إلا إذا شعروا بالالتزام الأخلاقى للقيام بذلك.
- **ثانياً:** أن هؤلاء الأفراد لن يشتركوا إلا إذا كانت إدارة عملية التغيير تدعم المشاركة وتحبذها.

- **ثالثاً:** أن المعرفة بما تحويه من بيانات ومعلومات - بدون علاقات - لن تؤدى إلا لمجرد تخمة معلوماتية Information Glut، كما أن تحويل المعلومات إلى معرفة هو عملية اجتماعية ولتحقيق ذلك نحن بحاجة إلى علاقات.

5- خلق التماسك Coherence:

في كثير من الأحيان تتعرض عملية التغيير للعديد من التعقيدات والغموض وعدم التوازن وبالتالي فإن القيادة الفعالة تسعى إلى بذل جهد أكبر من أجل المزيد من التماسك والترابط.

وفى ظل تلك المبادىء الخمس فهناك خصائص وسمات لا بدّ أن يمتلكها القائد الفعّال والتي يمكن أن تكون سبباً أو نتيجة لتلك المبادىء وهى:

- الطاقة أو النشاط Energy
- والحماس Enthusiasm
- والتفاؤل Hopefulness

فالقائد الناجح هو ذلك القائد النشيط المتحمس المليء بالأمل والذي يحمل التزاماً خلقياً ويتفهم عملية التغير ويبنى العلاقات والمعرفة ويسعى للترابط والتماسك وتقوية العلاقات بين كافة الأفراد في المنظمة.

الفصل العاشر

الوظائف الإدارية وأسس إدارة المشاريع

محتويات الفصل:

الفصل العاشر

الوظائف الإدارية وأسس إدارة المشاريع

Managerial Functions

and Basics of Project Management

الأهداف التعليمية للفصل العاشر:

يهدف هذا الفصل إلى التعريف بـأهم المفـاهيم المتعلقـة بالوظـائف الإداريـة و أساسيات إدارة المشاريع، كـما يبـين العديد مـن المفـاهيم الأساسـية المتعلقـة بالإدارة وأهميتهـا للقائـد النـاجح مثـل استخدام المـنهج العلمـي في إدارة المشـاريع وبحـوث العمليات والمحاكاة والنمذجة وغيرها.

ومن أهم أهداف هذا الفصل:

- التعرف على التطور الكبير في تقنيات المعلومات والاتصالات.
- معرفة أهمية تبني منهج علمي في إدارة المشاريع.
- التعرف على بحوث العمليات وأهميته ومجال استخدامه في الشركات.
- التعرف على نمذجة الأنظمة وأهميتها للإدارة.
- التعرف على مهام الإدارة ووظائفها.

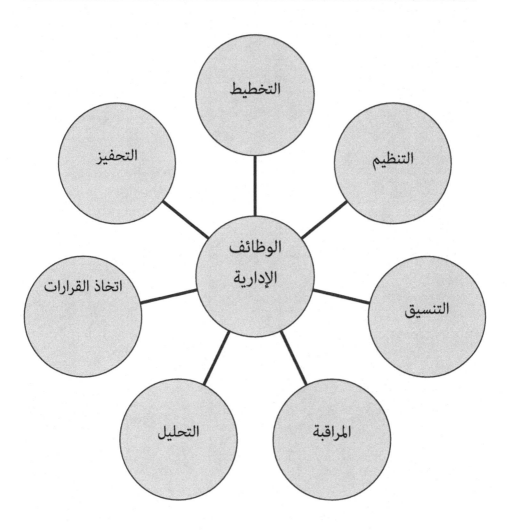

شكل 10-1: الوظائف الإدارية

1-10 مقدمة عامة Introduction:

لقد أدى التطور الكبير في تقنيات المعلومات وتقنيات الاتصالات إلى تطور سريع في عملية الإدارة على جميع المستويات فقد أصبحت عملية الإدارة في العصر الحديث قائمة على أساس معلومات ونظام علمي وليست حسب آراء أو وجهات نظر شخصية لتصل إلى نتائج إيجابية وليست نشاطات تنموية حتى تقوم بمعالجة المشكلات من جذورها وذلك بأسباب وأساليب منهجية الأمر الذي أدى إلى أن أصبحت المعلومات هي المصدر الأساسي لجمع الأموال والهيمنة الاقتصادية في العالم كلّه حيث تحول الاقتصاد العالمي إلى اقتصاد معلوماتي منظم بطريقة علمية وأساسه تقنية المعلومات.

يجب على كلّ الشركات بمختلف أنواعها أن تهتم باستخدام الحاسبات والاتصالات وأنظمة المعلومات في تطوير الإدارة العلمية ووسائل تدعيم القرار من أجل أن تنافس الدول المتقدمة في هذا المجال حيث أن التكنولوجيا تسهم بشكل كبير بإتاحة الفرص وطرح تحديات لم يسبق لها مثيل أمام المجتمع بأكمله، حيث أننا نعيش اليوم في عالم يتغير بشكل سريع وخاصة في النظام الاقتصادي العالمي المتجدد والذي يقوم على التقدم العلمي والتقني والقدرة على استيعاب تدفق المعلومات والتمكن من استخدامها وتطبيقها في مجالات التنمية وتطور وبناء الدولة بشكل قوي ومتين وذلك من أجل الوصول إلى الجودة الشاملة في المنظمة.

إن عملية صنع القرار أصبحت عملية صعبة ومكلفة في هذا العصر والذي يتسم بالتقدم السريع لأنه أصبح عالم المعرفة السريعة والمعلومات المتوفرة في كلّ وقت وفي كلّ زمان وبسرعة لم يسبق لها مثيل، فالقرار الذي كان يستند على الاحساس الداخلي أو الحدس الشخصي أو الحظ الاحتمالي أو التخمين الفكري أو حسب الحالة المزاجية أو من خلال التجربة والخطأ هذا كلّه لم يعد صائباً لأن كلّ هذا لم يعد يصنع قراراً فعالاً وسريعاً مما قد يتسبب في ضياع فرص غالية وتكلفة

باهظة في الجهد والوقت والمال لذا يحتاج صنع القرار إلى قدراً كبيراً من البيانات والتي هي المادة الخام الأولية التي تعالج تحليلاً وتركيباً لاستخلاص ما تضمنته من معلومات عن طريق تطبيق للنماذج الرياضية والطرق الإحصائية والأساليب المنطقية وغيرها حتى يمكن إجراء ووضع مختلف السيناريوهات والاستراتيجيات وعمليات تحليل المخاطر والتهديدات التي تصاحب المشاريع.

إن تكنولوجيات المعلومات وتكنولوجيات الاتصالات تطورت تطوراً فائقاً حيث ظهرت بمقتضى دمج هاتين التقنيتين عدة حقائق واكتشافات مفيدة للجنس البشري ومن هذه الفوائد:

- زيادة سرعة وسعة نقل البيانات في شبكات الاتصالات الحديثة.
- زيادة سعة دوائر الاتصال عبر الأقمار الصناعية وعبر الهواتف الخلوية مما أدى إلى انخفاض تكلفة الاتصالات بشكل كبير.
- أدت تكنولوجيا المعلومات الحديثة إلى نمو وارتقاء تقني لا مثيل له من قبل.
- أدت التقنيات الحديثة إلى خلق مفاهيم وأساليب جديدة فرضت تحديات لزيادة المعرفة والثقافة والتطور.

يوجد فجوة كبيرة بين الدول المتقدمة والدول النامية حيث تتسع هذه الفجوة كلّ يوم، لذا ينبغي تشجيع البحث العلمي والتطوير والابتكار مع الحرص على تبني تقنيات الدول المتقدمة ومحاولة فهمها واستيعابها وتطويرها بما يتلائم مع الظروف المحلية، حيث أن هذا التغير قد يؤثر على مستوى الحياة ونوعية المتطلبات مما يؤدي إلى مزيد من استخدام تقنيات المعلومات الحديثة مما يؤدي إلى ظهر تخصصات حديثة مع اختفاء كثير من المهن والتخصصات القائمة حيث تصبح عملية تغيير التخصص والوظيفة أكثر من مرة أمراً مألوفاً.

إن عملية إدارة المشاريع وتنظيمها بشكل فعّال يؤدي إلى النجاح المضمون لابدّ أن تبنى على بنية قوية من تقنية المعلومات وعلى فهم للوسائل العلمية التي تعتمد على المعارف والمهارات ومنها:

- فهم دقيق لبرامج الحاسوب والنماذج المختلفة والمستخدمة في عمليات اتخاذ القرارات ودعمها.

- استخدام النماذج الرياضية المبنية على الحاسوب للتنبؤ بسلوك النظم.

- الاستيعاب الكامل للأساليب الإدارية العلمية الحديثة مع الأخذ بعين الاعتبار النواحي الاقتصادية والاجتماعية من أجل صنع قرارات رشيدة في معالجة المشكلات الفنية والإدارية.

- معرفة معمقة بأساليب العلاقات الإنسانية للتحكم في استخدام الموارد البشرية بفاعلية وكفاءة.

- القدرة العالية على التعبير عن التصورات والتحكم في الاتصالات والتقنيات الحديثة من أجل الوصول إلى الأهداف المرحلية والنهائية.

- زيادة المعرفة في مختلف المجالات لمواجهة الطلب المتزايد على الأعمال التي تتطلب دراسة بينية في مختلف المجالات.

من أجل ذلك لابدّ للإدارة العلمية الحديثة الرقمية أن تتسم بالكثير من السمات والتي تخولها لقيادة الشركة والمشاريع الناجحة ومن هذه السمات:

- إدارة قادرة على الابتكار والتصور والتفكير من فكر مستقل.

- إدارة قادرة على استخدام التقنيات الحديثة في إدارة المعلومات.

- إدارة قابلة للتغيير وقابلة للإسهام في أحداثه.

- إدارة قادرة على التعامل مع أدوات العصر الحديث بحكمة وفاعلية كبيرة.

- إدارة قادرة على صنع قرارات رشيدة حكيمة لمعالجة مختلف المشكلات بطرق علمية.
- إدارة مرنة تتقبل مختلف الحلول والآراء.
- إدارة قادرة على تبني منهج علمي في إدارة المشاريع.
- إدارة قادرة على التعامل مع أفراد ذوي مهارات عالية بتقنية المعلومات وقادرة على استغلال المهارات بشكل فعّال.
- إدارة قادرة على تحفيز الأفراد للعمل بجد وجهد وباقصى طاقة وبأقل تكلفة.
- إدارة حكيمة تعتمد على الله أولاً وأخيراً وتعمل وفق الأحكام والأخلاق العلمية والمبادىء والقيم الإسلامية.
- إدارة مبنية على العدل والمساواة واعطاء الحقوق في وقتها.

2-10 منهج إدارة المشاريع Project Management Methodology:

من أجل أن تكون الإدارة ناجحة في تحقيق أهداف المشروع لا بدّ من أن تتبنى منهج علمي وواضح وهو عبارة عن عملية ذات طبيعة تكرارية يتمّ من خلالها التوصل إلى نظريات تمثل واقع منظومات التشغيل لغاية تحقيق أقصى فعالية ممكنة ولغايات تحقيق عمليات دعم وصنع القرارات. وإذا أمعنا النظر في مدى تقدم التقنيات الذاتية في منظومات التشغيل في الدول النامية وخاصة الدول العربية نجد أنها تعاني من ضمور في البنية الإنتاجية وهذا يرجع إلى السلوك الغير ناضج أو الغير مدرك وذلك في مختلف القطاعات الاقتصادية والصناعية والزراعية والتجارية والاجتماعية والمالية، حيث يعتمد على الإطار التقليدي في التنمية. وهذا كله ناتج عن قصور المعرفة للمنظومات الإنتاجية المتكاملة ووظائفها الرئيسية ومهامها الفرعية من تصميم وتصنيع وتنظيم وإلى مقوماتها الأساسية وعناصرها المهمة من مواد ومعدات وطاقات بشرية واقتصار الصناعات على

تجميع المكونات وسطحية الخبرة في التصنيع المتكامل دون التعمق في العمليات الإنتاجية من تشغيل وإدارة وضعف القدرة الابتكارية مما يؤدي إلى محدودية التغيير والتطوير والتجديد لذا نجد أن معظم الصناعات المحلية للدول العربية تواجه تحديات كبيرة مثل:

- عدم الالتزام بمعايير المواصفات القياسية العالمية للمنتجات.
- عدم التمسك بأساليب ضمان الجودة.
- قلة الدعم للأبحاث العلمية والسوقية.
- عدم التفكير في التوسع لغزو الأسواق الخارجية.

إن نجاح أي مؤسسة خاصة أو عامة يعتمد على خبرة وحكمة الإدارة على مختلف المستويات الإدارية وحيث أن التقنيات الحديثة تؤدي دورا مهماً في جميع عمليات التشغيل في المؤسسات فقد أدى استخدام وتوظيف التقنيات الحديثة من منظومات التصنيع المرن وتوظيف الروبوت في عمليات التصنيع الروتينية المتكررة وتقديم معدات تصنيعية مزودة بدوائر منطقية محوسبة وخطوط إنتاج ذات طاقة إنتاجية كبيرة مبنية على أجهزة حاسوب قابلة لتلقي التعليمات وحفظها وتنفيذها كلّ ذلك أدى إلى إحداث ثورة فكرية في إدارة المؤسسات.

قد أصبحت خصائص هذه المؤسسات قادرة على انتاج كميات كبيرة من السلع والخدمات أضعاف ما كانت بالطريقة التقليدية وبتكلفة أقل بكثير وأصبحت هناك طرق توزيع ذات كفاءة عالية التنظيم لذا تعتبر خصائص الأساليب الحديثة للتصميمات والعمليات الإنتاجية المناسبة تمثل الرؤية المستقبلية للعملية الإدارية.

إن المنهج الإداري السليم يجب أن يأخذ بعين الاعتبار أن الإدارة أو القسم يجب أن يعتبر منظومة متكاملة ومستمرة ومتزامنة لا يتعارض فيها الجزء مع الكل أي أن أي خلل في أي قسم لا بدّ أن يؤثر على باقي الأقسام والعمليات وهذا يعني

أنه لا بدّ من الاهتمام بالجزء والكلّ معاً وذلك في ظل نظام معلومات مبني على التقنيات الحديثة ذا فعالية وكفاءة عالية. لذلك فإن الإدارة تزاول وظائفها من تخطيط وتنظيم وتحليل ومراقبة بشكل فعّال وبدون تقصير أو ضمور بوجود الأسلوب الهندسي العلمي في معالجة المشكلات الإدارية وصنع القرارات التنفيذية ودعمها.

لذلك كلّه فإن الأسلوب العلمي للإدارة لابدّ أن يهدف إلى ما يلي:

• معالجة المشكلات اليومية بالقرارات المبنية على أنظمة معلومات فعالة.

• تخفيض عناصر التكلفة في جميع مراحل التصنيع والتغليف والتخزين والنقل.

• زيادة حجم الإنتاج مع الابقاء على نفس التكلفة الإجمالية.

• تقييم العمل ووضع المقترحات من أجل التطوير والتحسين في كافة العمليات في المؤسسة من مواد ومعدات وعمالة وغيرها.

• التوصيف والتنبؤ وتقويم النتائج التي يمكن الحصول عليها من أنظمة المعلومات الفعالة الشاملة.

• تنمية مهارات الموظفين والعمال على مختلف المستويات.

• خلق روح قوية للتعاون بين الإدارة والموظفين للتأكد من تنفيذ العمل طبقاً للاجراءات العلمية.

• توزيع العمل بين الإدارة والموظفين بحيث تقوم كلّ مجموعة بالعمل المؤهل له.

• استخدام الأسس العلمية والتي تؤدي إلى صياغة جديدة للمنظومات الإنتاجية وتحليل مدخلاتها وعمليات تحويلها ومخرجاتها.

إن الشركات على اختلاف أنواعها تواجه تحديات ومتغيرات ناتجة من التطور التكنولوجي السريع في الاتصالات والحاسبات والتي أصبح لها دور كبير

في الإدارة لذا فهي تتطلب برنامجاً طموحاً شاملاً يعتمد على عدة عناصر أساسية منها:

- تطبيق منهج علمي يهدف إلى تخفيض عناصر تكلفة الإنتاج والعملية الإدارية مع ضمان جودة السلعة المنتجة أو الخدمة المقدمة بالسعر المناسب للمستهلك.

- تنمية القوى البشرية لتصبح ذات معرفة علمية مع خبرة عملية تتوافق مع المتغيرات المستقبلية.

- استيعاب التكنولوجيا المناسبة وتوظيفها وتطويرها على مستوى المؤسسة لمواجهة التحديات والمتغيرات.

- وضع استراتيجية تسويقية علمية تضمن متطلبات وأذواق المستهلكين بمواصفات وجودة وسعر منافس.

إن التقدم الكبير في تقنيات المعلومات والاتصالات وبرمجيات الحاسوب أدى إلى تغير وسائل الإنتاج من ماكينات ومعدات إلى أفكار وبرمجيات ومن هياكل معدنية إلى نظم معرفية ومن آلات انتاج إلى آلات استنتاج حيث أصبحت هذه التكنولوجيا من وسائل الإنتاج التي تعالج البيانات والمعلومات والمعارف كمدخلات ذات قيم قليلة لتحويلها إلى منتجات نهائية من سلع وخدمات معلوماتية كمخرجات ذات قيم مضافة أو مواد وسيطة ليتناولها خبراء أو تستهلكها نظم معلومات أخرى لتعزيزها بمزيد من القيم المضافة حيث يختلف النظر إلى المعلومات مع اختلاف منظور من يتعامل معها فهي بالنسبة للإدارة العلمية الحديثة تعد أداة لدعم صنع القرار.

3-10 بحوث العمليات Operation Research :

إن الإدارة الفعّالة هي مصدر حيوي لأي عمل تجاري إذا أريد منه أن ينمو ويستمر في النجاح، حيث أن الإدارة الناجحة لا بد أن تكون على علم ودراية بكل المناهج والأساليب الحديثة في الإدارة.

إن بحوث العمليات هي أحد هذه الأدوات والتي هي عبارة عن عملية ذات طبيعة تحليلية يتمّ من خلالها التوصل إلى فهم واستيعاب ظواهر التغير في منظومات التشغيل بهدف تحسين وتطوير أداء هذه المنظومات وللمساعدة في عملية صنع ودعم القرار ودعمه، حيث أن بحوث العمليات تعنى باستخدام المنهاج العلمي لفهم وشرح ظواهر التغيير في منظومات التشغيل وذلك بتسجيل ظواهر هذه المنظومات وتطوير نماذج هذه الظواهر وتطويع بعض النظريات لتقدير ما يحدث تحت ظروف متغيرة ثم يأتي بعد ذلك عملية التحقق من دقة هذه التقديرات بمقارنتها بشواهد وقراءات وملاحظات ميدانية جديدة حيث تستمر هذه العمليات بهدف ايجاد وسائل تحسين كفاءة العمليات الجارية والمستقبلية.

بالرغم من وجود انجازات ضخمة في مجالات التطورات النظرية والتطبيقات العملية لبحوث العمليات، إلا أن هناك أيضاً نقداً واضحاً لتقصير بعض باحثي العمليات في الاهتمام بالتطبيقات والآثار الناتجة من هذه التطبيقات ومحاولة بعضهم وضع المشكلات الواقعية في قالب نماذج رياضية نمطية لا تتناسب بالضرورة مع احتياجات معالجة هذه المشكلات.

إن التقدم الكبير في تقنيات المعلومات مثل الحاسوب أدى إلى تشجيع باحثي العمليات على التمثيل الدقيق للمشكلات الواقعية حتى لو نتج عن هذا نماذج رياضية معقدة كما أن القدرة الحسابية الفائقة والناتجة عن السرعة الكبيرة للحاسبات وقدراتها التخزينية الكبيرة ساعدت وستساعد على حلّ كثير من النماذج الرياضية

المعقدة وساعدت على توليد معظم البدائل الممكنة لحلّ معظم المشكلات وللقيام بإجراء المقارنة بين هذه البدائل وفقاً لمعايير محددة واختيار أفضل وأمثل البدائل للوصول إلى حلّ للمشكلة رهن الدراسة. ولكن للأسف ينمو عدد هذه البدائل بمعدل متزايد للغاية يصعب تصورها حيث أنه كلما زاد حجم المشكلات وكبر تعقد النماذج زاد عدد البدائل المحتملة مما يتطلب اللجوء إلى العديد من المعادلات الرياضية المعقدة والتي تعتمد على حساب التباديل والتوافيق أو طرق الاحتمالات والإحصاء أو أساليب النمذجة الرياضية كنماذج البرمجة الخطية Linear Programming Models ونماذج تحليل الشبكات الخطية Network Analysis Models

إن عملية ظهور بحوث العمليات نتجت عن التطور الكبير في هذا المجال حيث كانت بدايته ونشأته في المجال العسكري لذلك فإنه يمكن تسلسل الأحداث التي أدت إلى نشأة بحوث العمليات وتطور تطبيقاتها العملية قبل وأثناء الحرب العالمية الثانية في كلّ من بريطانيا وأمريكا ومن ذلك:

- استخدام بحوث العمليات لتحسين قدرات أجهزة الرادار لكشف الطائرات على بعد يزيد عن 180 كم.
- استخدام بحوث العمليات لتحسين أنظمة الإنذار المبكر.
- استخدام بحوث العمليات للتعرف على الضوضاء الناتجة عن السفن تحت المياه لاستخدامها في تصميم جهاز يخرج نفس الضوضاء يمكن سحبه ليؤدي إلى انفجار الألغام الصوتية دون حدوث أضرار للسفينة وقد تمّ إنجاز المشروع بنجاح.
- استخدام بحوث العمليات في تحليل الدفاعات المضادة للغواصات حيث أدت بحوث العمليات إلى زيادة عدد غواصات العدو المصابة والغارقة إلى خمسة أضعاف.

ثم تمّ انتشارها فيما بعد لتغطي العديد من المجالات المدنية. فمع نهاية الحرب العالمية كان العلماء والأساتذة الـذين كـانوا يعملون في مجال بحوث العمليات في المجال العسكري عـلى عجلـة مـن أمـرهم للرجوع إلى مؤسساتهم وجامعاتهم من أجل استنباط عـدة نظريات رياضية وتطوير عدة أساليب كمية لمعالجة المشكلات في المؤسسات والشركات المدنية.

إن بحوث العمليات عبارة عن علم مستقل يتناول تطبيق المنهج العلمـي لفهـم وتفسير ظواهر التغير الذي قـد يطـرأ في منظومـات التشـغيل، الأمـر الـذي يبـرر ظهـور جمعياتها المهنية ودورياتها العلميـة في مختلـف الأقطـار والـدول ومناهجها الأكاديميـة ودرجاتها العلمية في مختلـف الجامعـات والمعاهـد وبرامجهـا التدريبيـة وأقسـامها التخصصية في مختلف المؤسسات والشركات ومن أهم النشاطات التي كانت مبنية في مجال بحوث العمليات في المجالات المدنية:

- البرمجة الخطية.
- نظم المحاكاة والنمذجة.
- التحليل الإحصائي.
- تخصيص قاعات الدراسة للمحاضرات وتخطيط المنشآت التعليميـة وتخصيص المـوارد التعليميـة وترشـيد القـوى البشـرية في مجال التعليـم وغيرها.
- جدولة علاج المرضى بالعيادات الخارجيـة وجدولـة عمليـات المستشـفى وتخطيط تشغيل بنوك الـدم وترشيد القوى البشـرية في مجال الرعايـة الصحية.
- دراسة خصائص التربة الزراعية ودراسة أثر العوامل الجوية عـلى معـدلات نمو النبات وتصميم سدود المياه وغيرها.

- التنبؤ بحجم الإنتاج وتخطيط الإنتاج وجدولة عمليات التصنيع وتحديد حجم فرق الاصلاح وتحديد مستوى العمالة وتوزيع المنتجات ونقل السلع وبرمجة صيانة الماكينات وتخصيص الأفراد وتحديد مستويات المخزون وتخصيص الموارد وخلط المواد وبرامج التسويق والإعلان.

- تخطيط الاستثمارات وتحليل السيولة النقدية وتحليل اندماج الشركات وتحليل الموازنات وغيرها.

- من المشكلات التي عولجت بأساليب بحوث العمليات، تخطيط القوى العامة وتقسيم المناطق إلى دوائر انتخابية، وتخصيص النواب والناخبين بكل دائرة وغيرها.

4-10 المحاكاة والنمذجة Simulation and Modeling :

إن عملية نمذجة الأنظمة ما هي إلا عملية ذات طبيعة تصميمية يتم ممن خلالها التوصل إلى نماذج رياضية تمثل أنظمة فعالة بغية دراسة ظواهر التغير والتنبؤ بسلوك هذه الأنظمة حتى يتسنى إدارتها ومعالجتها بشكل فعال، والنمذجة بشكل عام هي تعبير صادق عن طبيعة وخصائص الأنظمة بنماذج وصفية أو لفظية أو بيانية أو رياضية حيث يمثل تشكيل وتطوير النماذج أساس وجوهر الإدارة العلمية بشكل عام وبحوث العمليات بشكل خاص، والمقصود بالنموذج هو تمثيل مبسط وتقريبي للواقع، والنماذج تعتبر قلب المنهج العلمي لمعالجة المشكلات حيث أنها تصف كيفياً أسس العوامل والمشاهدات التي تؤثر في سلوك الواقع وتصف كمياً العلاقات والقياسات التي تعبر عن متغيرات الأنظمة حيث تستخدم هذه المشاهدات والقياسات من الواقع لتكوين نموذج مبدئي ثم تجري عليه الاختبارات والتحليلات لمقارنته بسلوك الواقع الحقيقي وبناء على ذلك تجري عليه بعض التعديلات الملائمة ويتكرر ذلك حتى يتوافق النموذج النهائي مع الواقع.

تستخدم النماذج في وصف مجموعـة مـن الأفكار وتقويم نشـاط معـين والتنبـؤ بسلوك نظام معين حتى قبل بناء النموذج وتكوينه وبذلك يمكن تـوفير الجهـد والوقت والتكلفة وأيضاً يساعد على الوصول إلى التصميم الأمثل بدون حاجـة إلى بناء الواقع بحجمه الطبيعي ويعمل عـلى تجنب أسباب الفشل الباهظة التكـاليف ويـؤدي إلى التوصـل لطرق تحسـين الأداء في مختلـف الأنظمة. ويعتمـد بنـاء الأنظمـة التـي تمثل النشاطات الجديدة بالاعتماد المباشر عـلى قـدرة الإنسـان عـلى التـحكم في بيئتـه وعـلى إمكانياته في بناء أو إيجاد نماذج لأنماط أنشطة الحياة المختلفة التي تتميـز بهـا تلك البيئة.

إن عملية بناء النموذج يعد وسيلة مهمة لرؤية الواقع حيـث أن محاولـة وصـف واقع ما هو إلا إعداد نمـوذج أولي لهـذا الواقع وإنه لمـن الممكن تصميم الكثير مـن النماذج الرياضية التي تمثل أنظمة علمية لمعالجة مشكلات واقعية.

ومن أشهر النماذج المستخدمة في بحوث العمليات:

- نموذج المسار الحرج
- نموذج الطريق الأقصر
- نموذج ضبط المخزون
- نماذج محاكاة الأنظمة Simulation system Model

- نموذج المسار الحرج:

من أشهر النماذج المستخدمة في بحوث العمليات نمـوذج المسـار الحرج حيـث يمثل هذا النموذج شبكة تتضمـن مجموعـة مـن الأنشطة بأحداثها التـي تعـبر عـن تسلسلها وتتابعها وترابطها وتداخلها وتبدأ الشبكـة بحلقـة تمثل بـدء المشروع وينتهـي بحلقة تمثل نهاية المشروع. ويمكن إضافة أنشطة وهمية بين الأحداث المختلفة بالشـبكة وذلك للمحافظة على التسلسل المنطقي للأنشطة وأحداثها ويجري تحديد

الوقت المبكر والوقت المتأخر للأحداث المختلفة وكذا تحديد الزمن الراكد لجميع الأحداث وبالتالي يمكن تحديد الأحداث الحرجة التي قد تؤثر على استكمال المشروع في الوقت المحدد ويمثل المسار الحرج الذي يمر بالأحداث الحرجة أطول وقت يمكن فيه تنفيذ المشروع.

• **نموذج الطريق الأقصر:**

يعتبر هذا النموذج شبكة تتضمن مجموعة من الحلقات تسمى عقداً متصلة بأقواس أو وصلات وتسمى إحدى العقد بالمصدر والعقدة الأخرى المصب ويكون الهدف هو تحديد المسار الذي يصل بين المصدر والمصب بحيث يكون مجموع التكلفة المتصلة بالأفرع في المسار أقل ما يمكن، ومن التطبيقات العديدة أن أحد الأفراد يسكن في مدينة معينة ويعمل في مدينة أخرى ويبحث عن طريق بري يجعل وقت القيادة أقل ما يمكن وقد سجل هذا الشخص وقت القيادة بالدقيقة على الطرق السريعة بين المدن المتوسطة حيث يمكن تمثيل هذه المدن بعقد والطرق السريعة بالأفرع وتكون التكلفة المرتبطة بالأفرع هو وقت السفر والمصدر هو المدينة التي يعيش فيها والمصب هو المدينة التي يعمل بها والهدف هو البحث عن أقصر طريق.

• **نموذج ضبط المخزون:**

تعد نماذج ضبط المخزون في المؤسسات الإنتاجية من أهم المشكلات التي تواجهها الإدارة لأنه توجد عوامل متضاربة وضاغطة على زيادة أو نقصان مستويات المخزون سواء كانت مواد خام أو مواد أولية أو منتجات حيث يكون الهدف من النماذج الرياضية هو عملية ضبط المخزون ليتم تحديد الحجم الأمثل للطلب سواء كان للشراء مباشرة أو للتصنيع داخلياً وكذا تحديد نقطة إعادة الطلب بشرط أن تكون التكلفة الكلية أقل ما يمكن حيث تشمل التكلفة الكلية عادة:

- تكلفة إعداد الطلبية
- تكلفة التخزين.

- **نماذج محاكاة الأنظمة Simulation system Models:**

تتميز النماذج الرياضية بمقدرتها على التعبير عن روح وجوهر الأنظمة قيد الدراسة والمعالجة وعلى ربط العلاقات الأساسية بين مختلف العناصر بأساليب واضحة إلا أن هناك العديد من المشاكل المعقدة التي عادة ما يصعب تمثيلها بنماذج رياضية لذلك يمكن اللجوء إلى نماذج المحاكاة التي تعتمد على فكرة محاكاة الأنظمة قيد الدراسة من خلال تقليد طريقة أدائها وسلوك التفاعلات التي تجري بين عناصرها وبذلك يمكن محاكاة النظام الحقيقي بأنظمة نظرية حتى يمكن التنبؤ بسلوكها وتفاعلاتها ويستخدم في ذلك الحاسبات الألية حتى يمكن إخراج صورة مطابقة للأنظمة الحقيقية والتوصل إلى نقاط الضعف فيها لمعالجتها.

5-10 مهام الإدارة Management Functions:

إن من أهم الأمور في العملية الإدارية هو عملية الفهم الواضح لماهية الإدارة وما هي مهامها ووظائفها بغض النظر عن حجم أو النشاطات المؤسسة أو حجم النشاطات لكل قسم أو دائرة في المؤسسة، إن عمل أي مدير في الأغلب يتضمن مظهرين أساسيين هما:

- **المظهر التقني أو الوظيفي Technical Aspect:**

إن هذا المظهر يتعلق بالعمل الذي سوف يتمّ تنفيذه في قسم أو دائرة معينة ضمن المنظمة أو المؤسسة والذي هو تحت مسئولية هذا المدير.

- **المظهر الإداري Managerial Aspect:**

وهذا المظهر يتعلق بالجانب البشري أو الإنساني والذي يقوم حقيقة بتنفيذ الأعمال في قسم أو دائرة ما والذي هو تحت مسئولية هذا المدير.

إن المظهر التقني يختلف تطبيقه من مدير إلى آخر حيث أن عمل مدير المصنع أو مدير المبيعات يختلف عن عمل المدير المالي أو مدير المكتب حتى أن الأداء التقني أو المهمة الفنية لنفس المدير قد تختلف من شخص إلى آخر ومثال على ذلك أنه يمكن لشخصين أن يقوما بعمل الشاي بطريقتين مختلفتين إلا أن نتيجة العمل تكون بنفس الهدف وهو انتاج إبريق الشاي.

إن عملية إدارة الأفراد تعتبر فن حيث أن التنبؤ بأعمال الناس عملية صعبة وغير قابلة للتنبؤ لذا يعتبر المظهر الإداري يتطلب مهارة كبيرة في القيادة حيث أن الأفراد في المؤسسات يتطلب انجاز أعمالهم العديد من النشاطات والتدريب والنصح والتوجيه والتحفيز والمراقبة والتنظيم،حيث أنه لا بد أن تكون أعمالهم منظمة ومنسقة ومرتبطة بعضها مع بعض كفريق عمل موحد من أجل تحقيق الأهداف الموضوعة بطريقة فعالة وبأقل تكلفة ممكنة.

إن الهدف لا بدّ أن يكون إما الإنتاج أو مبيعات عنصرـ أو عناصر ما أو تقديم خدمة بشكل فعّال حيث أنه فقط المدير الماهر يستطيع أن يقوم بدمج أعمال كلّ الفريق لكي يقوموا بعملهم بجدّ وبنشاط وبأقل تكلفة ممكنة. إن المظهر الإداري لكلّ عمل مدير يمكن تقسيمه بشكل واسع إلى ستة وظائف أو نشاطات إدارية لا بدّ أن يقوم بها كلّ مدير سواء كان مدير مبيعات أو مدير مكتب أو مدير مصنع أو مدير مشروع ...الخ.

إن مسئولية الإدارة في مواجهة التحديات والمتغيرات تتمثل في أداء وظائفها ومهامها الرئيسية، ولكي تستطيع الإدارة القيام بوظائفها ومهامها وتتصرف التصرف الإداري الملائم وفي الوقت المناسب إزاء المتغيرات سواء كان في المدخلات أو التحويلات أو المخرجات والتي تحكمها ظروف البيئة المحيطة داخلياً

وخارجياً فإنه من الضروري التسلح بالعلوم والفنون الإدارية بالإضافة إلى المهارات الفنية والإنسانية والإدارية.

ومن الأساليب والوسائل التي تساعد على انجاح إدارة المؤسسات الإنتاجية هو استخدام تقنيات الحاسوب في معالجة البيانات الرقمية مثل:

- قوائم المرتبات.
- حسابات العملاء.
- معالجة المعلومات لاستخراج المؤشرات الاحصائية.
- استخدام النظم الخبيرة لتشخيص المشكلات وقراءة الخرائط والمخططات.

أما أهم الوظائف الادارية والتي يجب أن يقوم بها المدير مهما كان نـوع العمـل الذي تقوم به المنظمة فهي:

1. **التخطيط ووضع الخطط**: وهو يتعلق بتحقيق الأهداف والسياسات والبرامج.
2. **التنظيم**: وهو يتعلق بتحديد الاختصاصات والاتصالات لتحقيق الأهداف.
3. **التنسيق**: وهو يتعلق بالعمـل الجماعـي وتـوفير الاتصـالات اللازمـة بـين كافـة الأطراف.
4. **التحفيز والتشجيع**: تشجيع الأفراد على العمل بأقصى طاقة وبأقل تكلفة.
5. **المراقبة**: وهي تتعلق بتحقيق الأهداف بكفـاءة وفاعليـة عـلى المسـتوى الكـلي والجزئي وبها تكمن دورة العمليـة الإداريـة كمنظومـة تعتمـد عـلى المعلومـات الراجعة الدقيقة.
6. **التحليل**: وهو يتعلق بتقويم العمليات المساعدة المتداخلة.

أولاً: التخطيط والخطط:

وهي من أهم الوظائف الإدارية التي تتطلب من المدير أن يقرر كيفية تحقيق الأهداف الموضوعة للمشروع أو لدائرة في المؤسسة بطريقة اقتصادية وفاعلة وكما تـمّ وضع تصاميمها في الخطط الموضوعة.

إن عملية التخطيط هي النشاط الـذي مـن خلاله يـتمّ صـنع أو وضع وتشكيل الخطط حيث أن هذه الخطط تمثل خارطة الطريق إلى تحقيق الأهداف. فعنـدما يـتمّ وضع الأهداف لمشروع أو مؤسسة ما فإن عملية التخطيط تصبح ضرورية لبيـان كيفيـة تحقيـق هـذه الأهـداف ضـمن أطـر العمـل والسياسـات التـي تـمّ وضـعها. إن عمليـة التخطيط عملية ضرورية في الإدارة وفي كلّ نواحي الحيـاة فنحن كـأفراد لا بـدّ لنا مـن التخطيط حتى لأبسط العمليات وكمثال على ذلك فإن عملية التسوق تحتاج إلى وضع خطة يتم فيها تحديد العديد من العناصر مثل:

- ما هو الطريق الذي يجب أن أسلكه لكي أذهب إلى المتجر؟
- ما هي وسيلة النقل التي يجب أن استقلها للوصول إلى المتجر؟
- ما هي المنتجات التي يجب أن أشتريها؟
- ما هي المتاجر التي يجب أن أزورها مرتبة بأولوية معينة؟
- ما هي الطريق التي يجب علي الرجوع فيها إلى البيت.... الخ؟

إن عمليـة التخطيط في الشركـات مبنيـة عـلى المسـتويات الإداريـة والتـي يمكن تقسيمها إلى ثلاثة مستويات أساسية هي:

1. الإدارة العليا.
2. الإدارة الوسطى.
3. مدير التشغيل أو عملية الإشراف.

1- الإدارة العليا:

إن الإدارة العليا والتي تكون مسئولة عن عمليات التخطيط الاستراتيجي البعيد المدى تمثل بالأفراد الأكبر سناً أو ذوي الخبرة الطويلة في إدارة الشركة. في الأعمال التجارية على سبيل المثال فإن الإدارة ا لعليا في أي مؤسسة تعمل على وضع الخطط الاستراتيجية البعيدة المدى مثل الخطة الخمسية أو العشرية أي وضع خطط لما ستكون عليه المؤسسة من الأن ولغاية خمسة أو عشرة سنوات، حيث أن هذه العملية تسمى بالتخطيط الاستراتيجي والذي يهدف إلى وضع الأهداف التي تتعلق بالشركة لسنتين أو ثلاثة أو خمسة أو حتى عشرة سنوات وتتم فيها أيضاً وضع السياسات المتعلقة بالعمل التجاري مثل نظام البيع والشراء والعقود ونظام التعاقد مع الموظفين ونظام العقاب والمكافأة وغيرها من سياسات الشركة. حيث أن هذا التخطيط عادة يتعلق بشكل أساسي بوضع الشركة أو المشروع بشكل عام وليس لكلّ قسم أو دائرة منفردة.

إن أعضاء الإدارة العليا هم المسئولون عن عملية التخطيط الاستراتيجي أو التكتيكي ويعني كيفية تحقيق الأهداف الإستراتيجية للشركة أو المؤسسة وهذا يتضمن وضع خطط قصيرة المدى يمكن أن يصل مداها إلى سنة واحدة.

2- الإدارة الوسطى:

وهي الإدارة التي تكون وظيفتها الأساسية وضع الخطط لما لا يزيد عن عام واحد فقط فعلى سبيل المثال تكون مسئولية العميد في كلية تقنية المعلومات لجامعة ما أن يعمل على وضع الخطط اللازمة و الضرورية وتوفير كل المصادر الضرورية للعملية التعليمية خلال فصل دراسي أو سنة دراسية كاملة فيجب عليه أن يوفر كادر الهيئة التدريسية بشكل كامل وتجهيز القاعات وتوفير البيئة المناسبة لنجاح العملية التعليمية خلال الفصل. إن هذه الإدارة تقوم بتنفيذ الخطط

الاستراتيجية التي تمّ وضعها من قبل الإدارة العليا وذلك بوضع خطط قصير المدى من الممكن أن يتراوح بين الشهر والسنة الواحدة.

3- مدير التشغيل أو عملية الإشراف:

حيث تكون مسئولية المشرف أو المدير في هذه المرحلة التأكد من العمل اليومي ووضع الخطط اليومية من أجل سير العمل بشكل طبيعي وبدون توقف. فعلى سبيل المثال تكون مسئولية المدير في هذا المستوى التأكد من أن كافة الموظفين والعمال قد حضروا إلى المؤسسة وقاموا بإنجاز أعمالهم بشكل تام والتأكد من أن كلّ الأجهزة والماكينات تعمل بشكل طبيعي فإذا ما حدث أن تغيب أحد العمال أو تعطلت إحدى الأجهزة الموجودة في المؤسسة فهنا يجب على المدير أن يضع خطة فورية لاصلاح الخلل الذي وقع وبشكل سريع.

إن عملية التخطيط لا بدّ من أن تكون مرنة من أجل أن يتمّ تعديلها وتحسينها بشكل سهل وسريع فعلى سبيل المثال:

ربما قرر مدير خدمات تقنية المعلومات كيفية قيام موظف ما بتغطية عمل موظف آخر يكون في إجازة، حيث قام بالتخطيط وإعادة الترتيبات اللازمة من أجل اتمام العمل بشكل مطلوب، ولكن وعلى فرض أن موظفاً آخر سقط مريضاً واضطر إلى اعطائه إجازة مرضية هنا يوجد موظفين غائبين لذا يجب عليه أن يقوم بتغيير الخطط وتحديد كيفية إعادة جدولة العمل بوجود موظفين غائبين.

إن العديد من عمليات التخطيط الروتينية هي عمليات تلقائية محوسبة تتطلب أداءً بسيطاً من المدير حيث أن معظم قراراته سوف تكون مبنية على أدائه السابق وخبراته السابقة في إدارة المشروع وأيضاً هناك العديد من الخطط التي تتطلب العمل الشاق في البحث والتحري قبل اتخاذ القرار وهذه تحتاج إلى العديد من

الدراسـات وجمـع المعلومـات وعقـد الاجتماعـات مـن أجـل الوصـول إلى القـرار الصائب.

ثانياً: التنظيم Organizing:

بعد أن يتمّ وضع الخطط وتمّ وضع اطار العمل يجب على المـدير القيـام بعمليـة التنظيم للمصادر المادية للمشروع أو المؤسسة مثل:

- مصادر القوى البشرية.
- المواد والأدوات.
- المعدات و الأجهزة.
- مواقع العمل والأثاث وغيره.

إن عملية التنظيم تتطلب ليس فقط القيام بتوجيه واعطاء التعليمات لعـدد مـن الموظفين لبدء العمل بل تتطلب العديد من التجهيـزات والاعـدادات الضـرورية لإكمال العمل ونجاح المشروع منها:

- يجب أن يكون هناك عدد من الموظفين ضروري لتنفيذ كلّ العمل الضروري.
- كلّ موظف يجب أن يعرف ما هو عمله بالضبط وعند الضرورة يجـب اعطـاءه التدريب المناسب لتنفيذ العمل وكيف يعمل وينجز العمل ومتى يجب أن يتم العمل... الخ.
- كلّ المواد والأدوات التي يجب أن يتمّ استخدامها وتكون ضرورية لانجاز العمل لا بدّ من توفيرها في الوقت المناسب والمكان المناسب وبالكمية المناسبة.
- كلّ الخدمات والمنافع الضرورية يجب توفيرها مثل الكهربـاء، والماء، والوقـود ... الخ.

- يجب أن يتمّ توفير أفضل الأجهزة والمعدات ضمن المصادر المالية المعقولة للمؤسسة وأن تقوم بعملها على أفضل وجه بدون تعطيل أو توقف كما يجب أن يتمّ توفير التدريب للموظفين عليها عند الضرورة.
- يجب أن يتمّ توفير كلّ المستهلكات مثل الأقراص والأوراق والملفات وغيرها من أدوات كحبر الطابعة يجب، أن تتوفر بالوقت المناسب والمكان المناسب.

إذن يبدو أنه من الواضح أن عملية التنظيم يمكن تلخيصها على أنها عملية إدارية لتأكيد توفر ووجود الموظف المناسب والمواد المناسبة والمعدات الصحيحة في المكان المناسب في الوقت المناسب وفي الكمية المناسبة حتى يتم إنجاز العمل بالشكل مناسب يسير وفق الخطط الموضوعة بدون تأخير أو توقف أو عقبات.

ثالثاً: التنسيق:

إن عملية التنسيق قريبة ومرتبطة جداً من عملية التنظيم حيث أن عملية التنسيق ضرورية جداً من أجل نجاح عملية التنظيم، لذا فإن عملية التنسيق تتطلب التأكيد على أن كل الجهود والطاقات في الشركة تعمل معاً بشكل تام وفي نفس الاتجاه من أجل تحقيق الأهداف العامة للمشروع.

إن عملية التنسيق هي عملية ضرورية لكلّ من الإدارة العليا والوسطى وعمليات الإشراف فعلى سبيل المثال فإن المدير العام يجب أن يعمل على تأكيد أن النشاطات والجهود والطاقات لكلّ الأقسام في الشركة تسير بشكل متوازن وبتعاون كبير فعلى سبيل المثال لا بدّ أن يكون هناك تنسيق بين كلّ أقسام الشركة من أجل القيام بالعمل فقسم المبيعات يجب أن يعمل بالتنسيق مع قسم الإنتاج ومع قسم المحاسبة والتسويق وذلك بدوام الاتصال بين كلّ الأقسام لذا لا بدّ من أن يكون هناك وسائل اتصالات فعالة بين الأقسام لتسهيل العمل والتنسيق فيما بينهم.

إن عملية التنسيق لا تحصل ببساطة لوحدها بل يجب أن يتمّ التخطيط لها. إن العلاقة بين التخطيط والتنظيم والتنسيق يمكن ملاحظتها من الشكل التالي 10-2:

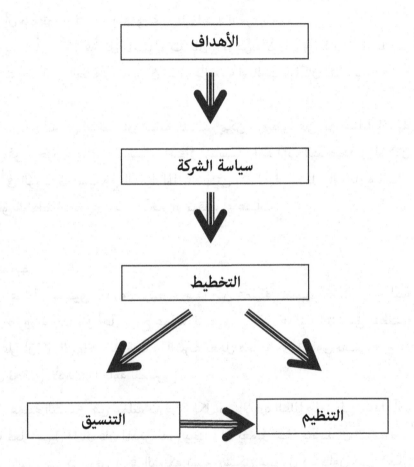

الشكل 10-2: العلاقة بين التخطيط والتنظيم والتنسيق

- **التحفيز والتشجيع:**

إن عملية التحفيز هي عملية مباشرة تتعلق بالقوى البشرية التي تعمل في مشروع معين وهي تتطلب وتتعلق بتشجيع كل الأفراد المعنيين لكي يعملوا بشكل جيد وبجد وبنشاط بإرادتهم وفي طريقة اقتصادية ليعملوا لمصلحة الشركة ومصلحتهم.

إن أهداف المشروع سواء كانت محوسبة أم لا يمكن فقط تحقيقها من خلال الجهود التي يقوم بها هؤلاء الأفراد لذا يحتاج هؤلاء الأفراد إلى حافز وتشجيع من أجل أن يقوموا بعملهم على أكمل وجه. إلا أن هذا التحفيز أو الحافز قد يختلف من فرد إلى آخر أو من مجموعة من الموظفين إلى أخرى لذا يجب على المدير أو المشرف أن يعرف كيف يقوم بوضح الحافز المناسب لكل فرد أو مجموعة من الموظفين ومن الحوافز التي يمكن توظيفها ما يلي:

- صرف المكافآت المالية حيث أن هذا الحافز يعتبر من أكثر الحوافز تأثيراً للعديد من الأفراد، حيث أن العديد من الأفراد يطمحوا أن يحصلوا على المزيد من الذين وظّفوهم (موظفيهم) ليس فقط المال بل الرضاء أو الأمن الوظيفي أو القيام بالعمل الذي يفضلونه ويستمتعون بأدائه والذي يشعرهم بأن مهاراتهم وامكانياتهم قد تمّ استخدامها وتوظيفها على اكمل وجه.

- العديد من الأفراد يطمحون إلى أخذ المزيد من الدورات والتدريب وزيادة مهاراتهم ومعرفتهم وهذا يعتبر حافزاً كبيراً بالنسبة لهم.

- بعض الأفراد يفضل أن يعمل من ضمن مجموعات أو فريق عمل.

- بعض الأفراد يطمحون إلى المزيد من الترقيات أو اكتساب المراكز الوظيفية الأعلى والتي فيها المزيد من السلطات والصلاحيات المعطاه لهم حيث أنهم سوف يقومون بعملهم بجد ونشاط ليثبتوا تحملهم لهذا المنصب والمسئولية الجديدة.

- بعض الأفراد يهتم كثيراً بالاعتراف فيه ويهتم كثيراً بالمعاملة والشعور فيه.

- بعضهم يحفزه العمل باعطائه ومنحه الإجازات المتكررة والتي تعمل على تجديد نشاطه في المؤسسة.

- بعض الأفراد يرغبون كثيراً بالأعمال التي تبعدهم كثيراً عن الأعمال المكتبية أو الأعمال الروتينية وبعضهم يرغب بالعمل وفق الروتين وبنفس العمل طوال الوقت.

لذا نستطيع أن نرى فإن مدى المحفزات يمكن أن يكون كبيراً لذا على المدير أن يرى الطريقة المناسبة لكل فرد أو مجموعة من تحفيزهم وتشجيعهم على العمل وهذا يتطلب تحفيز مختلف الأفراد بوسائل مختلفة.

إن عملية التحفيز تتطلب أيضاً بناء جو عمل جيد مبني على روح الثقة والتعاون بين الإدارة والأفراد، إن ظروف العمل الجيدة تساعد كثيراً على بناء علاقات عمل ممتازة تخدم مصلحة الشركة والأفراد على حد سواء.

يجب أن يكون في الشركات طريقين للاتصال بين الأفراد والإدارة وبين كلّ الأفراد في المؤسسة باستخدام كافة التقنيات المتوفرة والحديثة مثل:

- الهاتف الثابت والنقال.
- البريد الالكتروني الداخلي.
- الاتصال ا لمباشر بين الأطراف.
- استخدام الحاسوب (الدردشة، مؤتمرات الصوت والنص والفيديو،...الخ).

إن الأمن الوظيفي مهم جداً لخلق بيئة من العمل الفعال، ويعمل على تشجيع الأفراد لكي يقوموا بعملهم على أكمل وجه حيث أن التهديد من الممكن أن يؤدي على المدى القصير إلى زيادة العمل ولكن على المدى البعيد فإنه يشكل خطر وتهديد للشركة حيث أنه لا يوصى به للإدارة وعلى جميع المستويات حيث يؤدي إلى هروب الأفراد وبحثهم عن شركات أخرى.

إن الأفراد يأملون وينتظرون أن ينظر إليهم ليس فقط كأجهزة ومعدات تقوم بعمل ما بل كإنسان له مشاعر وأحاسيس لا بدّ من مراعاتها لذا فهو من المهم لكل

هؤلاء الذين يتعلق عملهم بـالإدارة والإشراف أن يفهمـوا أن التحفيـز النـاجح مـن قبـل المدير الجيد ينتج عنه معايير من الانضباط الـذاتي للأفـراد حيـث عنـدما يكـون للأفـراد احترام وتقدير فإنهم سوف يكونوا على درجة كبيرة من الإخـلاص لمـدرائهم لـكي يقومـوا بعملهم بشكل جيد وبإرادتهم وبدون الحاجة إلى مراقبة مستمرة عليهم.

المراقبة:

إن المراقبة هي عملية إدارية تهدف إلى فحص ما إذا تمّ التخطيط لـه قـد تحقـق بشكل حقيقي وفعّال، وعند الضرـورة تضـمن المراقبـة إن الإجـراءات المناسـبة قـد تـمّ أخذها بعين الاعتبار وأن العمل قد تمّ انجازه بدون تأخير.

ومن خلال اطار العمل هذا فإنه من الممكن أن نرى بأن:

- عمل كلّ المـوظفين يجـب أن يـتمّ الإشراف والمراقبـة عليـه والاسـتمرار بتقـديم المزيد من الارشاد والتوجيه والتعليمات والتدريب عند الحاجة من أجل أن يتمّ العمل على وجهه الأكمل.
- كلّ العمليات والتعاملات التجارية لا بدّ مـن تـدقيقها والتحقيـق فيهـا وقيـاس أداءها ونتائجها لما تمّ وضعه في الخطط ومدى توافقها مـع المعـايير والمقـاييس الدولية.

إن المراقبة تتضمن التأكيد عـلى أن المـوظفين يقومـون بـأداء العمـل المنـوط بهـم بحسب الطريقة الموضوعة بـدون ضـياع للوقـت أو المصـادر أو ضـياع للجهـد أو المـواد حيث يتطلب ذلك ليس فقط عملية التوجيـه والارشـاد بـل الإشراف والإدارة بحيـث أن جهود هؤلاء الموظفين يتمّ استثمارها لتحقيق النتائج المرجوة وهذا كلّه يتطلب:

- تدقيق العمل.
- التدريب والتعليم والارشاد والتوجيه.
- التشجيع والتحفيز.

إن كلّ الموظفين من البشر- لذلك تكون جهودهم محدودة ولا يمكن ببساطة تشغيلها أو اطفائها كما تشغل أو تطفىء جهاز التلفاز حيث أنهم يتطلعوا ويعتمدوا اعتماداً كبيراً على الإدارة والتوجيه والإشراف.

إن عملية الرقابة تتطلب أيضاً عملية الحفاظ على سجلات الموظفين وأدائهم كنظام معلومات محفوظ في الحاسوب بحيث يتمّ تدوين كلّ نشاطات الموظفين واخطائهم وانجازاتهم في الحاسوب من أجل الرجوع إليها عند الحاجة لاتخاذ قرار معين، إن مثل هذه السجلات تتضمن العديد من المعلومات مثل:

- المبيعات.
- الإنتاج.
- المخرجات.
- الابداعات.
- ساعات العمل.
- التجاوزات والغياب والتأخير... الخ.

إن كلّ هذه المعلومات ضرورية من أجل اصدار التقارير والتي تزود معلومات حيوية تساعد الإدارة العليات على إجراء عمليات التحليل من أجل اتخاذ القرارات المناسبة، حيث أن الحاسوب يلعب دوراً كبيراً في عمليات الحفاظ على السجلات وعمليات اصدار التقارير والتحاليل والتي تجعل من عملية اتخاذ القرار عملية فعالة وناجحة.

سادساً: التحليل:

إن الحاسوب يلعب دوراً كبيراً في عمليات حفظ واسترجاع المعلومات وإصدار التقارير والمجاميع المتعلقة بكافة العمليات التجارية حيث أنه يتوفر في الأسواق حالياً برمجيات كثيرة ومتعددة تساعد المدير في كلّ وظائفه وتساعده في

اتخاذ القرارات المناسبة وفي الوقت المناسب إلا أنه من الضروري على المـدراء أن يتذكروا دائماً:

- أن الكمبيوتر عبارة عن أداة فقط تساعد العملية الإدارية بشكل كبير وفعّال.
- أن الحاسوب لا يمكن أن يكون بديلاً عن العنصر البشري لقيادة المشروع.
- أن الحاسوب لا يمكنه أن يلعب دور المدير وأن يقوم بالوظائف الإدارية الستة التي تمّ شرحها أعلاه بل هو أداة لا بدّ مـن استخدامها مـن قبـل كافة الأفـراد والإدارة على اختلاف مستوياتها من أجل توفير الوقت والجهد والمال ومن أجل الحصول على المعلومات في الوقت المناسب من أجل المساعدة في اتخـاذ القـرار بكلّ شفافية ويسر وفعالية.

الفصل الحادي عشر

استخدام تقنيات الإنترنت في التطوير

محتويات الفصل:

الفصل الحادي عشر

استخدام تقنيات الانترنت في التطوير

Internet Technology And Change

الأهداف التعليمية لهذا الفصل :

يهدف هذا الفصل إلى تقديم أهم التقنيات المتطورة في الشركات العصرية الرقمية ومن ضمنها الانترنت والتي تستخدم كقاعدة وأساس العديد من الأعمال التجارية والالكترونية وكوسيلة اتصالات فعّالة في العملية الإدارية، حيث يفصل هذا الفصل أساس الشبكات والبنية التحتية لها وشرح للكثير من القضايا والمصطلحات المهمة.

بعد إتمامك لهذا الفصل سوف تكون قادراً على:

- التعرف على مفهوم الانترنت والانترانت والاكسترانت

- التعرف على مدى التجارة الالكترونية وخصائصها العامة.

- التعرف على تقنية البنية التحتية للتجارة الالكترونية.

- التعرف على كيفية التخطيط لبناء الانترنت ودور الاتصالات والبريد الالكتروني في التجارة الالكترونية.

- التعرف على مفهوم مبدأ الخادم/عميل وعملية الدعم الفني والإداري لهذا المبدأ.

- التعرف على دور كلّ من الانترانت والاكسترانت في التجارة الالكترونية.

- التعرف على بعض النقاط المهمة والتي يجب أخذها بعين الاعتبار عند تبني التجارة الالكترونية.

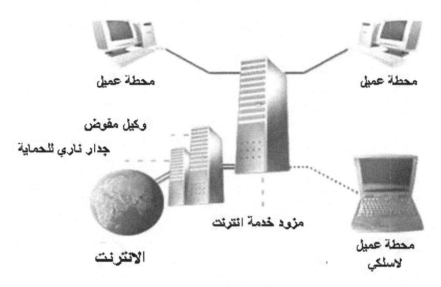

شكل 11-1: الانترنت

1-11 مقدمة:

إن عملية التغيير والتطوير في المنظمات من أجل الوصول إلى الجودة المنشودة وتحقيق كافة الأهداف تتطلب عمليات توصيل المعرفة بين الأفراد، ومؤكد أن عملية التغيير يجب أن يتم تطبيقها حتى تصبح مفيدة حيث أنه كلما كان تطبيق عملية التغيير بشكل أوسع كانت الفائدة للمؤسسة أكثر، إن مثل هذا التطبيق في إدارة التغيير يأتي من عملية توصيل للمعرفة على طبيعتها أو على شكل يتمّ تمثيله الكترونياً إضافة إلى ذلك فإن إدارة التغيير تستفيد من المساهمات العالمية والتي من الممكن تحصيلها من وسائل الاتصالات المختلفة حيث أنه سوف يتمّ التطرق إلى العديد من تقنيات الاتصالات والتي تسمح بزيادة فاعلية توصيل المعرفة للمنظمات والأفراد.

في العصر الحديث وفي عصر ما قبل المعلومات كانت هناك طريقتين للاتصالات يتمّ تفعيلها عبر خطوط الهاتف حيث أنه من الممكن للأطراف المتصلة عبر الهاتف التحدث معاً وفي نفس الوقت وفي الوقت الحقيقي كما لو أنهما يتقابلان وجه لوجه وهذه طريقة اتصالات جيدة كانت متوفرة في ذلك الوقت.

وفي بيئة الأعمال التجارية للعصر الحديث أصبحت هناك العديد من الوسائل الرقمية والتي تستخدم للتواصل بين الأطراف حتى وإن لم يكونوا متواجدين للرد على الهاتف مثل استخدام جهاز الرد الآلي والذي أصبح شائعاً ومستخدماً بشكل كبير وقد بقيت الاتصالات محدودة إلى أن ظهرت الحاسبات الالكترونية الرقمية والانترنت والشبكة العنكبوتية حيث أوجدت ثورة في الاتصالات ومشاركة المعلومات عبر شبكات الحاسوب السلكية واللاسلكية.

11- 2 الانترنت والاكسترانت Internet and Extranet:

- **ما هي الانترانت؟ What is Intranet?**

إن الكثير من الشركات الصغيرة استفادت وتمتعت كثيراً بفوائد العمل عبر بيئة الشبكات المحلية الانترانت وذلك لأنهم وجدوا طريقة جديدة للتعاون والتنسيق فيما بينهم أثناء العمل وعلى مدار الساعة، إن الانترانت ببساطة هي مجموعة من أنظمة توزيع للمعلومات Information Distribution Systems تقوم بتطبيق تكتولوجيا الانترنت والمعايير الخاصة بها عبر شبكة محلية داخلية للشركة أو المؤسسة، إن هذه الشبكة تربط كلّ مصادر الشركة من معلومات وملفات وقواعد بيانات وأجهزة مثل الطابعات والماسحات الضوئية وأجهزة الفاكس مودم وبرامج مثل البريد الالكتروني المحلي وغيرها بحيث يتمّ تبادل المعلومات وتداولها بطريقة منظمة كلّ حسب صلاحيته المعطاه له. إن شبكة الانترانت تعتبر طريقة مثالية لأداء العمل الجماعي بطريقة سهلة وسريعة وشيقة.

إن الانترانت ما هي إلا مشروع للاتصالات بين الموظفين في الشركات وفي مختلف الأقسام والأفرع المختلفة للشركة، ولا بدّ من وجود فريق فني كامل للشبكة يتكون هذا الفريق من:

- **مدير للشبكة Administrator** كي يقوم بكلّ العمليات المطلوبة مثل عملية اعطاء اسماء الحسابات accounts والكلمات السرية Passwords وحلّ المشكلات Troubleshooting الفنية والبرمجية والتي قد تطرأ أثناء العمل على الشبكة.
- **مدير لقاعدة البيانات Database administrator** وهو مسؤول عن إدارة قاعدة البيانات وتنظيمها في الحاسبات الرئيسية.
- **فريق فني** للصيانة وحلّ المشكلات التي قد تطرأ عند المستخدمين.

- **فريق للنسخ الاحتياطي** وللتزويد بالمستلزمات الضرورية للشبكة من أقراص نسخ وأوراق وحبر للطابعات وعمليات صيانة دورية وتنظيف للأجهزة والخادمات وغيرها من الوظائف المتعلقة بالشبكة.

إن شبكة الانترانت تعتمد على مبدأ الخادم / عميل Client/Server حيث تتكون الانترنت من ملايين من أجهزة الحاسوب المتصلة مع بعضها البعض فمنها أجهزة خاصة صغيرة يقوم الأفراد بالشبك بالانترنت عبرها، مثل جهاز الكمبيوتر الشخص أو جهاز الهاتف النقال وهناك أيضاً أجهزة كبيرة تقوم بخدمة هؤلاء الأفراد حيث تلبي كلّ طلباتهم مثل خادمات البريد الالكتروني Mail Server حيث تقوم على الإشراف والإدارة لكلّ عمليات ارسال وتلقي البريد الالكتروني وخادمات الويب Web Serve حيث تعمل على تحميل الصفحات إلى أجهزة المستخدمين من قواعد البيانات المحفوظة في أجهزة كمبيوتر كبيرة ذات قدرات كبيرة. يتمّ الاتصال والتواصل بين كلّ أجهزة الكمبيوتر حول العالم في الانترنت باستخدام بروتوكول TCP/IP وبروتوكولات أخرى تعتمد على نظام التشغيل المستخدم تساعد في عملية نقل المعلومات ومشاركتها بين مختلف الأجهزة، كما وأن هناك جدر نارية Firewalls تمنع شبكات أخرى ومستخدمين غير مصرح لهم من الوصول إلى شبكات محلية خاصة تمنعهم من استخدام مصادرها.

الانترانت مفيدة جداً في الأعمال الالكترونية وخاصة من النوع B2B أو التعاملات التجارية بين الشركات، حيث تعمل على مشاركة المعلومات والتنسيق بين أقسام الشركة المختلفة مثل قسم الحسابات والمبيعات والانتاج والتسويق بشكل فعّال وسريع وبدون إعاقات، وتعمل على تقليل الجهد والتكلفة اللازمة لإجراء مختلف الأعمال والحركات التجارية المطلوبة.

1-2-11 فوائد الانترانت Benefits of Intranet :

منذ فترة طويلة والشركات تبحث عن وسيلة فعالة وغير مكلفة لزيادة الاتصالات بين الموظفين داخل الشركة وذلك لزيادة عملية التنسيق والتنظيم لتوزيع المعلومات وإجراء المخاطبات بين الموظفين من جهة والموظفين والإدارة من جهة اخرى والانترانت تعتبر الوسيلة المثلى لذلك فهي غير مكلفة ولا تحتاج إلى أجهزة ثمينة مثل أجهزة الفاكس القديمة والتي كانت تأخذ وقتاً وجهداً للارسال والاستقبال، والانترانت تعمل على الوصول الفعّال والسريع للمعلومات ومصادر الشركة وعلى مدار الساعة بطريقة منظمة من قبل المستخدمين وكلّ حسب الصلاحيات المعطاه له وذلك للوصول إلى تطبيق أو ملف أو معلومة معينة مخزنة في جهاز الخادم الرئيسي Main Server.

إن الانترانت تعتبر وسيلة لتجميع المعلومات والمعرفة في مكان رئيسي داخل الشركة مما يمثل مصدر للمعلومات وخبرات الشركة متاح لكلّ من الإدارة والموظفين حيث يستطيع المدراء الحصول على المعلومات وتحليلها عن طريق برامج ذكية وبالتالي تساعده في اتخاذ القرارات بشكل أسرع وفعّال ومفيد للشركة لتحقيق أهدافها. لذا يمكن تلخيص فوائد الشبكات المحلية الانترانت إلى الفوائد التالية:

- مشاركة مصادر الشبكة من طابعات وأجهزة الفاكس والملفات والمجلدات بين كلّ المستخدمين في الشبكة.
- كفاءة الاتصال والتنسيق بين مختلف أقسام الشركة وأفرعها مما يسهل عملية الإدارة والتحكم بكلّ النشاطات والعمليات داخل الشركة وخارجها.
- الوصول إلى المعلومات المطلوبة بشكل سريع وفعّال من قبل كلّ المستخدمين في الشركة.
- تعتبر الانترانت وسيلة فعّالة لإجراء عمليات التدريب ونشر المعرفة والوعي والارشادات المتعلقة بالعمل والمنتجات في الشركة.

- تعتبر الانترانت وسيلة اتصالات بين الموظفين وبمختلف الأقسام وبتكلفة بسيطة جداً مقارنة مع استخدام أجهزة أخرى كالفاكس أو أجهزة التلفون.
- تساعد الانترانت في عمليات المراقبة والتحكم بالأجهزة والموظفين.

2-2-11 لماذا تحتاج الشركات إلى الانترانت؟ Why Companies Need Intranet?

الشركات الصغيرة والتي يقل عدد الموظفين فيها عن 10 موظفين لا تحتاج إلى الانترانت، إن الانترانت تقلل من استخدام الهواتف وأجهزة الفاكس وبالتالي تقلل من التكلفة وتعمل على تحسين التنسيق بين أفرع الشركة المختلفة حيث قامت الكثير من الشركات بإنشاء وبناء شبكة الانترانت بسبب كثرة الطلب من الموظفين وخاصة في قسم مصادر القوى البشرية بسبب طبيعة عملهم والتي تعتمد على كثرة الاتصالات وتبادل المعلومات والإجابة على الكثير من الأسئلة والتي تتكرر باستمرار مما يؤدي إلى الملل وسوء الخدمة لذا فإن الشركات في العالم تحتاج إلى الانترانت وذلك للأسباب التالية:

1- عندما تكون للشركة كمية ضخمة من المعلومات والمطلوب مشاركة هذه المعلومات مع الموظفين، فهي الطريقة الفعالة لإلغاء تكلفة الاتصالات ولإلغاء تكلفة نشر وبث المعلومات بين الموظفين، إن الانترانت تساعد الموظفين على ترتيب وتخزين كميات ضخمة من البيانات والتي قد تحتاج إلى مئات الآلاف من الملفات الورقية والتي يصعب تنظيمها والحصول على المعلومات المطلوبة منها عند الحاجة وفي الوقت المناسب وبشكل سريع.

2- لأن تكلفة توزيع المعلومات من خلال الانترانت تتمّ بتكلفة قليلة جداً فالانترانت تعتبر ذات كلفة بسيطة جداً وتعمل بفعالية وسرعة حيث يتمّ تداول المعلومات بثواني بدلاً من دقائق أو حتى ساعات بالطريقة اليدوية.

3- الانترانت تستطيع العمل مع مختلف أنظمة التشغيل مثل نظام التشغيل يونيكس UNIX ونظام التشغيل أبل ماكنتوش Apple Mac ونظام التشغيل ويندوز من مايكروسوفت MS-Windows فهي الطريقة السهلة لوصل مختلف المستخدمين مع مختلف انظمة التشغيل معاً.

4- إن المعلومات الموجودة على الانترانت يمكن تحديثها وتعديلها بسرعة مما تبقي الموظفين على اتصال بالمعلومات الحديثة والمعدلة بوقت قصير.

3-11 مكائن البحث Search Engine:

وهي عبارة عن برمجيات تساعد المستخدم في الحصول على المعلومات من الانترنت وقد تكون هذه المعلومات المراد البحث عنها في أحد الصور التالية:

- بيانات نصية.
- بيانات صورية.
- مقاطع فيديو.
- أصوات.
- أفلام.

وهناك طرق عديدة للبحث في مكائن البحث منها:

1. عبر طريقة تصنيف عناوين مواقع الويب في مجموعات مختلفة تدعى المحررات البشرية Human Editors حيث يستفاد منها للحصول على المعلومات تبعاً للموضوع ومن هذه المكائن أو ما تسمى بمحركات البحث:
   - موقع ياهو yahoo.com

- موقع هوت بوت

2. تتمّ في هذه الطريقة القراءة من مواقع الويب بشكل تلقائي وتتمّ عملية تخزين النصوص حيث تسمى هذه بالزواحف الاتوماتيكية Automatic Crawlers حيث يستفاد منها في الحصول على معلومات معينة ومن أشهر هذه المحركات.
   - **محرك google.com**
   - **محرك آلتا فيستا Altavista.com**
   - **محرك اكسايت Excite.com**

3. وتتمّ في هذه الطريقة إرسال طلب المستخدم إلى عدد من محركات البحث المختلفة وتدعى بعملية البحث الرمزي meta search ويستفاد من هذه الطريقة في الحصول على معلومات مختلفة ومنوعة ومن أشهر هذه المواقع:
   - **موقع Askjeeves**
   - **موقع Savvy**

4-11 البنية التحتية للتقنية Technical Infrastructure :

إن الانترانت تعتمد على بروتوكول TCP/IP لنقل المعلومات وتبادلها بين مختلف أنظمة أجهزة الكمبيوتر وبروتوكل الانترنت IP يناسب التقنيات الجديدة والتي تمّ تطويرها واستخدامها في شبكة الانترنت والشبكات المحلية مثل تقنيات خادم/عميل Client/server، إن مبدأ الخادم والعميل يعتمد على المستخدم user فيعطيه مرونة كبيرة في استخدام المعلومات لاتخاذ القرارات بوقت قصير.

5-11 أساسيات الخادم/عميل Client/server basics:

إن مبدأ الخادم/ العميل والذي تبنى عليه الانترانت يعتمد على وجود بنية تحتية متكاملة لتسهيل عملية تداول واستخدام المعلومات بمرونة وبسرعة وهي

تعتمـد عـلى واجهـة اسـتخدام رسـومية Graphical User Interface حيـث السهولة والمتعة في الاستخدام والتي تعتمـد عـلى مبـدأ الرسـومات التـي تمثل كائنـات صورية صغيرة تدل على نشاطات أو تطبيقات معينة وتعتمد أيضاً عـلى اختيـار الأوامـر مـن قـوائم باسـتخدام الفـأرة Mouse، إن المصـطلحات والعنـاصر المبنـي منهـا مبـدأ الخادم/عميل يمكن تلخيصها بالنقاط التالية (أنظر الشكل 11-2).

- **العميل Client**: وهو الذي يقوم بالعمل على الشـبكة ويطلـب خدمـة معينـة مـن الخادم مثل الموظف أو المدير.

- **الخادم Server**: وهو جهاز كمبيوتر ذو قدرة عالية على تنفيذ التعليمات وحفظ المعلومات حيث يقوم بتزويد الخدمة والملفات وبيانات قواعد البيانات وغيرهـا إلى المستخدمين بسرعة وفاعلية كبيرة.

- **التبادلية Interoperability**: وهي قـدرة اثنـين أو أكـثر مـن الأنظمـة عـلى تبـادل المعلومات واستخدامها فيما بينهما.

- **التوسـع Scalability**: وهـي سـهولة عمليـة التعـديل والتطويـر والتوسـع بإضافة المزيد من الأجهزة.

- **واجهة المستخدم الرسومية GUI**:ميزات سهلة تستخدم للعمل على نظام التشـغيل تستخدم مبدأ الرسومات واختيار الأوامر من القوائم Menu باستخدام الفأرة.

- **بناء الخـادم/عميـل Client/server Architecture**: وهـو نمـوذج يقدم خدمـة خـادم قاعدة البيانـات Database server و خـادم الملفـات File server، حيـث يقـوم بتلبيـة طلبـات اسـتعلامات المسـتخدمين Clients مبـاشرة باسـتخدام مبـدأ الاستجابة عن طريق الاستعلام Query response بدلاً من نقل كلّ الملف بالكامـل فيؤدي إلى تخفيض زحمة مرور البيانات وزيادة سرعة تبادل البيانات.

- **استـدعاء إجـراء بعيـد Remote Procedure Call**: وهـي مبنيـة عـلى نظـام الخادم/العميل بتوزيع خدمـة برنـامج معـين إلى أكـثر مـن عميـل وبمختلـف أنـواع الأنظمة التشغيلية وهي أيضاً تخفض من التعقيـدات في تطـوير التطبيقـات والتـي تحتاج إلى أنظمة تشغيل مضاعفة وتحتـاج أيضـاً إلى برتوكـولات إضـافية تـؤدي إلى زيادة الازدحام في نقل البيانات.

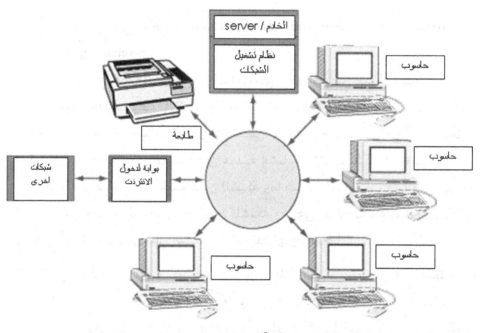

الشكل 11-2

شبكة محلية (انترانت) لربط ومشاركة أجهزة كبيوتر وملحقاتها مع الخادم

6-11 تخطيط الانترانت Intranet Planning:

بوجـود التقنيـات الحديثـة مـع وجـود متطلبـات العمـلاء المختلفـة وضـخامة المعلومات المتبادلة وكثرة التطورات والتغييرات في تقنية المعلومات Information

Technology وبشكل سريع يحتاج إلى إدارة فعّالة تتضمن تخطيط وتنظيم وتنسيق مع تبنى استراتيجية فعّالة بوجود موظفين ذوي خبرة ومهارة عالية، مما يؤدي إلى انشاء بنية تحتية قوية ومرنة تعمل بدون عوائق وقابلة للتوسع ومواكبة التطورات الحديثة في تقنية المعلومات.

إن التخطيط ضروري في عملية التصميم لشبكة الحاسوب المحلية وعملية التنفيذ والحفاظ على شبكة انترانت قوية، إن عملية التخطيط تتطلب الإعداد والتنفيذ لكلّ من الخطوات الستة التالية:

1. **الإعداد ووضع الخطط وتحديد الأهداف Preparation, Plan ahead and setting goals**

إن الخطوة الأولى يجب أن تبدأ بوضع الأهداف من إنشاء شبكة الانترانت والتخطيط لكل التقنيات المرتبطة بها وتحديد نوع المعدات ومصدرها. وهذا يتطلب الكثير من التحضير، حيث يجب أن يتمّ تجهيز كشف بالمتطلبات كلّها مع وجود عملية توثيق لكل خطوة حتى الانتهاء من عملية إنشاء الانترانت بالكامل. يجب في هذه الخطوة تعريف من هم المستخدمين للشبكة وما طبيعة المعلومات وما هي البرامج التي يجب ربطها بالشبكة ونوع الربط للشبكة وما هي المعلومات والمحتويات والتي يجب أن يتم مشاركتها على الشبكة وكيفية تداولها والصلاحيات المرتبطة بها؟

يحب أن يضع المصممون بعين الاعتبار المخاطر التي قد تواجه هذه المعلومات من ضياع أو تلف بسبب فيروسات الحاسوب او تلف للأجهزة او وسائط التخزين كما يجب أن يكون هناك أجهزة لمنع انقطاع الكهرباء بشكل مفاجىء كما يجب التفكير بجدية ببرامج للحماية من لصوص وقراصنة الحاسوب والتخطيط لعمليات وبرامج النسخ الاحتياطي وكيفية حفظ هذه النسخ في خزائن مقاومة للحريق كما يجب أن تكون هناك خطط في حال انهيار النظام بشكل كامل، كلّ ذلك

يحتاج إلى تخطيط وفريق كامل يعمل على وضع الخطط في حال حدوث أي مشكلة وذلك للعمل على حلّ المشكلة بشكل سريع.

2- الحصول على دعم من الادارة وتبرير لانشاء الشبكة Provide Justification and Management support

تحضير دراسة تبرر الفوائد والعوائد المكتسبة من إنشاء الشبكة لكسب الدعم الإداري للمشروع وذلك بحساب الفوائد والعائدات المالية ودراسة مدى قدرة شبكة الحاسوب على توفير الجهد والوقت والأيدي العاملة وحساب مجموع التكاليف ومقارنتها مع العائدات المالية والفوائد مع الأخذ بعين الاعتبار سهولة تحديث الشبكة وتطويرها في المستقبل وسهولة استخدامها.

3- البدء ببناء الشبكة إما بكادر محلي أو بالاستعانة بطرف ثاني Start building the Intranet In-house or by second party

بعد موافقة الإدارة العليا على الخطة الرئيسية لبناء شبكة الانترانت يجب اتخاذ القرار بشأن بناء الشبكة باستخدام طاقم من الفنيين من داخل الشركة أو بالاستعانة بشركة أخرى للقيام بتنفيذ المشروع وفي هذه الحالة يفضل الاستعانة بمستشار حاسوب Computer consultant وذلك ليقوم هو باختيار أحد الشركات الموثوق فيها بحيث يتم التعاقد معها على طريقة بناء الشبكة بفترة زمنية يتم تحديدها والاتفاق عليها وأيضاً يجب الاتفاق على كيفية إجراء الصيانة وخدمة ما بعد البيع وعملية تدريب العاملين والموظفين على كيفية العمل على الشبكة وكيفية القيام بالصيانة وغيرها من الأمور التقنية المطلوب إجراءها عند بناء الشبكة.

إن عملية اتخاذ القرار لبناء الشبكة محليا أو بالاستعانة بشركة أخرى تعتمد على العديد من العوامل ومنها:

• هل هناك مصادر متوفرة من العنصر البشري والمعدات لبناء الشبكة محليا؟

- يجب دراسة من منهما أقل تكلفة بناء الشبكة محليا أم الاستعانة بطرف آخر؟ واختيار الأفضل.
- هل المعدات والبرمجيات والتي تدعم الشبكة متوفرة ؟
- هل هناك تمويل كافي لدعم عملية إنشاء الشبكة بالكامل أم لا؟

وهناك أيضاً نقاط كثيرة يجب أخذها بعين الاعتبار في حالة بناء الشبكة محلياً هي:

o يجب على الموظفين أن يكونوا على علم كافي بسياسة الشركة وعملياتها وبأهدافها وبما تحتاج إليه الشركة.

o هناك بيانات ومعلومات تكون سرية ويمكن الحفاظ على سريتها أكثر عند إنشاء الشبكة بطاقم محلي.

o عملية الصيانة والتحديث والتحسين سوف تكون أسهل مع وجود البنية التحتية المناسبة فإن عملية التحديث في المستقبل سوف تكون أسرع وأسهل.

3- تشكيل فريق لشبكة الانترانت Form a Team for the Intranet network

في هذه المرحلة يجب بناء قسم تكنولوجيا المعلومات أو دائرة الحاسوب وفيها مختلف الموظفين من مدراء ومهندسين ومدير صيانة الشبكة وفنيين وغيرهم، يراعى في اختيار الموظفين في هذه الدائرة العديد من النقاط منها:

- **الخبرة**
- **الكفائة**
- **الأمانة**
- **عدم الانتماءات السياسية والتي قد تؤثر على الشركة وعملها في المستقبل.**

وحيث أن دائرة الحاسوب تعتبر مركز للمعلومات من كلّ أقسام الشركة أي أنها تعتبر الشرايين الرئيسية في الشركة وهي أكثر الأقسام حساسية لأن كلّ المعلومات تصب فيها، لذا يجب أن تتمّ عملية التخطيط للصلاحيات وتداول البيانات بشكل دقيق وعلمي مدروس.

4- بناء نموذج واختباره Building and Testing the Prototype

يفضل قبل البدء بإنشاء شبكة الانترانت كاملة أن يقوم الفريق ببناء جزء أو نموذج أولي حيث يتم اختباره منفرداً من قبل الموظفين بوضع بعض البرامج والملفات عليه ثم القيام ببعض المهمات والوظائف على الشبكة ومن ثم اعطاء تغذية راجعة وذلك قبل البدء ببناء مشروع الشبكة ككل (الشكل 11-3).

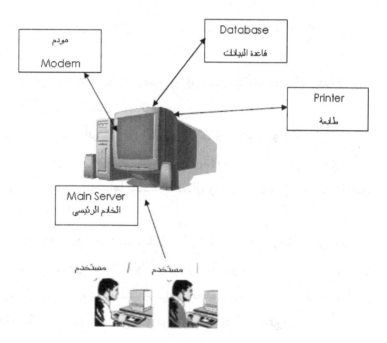

الشكل 11-3 نموذج أولي بسيط لتجربة الشبكة والتطبيقات عليها.

5- الصيانة الفعالة والدورية للنظام Effective maintenance

عملية تحديث المعلومات من العمليات المهمة وذلك على مدار الساعة لضمان فعالية الشبكة وكذلك إذا كانت الصيانة ضعيفة فإنها سوف تعطي انطباعا سيئاً للموظفين بأن هذه الشبكة لم تجلب أي شيء جديد وأن الوضع القديم أفضل حالاً.

إن الصيانة تعني استمرارية عمل الشبكة حسب المقاييس والمعايير التي وضعت من أجلها عند التخطيط لها في باديء الأمر.

7-11 البريد الالكتروني والانترانت e-mail and the Intranet:

البريد الالكتروني e-mail عبارة عن ارسال وتلقي رسائل الكترونية عبر شبكة الانترنت أو عبر شبكات لاسلكية مثل الهاتف النقال حيث يمتاز البريد الالكتروني بالعديد من الميزات منها:

- أنه آني instant أي أن الرسائل تصل بمجرد النقر على أمر إرسال أي بسرعة الضوء.
- انه شبه مجاني وغير مكلف ولا يحتاج إلا إلى بعض الإعدادات البسيطة للبرامج المستخدمة في تلقي وارسال الرسائل.
- أنه يمكن ارسال نفس الرسالة إلى أكثرمن عنوان وفي نفس الوقت.
- أنه يمكن أتمتة الرد على الرسائل بشكل آلي وبدون تدخل العنصر البشري.
- أنه أكثر التقنيات استخداما لغاية الاتصال والتخاطب بين مختلف الأفراد والشركات عبر العالم بأسره.
- أصبح البريد الالكتروني جزءاً أساسياً لا يمكن الاستغناء عنه وخاصة في عمليات التسويق والبيع داخل الشركات وللأفراد على حدّ سواء.
- إن إدارة البريد الالكتروني باستخدام برامج الحاسوب أفضل وأكثر فعالية من استخدام الكميات الضخمة من الأوراق ورسائل الفاكس وغيرها.

- أصبح البريد الالكتروني أكثر شعبيه مثله كمثل جهاز الهاتف الخلوي حيث هناك مئات الملايين من المشتركين حول العالم بأسره يستخدمونه كلّ يوم.

هناك بروتوكول لدعم البريد الالكتروني في شبكة الانترانت وهو بروتوكول SMTP أي Simple Mail Transport Protocol او برتوكول نقل البريد الإلكتروني البسيط وهذا البرتوكول تمّ اشتقاقه من برتوكل TCP/IP وهو مسئول عن عملية تنظيم الرسائل وارسالها إلى العناوين المناسبة ومسئول عن عملية استقبال الرسائل الإلكترونية ووضعها في صندوق البريد الخاص بالمستقبل.

مع وجود كلّ الفوائد السابقة الذكر إلا أن البريد الالكتروني يعتبر الوسيلة الكبيرة لنشر الفيروسات عبر شبكة الانترنت ولذا يجب وضع استراتيجيات لحماية مصادر الشركة من هذه الفيروسات كوضع ماسحات للفيروسات Viruses scan لمنع الرسائل التي تحمل الفيروسات من اختراق الشبكة كما يجب أن تكون هناك استراتيجية في عملية النسخ الاحتياطي الدورية وذلك أن بعض البيانات قد يتمّ فقدها بسبب أو بآخر فيتمّ الرجوع إلى النسخ الاحتياطية لاستعادتها مرة أخرى.

8-11 ما هي الاكسترانت؟ :What is Extranet?

عندما يكون للشركة أكثر من فرع في أكثر من مكان وفي كل فرع شبكة انترانت فعند ربط هاتين الشبكتين بواسطة الانترنت فعندئذ تسمى هذه الشبكة بالاكسترانت. إذن فالاكسترانت ما هي إلا استخدام تقنية الانترنت لربط أكثر من شبكة انترانت معاً. الانترانت هي شبكة محلية يتم فيها تبادل المعلومات محلياً داخل الشركة ويتم نقل البيانات فيها بشكل سريع وفعّال. إن الاكسترانت تستخدم لربط فروع الشركة معاً كما أنها تربط شركاء العمل وأطراف أخرى معها بطريقة فعّالة وسريعة وعند استخدام شبكة الاكسترانت يجب على جميع الأطراف استخدام نفس برنامج التطبيق في عملية الاتصال، فمثلاً لا يجوز أن يكون أحد الأطراف يستخدم برنامج نتسكيب نافيجيتر Netscape Navigator والطرف الآخر متصفح

مايكروسـوفت اكسـبلورر Microsoft Explorer. إن الاكسـترانت تعتـبر العمـود الفقري لمستقبل الأعمال التجارية الإلكترونية في كلّ أنحاء العالم. إن الهدف الأساسي من الاكسترانت هو سرعة التنسيق والاتصال بـين الفـروع، وأن عمليـة توظيـف الاكسـترانت تعتمد اعتماداً كـاملاً عـلى فهـم العمليـات والحركـات المتعلقـة بالعمـل التجـاري مـن طلبيـات وبيـع وتسليم وغيرها من النشاطات التجارية (الشكل 11-4).

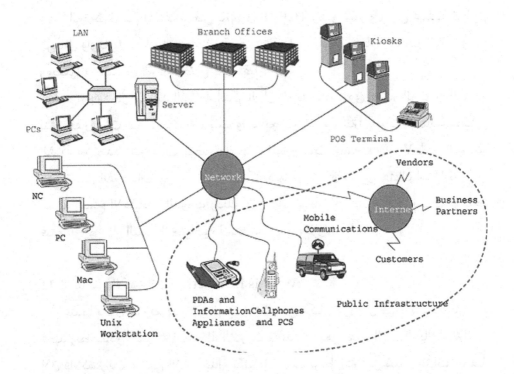

الشكل 11-4

توضيح فكرة الاكسترانت لربط أكثر من شبكة عبر الانترنت

المصدر (laudon, 2006)

9-11 نقاط يجب أخذها بعين الاعتبار Key Considerations:

عند الشروع في توظيف الاكسترانت يجب الأخذ بعين الاعتبار العديد من النقاط منها:

1- تعريف المستخدمين لشبكة الاكسترانت.
2- يجب عمل قائمة بكلّ المتطلبات والتقنيات المطلوبة.
3- يجب تحديد كلّ المتطلبات الأمنية Security Requirement
4- يجب توضيح وفهم عملية إدارة شبكة الاكسترانت Extranet Administration
5- يجب فهم الوظائف المختلفة لشبكة الاكسترانت.
6- يجب تحديد الملفات والمجلدات والمعلومات اللازمة مشاركتها في الشبكة.

إن مستخدمي شبكة الاكسترانت عادة هم من الموظفين والزبائن والممولين والموزعين والمستشارين والبائعين وغيرهم حيث يجب تحديد أولويات الدخول والصلاحيات والإجراءات الأمنية لكلّ فئة من المستخدمين من أجل تأمين تبادل البيانات بشكل سليم وأمن وذلك باتباع طرق أمنية لنقل البيانات مثل التشفير وكلمات المرور ونوع خطوط الاتصالات وعملية مراقبة الشبكة بين الحين والآخر ويجب أن يتمّ اختيار موظفين من ذوي الخبرة العالية والأمانة لإدارة الشبكة.

كما يجب على الشركة أن تتأكد من طريقة استخدام الشبكة من قبل الزبائن ومدى سهولة استخدامها وهل يتطلب استخدامها بعض التدريب الخاص؟ ويجب الأخذ بعين الاعتبار البرامج المطلوبة والتي يجب على العملاء استخدامها من أجل التواصل مع الشبكة.

وأخيراً يجب على الشركة أن تختار الإدارة الجيدة والتي تقوم بإدارة شبكة الاكسترانت بشكل فعّال كما يجب على الإدارة استخدام استراتيجية معينة لجذب الموظفين ذوي الخبرة العالية وذلك بوضع حوافز معينة كأجور عالية وغيرها وذلك لتأمين بناء شبكة قوية تخدم الشركة وكلّ أصحاب المصالح لتحقيق الجودة الشاملة.

الفصل الثاني عشر

المسائل القانونية والأخلاقية

محتويات الفصل:

الفَصْلُ الثّانِي عَشَرْ

المسائل القانونية والأخلاقية
Ethics

الأهداف التعليمية لهذا الفصل:

يهدف هـذا الفصـل إلى توضـيح المسـائل القانونيـة والأخلاقيـة في كافـة الأعمـال التجارية، حيث يسلط الضوء على العديد من القضايا الأخلاقية والقانونيـة مثل حقـوق الملكية الفكرية وحقوق الطبع والعلامات التجارية وبراءات الاختراع و غيرها.

بعد إتمامك لهذا الفصل سوف تكون قادراً على:

- معرفة وفهم أهم التحديات القانونية والأخلاقية في الأعمال التجارية.
- فهم ومعرفة القضايا القانونية في ضوء مراحل الأعمال التجارية.
- التمييز بين القضايا القانونية والقضايا الأخلاقية.
- معرفة ماهية حقوق الملكية الفكرية لـك مـن حقـوق الطبـع والعلامـات التجاريـة. واسماء المجالات وبراءات الاختراعات الرقمية.

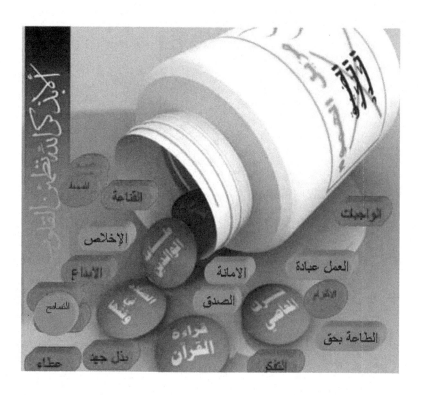

شكل 12-1: مسائل أخلاقية

1-12 مقدمة:

يقوم المنهج الإسلامي العظيم على تقويم السلوك البشري وتهذيبه وتوجيهه بما يحقق المصلحة الفردية والجماعية وذلك لأن الإنسان بطبعه خلق ضعيفاً هلوعاً، وقد كان النبي عليه أفضل الصلاة وأتمّ التسليم أعظم الناس خلقاً وأحسنهم سلوكاً، وقد وصفه المولى عز وجل بقوله تعالى:

(وَإِنَّكَ لَعَلى خُلُقٍ عَظِيمٍ(4) [سورة القلم: آية 4]

وإذا كان هناك عدد من الصفات الأخلاقية التي ينبغي على الفرد المسلم التحلي بها في التعامل مع الآخرين فإن الالتزام بهذه الصفات في مجال العمل يكون أوجب وأهم، ذلك لأن المهنة هي محور علاقة مباشرة بين الفرد ومن حوله ممن يتعاملون معه من الزملاء و الرؤساء والمرءوسين والمستفيدين من عمله من محتاجين وعملاء.

وتؤدي القيم الفاضلة التي يعتنقها الفرد المسلم المستمدة من عقيدة التوحيد ومبادئ الشريعة دوراً أساسياً في التأثير على سلوكه ونشاطاته بل وممارساته اليومية.

يمكن اعتبار عقد السبعينات من القرن الماضي فترة الاهتمام بأخلاقيات العمل (المهنة) وقد تزايد اهتمام الدارسين الأكاديميين واهتمام الحكومات في الدول الغربية في هذه المسألة اهتماماً كبيراً، ومن الناحية التاريخية فإن الاهتمام الشعبي بسلوك الموظفين الحكوميين وقضاياهم كان موجوداً دائماً في مختلف الدول الغربية ولا سيما في الولايات المتحدة الأمريكية حتى أن بعض الحكومات عكفت على وضع التشريعات الجديدة التي تضبط أخلاقيات العمل الحكومي.

وهذه القيم قد تكون فردية أو مهنية، وقد تكون عامة كقيم المنظمة والمجتمع، وكلها تكون ذات علاقة تبادلية بحيث يؤثر كلّ منها على الآخر كما في الشكل 12-2 التالي:

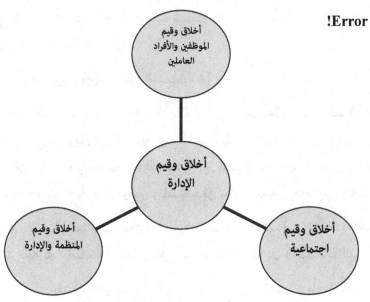

!Error

شكل12-2: العلاقة التبادلية بين الأخلاق والقيم

ويلاحظ أن قيم المجتمع ذات تأثير مباشر على قيم الفرد والمنظمة، إلا أن القيم المشتركة بين المنظمة والأفراد تعتبر ذات مصدر أساسي لفاعلية الفرد والمنظمة على حدّ سواء.

ولا شك أن للقيم دوراً بارزاً في تشكيل وتجسيد ثقافة المنظمة، كما أن لهذه القيم تأثيراً ملموساً على أداء الأفراد سواء كانت هذه القيم من موروثات الأفراد أنفسهم أو منظماتهم، ولكن مما لاشك فيه أيضاً أن قيم المنظمة تؤثر تأثيراً كبيراً

على مخرجات الأعمال التي يقوم بها الأفراد داخل المنظمة بما يؤثر سلباً أو إيجاباً على قيمهم الذاتية.

12- 2 التحديات القانوية في الأعمال الإلكترونية و التجارية:

إن أنشطة الأعمال التجارية والعلاقات القانونية الناشئة تثير في بيئتها العديد من التحديات والعقبات القانونية للنظم القانونية الحالية، تتمحور في مجموعها حول أثر استخدام الوسائل الإلكترونية في تنفيذ الأنشطة التجارية، فالعلاقات التجارية التقليدية قامت على أساس الإيجاب والقبول بخصوص أي تعاقد وعلى أساس التزام الطرفين بمضمون العقد المبرم بينهما فالبائع مثلا يقوم بتسليم المبيع بشكل مادي وضمن نشاط ايجابي خارجي ملموس، وأن يقوم المشتري بالوفاء بالثمن إما مباشرة (نقداً) أو باستخدام أدوات الوفاء البديل عن الدفع المباشر من خلال الأوراق المالية التجارية أو وسائل الوفاء البنكية التقليدية، والى هذا الحدّ فإن قواعد تنظيم النشاط التجاري سواء الداخلية أو الخارجية، وبرغم تطورها، بقيت قادرة على الإحاطة بمتطلبات تنظيم الأعمال، إذ بالرغم من تطور نشاط الخدمات التجارية والخدمات الفنية واتصال الأنشطة التجارية بعلاقات العمل والالتزامات المتعلقة بالامداد والتزويد ونقل العلوم والمعرفة و التكنولوجيا، فإن القواعد القانونية المنظمة للأنشطة التجارية والعقود يمكن أن تظل حاضرة وقادرة على محاكاة الواقع المتطور والمتغير في عالم الأعمال التقليدية الحالية، لكن الأمر يختلف بالنسبة للتجارة الكترونية، فالتغير ليس بمفهوم النشاط التجاري، وإنما بأدوات ممارسته وطبيعة العلاقات الناشئة في ظله حيث يتوسط كلّ نشاط من أنشطة الأعمال الإلكترونية الكمبيوتر والانترنت والأطراف الأخرى مثل الوسطاء والمؤسسات المالية وغيرها من الشركات التي تقوم بخدمة الطرفين إما مجاناً أو برسوم معينة يتفق عليها الأطراف فيما بينمهم، إن أثر وجود التقنية وهيمنتها على آلية انفاذ النشاط التجاري في ميدان الأعمال الإلكترونية، بل

ضرورتها لوجود الأعمال الإلكترونية، كان لا بدّ أن يخلق عقبة وتحدياً جديداً أمام النظم القانونية الحالية المتعلقة بالأعمال التقليدية.

إذن، فما هي التحديات القانونية التي ظهرت في مجال الأعمال الإلكترونية القائمة على الانترنت أو حتى على أي شبكة كمبيوتر أو شبكة اتصالات لاسلكية كالهاتف الخلوي مثلا ؟؟

هل الأعمال الإلكترونية مجرد نشاط تجاري بين أطراف غائبين يمكن أن تطبق عليها نصوص التعاقد بين الغائبين المقررة في التشريعات المدنية للتجارة التقليدية؟؟

3-12 القضايا القانونية في ضوء مراحل الأعمال التجارية:

إن تحديد تحديات الأعمال الإلكترونية القانونية، يستلزم تصور العملية من بدايتها وحتى نهايتها بشكل عام لا تفصيلي، ومن ثم توجيه مؤشر البحث نحو استخلاص عناوين التحديات، ومن ثم بيان محتوى التحدي وما تقرر من حلول مقارنة لمواجهته.

الأعمال الإلكترونية في صورتها العامة، طلبات بضاعة أو خدمات يكون فيها الطالب في مكان غير مكان المطلوب منه الخدمة أو البضاعة،أي أن كلّ من الطرفين يكون في مكان مختلف ولا يمكن لهما أن يتقابلا وجهاً لوجه كما في الأعمال التقليدية وتتمّ الإجابة بشان توفر الخدمة أو البضاعة على الانترنت، وقد يكون الوضع - كما في المتاجر الافتراضية الإلكترونية - إن تكون البضاعة أو الخدمة معروضة على الانترنت يتبعها طلب الخدمة أو طلب الشراء من الزبون المتصفح للموقع، وعلى خط الانترنت أيضاً، وبالتالي يمثل الموقع المعلوماتي على الشبكة، وسيلة العرض المحددة لمحل التعاقد وثمنه أو بدله في حالة

الخدمات على الانترنت (أي عبر شبكات المعلومات). وتثير هذه المرحلة (السابقة على التعاقد فعلياً) مشكلات وتحديات عديدة:

1. توثق المستخدم أو الزبون من حقيقة وجود الموقع أو البضاعة أو الخدمة.
2. مشروعية ما يقدم في الموقع من حيث ملكية بضاعة أو منتج ذات الطبيعة المعنوية (مشكلات الملكية الفكرية).
3. تحديات حماية المستهلك من أنشطة الاحتيال على الانترنت ومن المواقع الوهمية أو المحتوى غير المشروع للخدمات والمنتجات المعروضة.
4. الضرائب المقررة على عائدات الأعمال الإلكترونية عبر الانترنت، ومعايير حسابها، ومدى اعتبارها قيداً مانعاً وحاداً من ازدهار الأعمال الإلكترونية. وهذه التحديات أيضاً ترافق المراحل التالية من خط نشاط الأعمال الإلكترونية، فالخصوصية والموثوقية وحماية المستهلك تحديان يسيران بتوازٍ مع سائر مراحل أنشطة الأعمال الإلكترونية.

المرحلة التالية تتمثل في إبرام العقد، بحيث يتلاقى الإيجاب والقبول على الانترنت أيضاً، ويتمّ ذلك بصور عديدة بحسب محتوى النشاط التجاري ووسائل التعاقد المقررة على الموقع، أشهرها العقود الالكتروينة على الويب، والتعاقدات بالمراسلات الإلكترونية عبر البريد الإلكتروني ، وبوجه عام، تتلاقى إرادة المزود أو المنتج أو البائع مع إرادة الزبون، ويتمّ عقد الاتفاق على الانترنت، وهنا تظهر مشكلتين رئيستين:

- **أولهما**:- تأكد كلّ طرف من صفة وشخص ووجود الطرف الآخر وأمانته وصدقه، بمعنى التوثق من سلامة صفة المتعاقد. وحيث أن من بين وسائل حلّ هذا التحدي ايجاد جهات محايدة تتوسط بين المتعاقدين (سلطات الشهادات الوسيطة) لجهة ضمان التوثق من وجود كلّ منهما

وضمان أن المعلومات تتبادل بينهما حقيقية، وتمارس عملها على الخط من خلال ارسال رسائل التأكيد أو شهادات التوثيق لكلّ طرف تؤكد فيها صفة الطرف الآخر.

- **وثانيهما:-** حجية العقد الإلكتروني أو القوة القانونية الإلزامية لوسيلة التعاقد، وهذه يضمنها في الأعمال التقليدية توقيع الشخص على العقد المكتوب أو على طلب البضاعة أو نحوه أو البينة الشخصية (الشهادة) في حالة العقود غير المكتوبة لمن شهد الوقائع المادية المتصلة بالتعاقد إن كان في مجلس العقد أو فيما يتصل بانفاذ الأطراف للالتزامات بعد ابرام العقد، فكيف يتمّ التوقيع في هذا الفرض، وما مدى حجيته إن تمّ بوسائل الكترونية، ومدى مقبولية بينته في الاثبات، وآلية تقديمه كبينة إن كانت مجرد وثائق وملفات مخزنة في النظام.

إن بيئة الأعمال الإلكترونية توجد وسائل تتفق وطبيعتها لضمان نجاح اتمام عملية الأعمال الإلكترونية ومن هنا وجدت وسيلة التوقيع الرقمي (Digital Signature) لتحقيق وظيفة التوقيع العادي.

والمرحلة الثالثة تتمثل في انفاذ المتعاقدين لالتزاماتهما، البائع أو مورد الخدمة الملزم بتسليم المبيع أو تنفيذ الخدمة، والزبون الملزم بالوفاء بالثمن، ولكلّ التزام منهما تحد خاص به، فالالتزام بالتسليم يثير مشكلات التخلف عن التسليم أو تأخره أو تسليم محل تتخلف فيه مواصفات الاتفاق، وهي تحديات مشابهة لتلك الحاصلة في ميدان الأنشطة التجارية التقليدية، أما دفع البدل أو الثمن، فإنه يثير اشكالية وسائل الدفع التقنية كالدفع بموجب بطاقات الائتمان، أو تزويد رقم البطاقة على الخط، وهو تحد نشأ في بيئة التقنية ووليد لها، إذ يثير أسلوب الدفع هذا مشكلة أمن المعلومات المنقولة، وشهادات الجهات التي تتوسط عملية الوفاء من الغير الخارج عن علاقة التعاقد أصلاً، إلى جانب تحديات الأنشطة الجرمية

في ميدان إساءة استخدام بطاقات الائتمان وأنشطة الاستيلاء على رقمها وإعادة بناء البطاقة لغرض غير مشروع.

يضاف إلى هذه التحديات، تحديات يمكن وصفها بالتحديات العامة التي تتعلق بالنشاط ككل لا بمراحل تنفيذه كتحدي خصوصية العلاقة بين المتعاقدين وخصوصية المعلومات المتداولة بينهما وتحد حماية النشاط ككلّ من الأنشطة الجرمية لمخترقي نظم الكمبيوتر والشبكات، أو ما يعرف عموماً بجرائم الكمبيوتر التي يقوم لصوص الكمبيوتر والانترنت بتنفيذها وتحدي مشكلات الاختصاص القضائي في نظر المنازعات التي تظهر بين أطراف العلاقة التعاقدية، إذ في بيئة الانترنت، تزول الحدود والفواصل الجغرافية، وتزول معها الاختصاصات المكانية لجهات القضاء، فأي قضاء يحكم المنازعة وأي قانون يطبق عليها عند اختلاف جنسية المتعاقدين، وهو الوضع الشائع في حقل الأعمال الإلكترونية وسوف يتمّ التطرق إلى هذه التحديات في الاقسام التالية.

12- 4 المسائل القانونية والمسائل الأخلاقية:

إن من أهم العقبات والتحديات التي تحد من استخدام الأعمال الإلكترونية هي المسائل القانونية والأخلاقية والتي تعكر صفو انتشار الأعمال الإلكترونية وممارستها بشكل ناجح لجميع الأطراف. وبدءاً ذي بدء سوف نقوم بالتمييز بين المسائل القانونية والمسائل الأخلاقية فنظرياً يمكن التمييز بين القضايا القانونية الأخلاقية بشكل سريع فالقوانين والأحكام يتمّ سنها من قبل الحكومات ويتمّ تطوير هذه القوانين سنة تلو الأخرى حسب الظروف والحالات والقضايات التي تطرأ في الدولة حيث يعتبر القانون هو الجهة السائدة والمطبقة على كل المواطنين وبشكل حاسم وهو الذي يحكم تصرفاتهم وتعاملاتهم الاجتماعية والتجارية والاقتصادية وفي كلّ شئون حياتهم المعاصرة. فإذا قام شخص بخرق القانون أي

قام بفعل غير قانوني فسوف يتم التعامل معه ومعاقبته حسب القانون والنظام العام للعقوبات، وفي المقابل فالمسائل الأخلاقية هي جزء من فلسفة تتعامل مع ما يسمى بالخطأ والصواب. فما يعتبر مسألة أخلاقية ليس بالضرورة أن يكون مسألة قانونية قد يعاقب عليها القانون فالأخلاقيات هي ما تعارف عليه الناس في مجتمعاتهم بما هو صحيح أو خطأ ولكنها ليست خاضعة للقانون والعقوبات المترتبة على فعلها أو عدم فعلها.

إن الأعمال الإلكترونية خلقت العديد من القضايا القانونية والأخلاقية والتي أيضاً تختلف تصنيفها من دولة الى أخرى ففي الولايات المتحدة الامريكية تعتبر قضية ارسال فيض كبير من الرسائل الإلكترونية إلى شخص ما بدون موافقته قضية قانونية يعاقب عليها القانون إما في دول أخرى وخاصة الدول النامية منها فتعتبر قضية أخلاقية ولا يعاقب عليها القانون. وأيضاً كمثال آخر تخيل شركة فيها موظفين يعملون على الكمبيوتر وممكن لهم استخدام الانترنت في انجاز الكثير من أعمالهم فهل يعتبر استخدام الانترنت في المسائل الشخصية للموظفين قضية أخلاقية أم قانونية قد تؤدي إلى فصل الموظف من الشركة. وأيضاً عمليات التنصت واستراق السمع والتجسس كلّها تعتبر قضايا أخلاقية أو قضايا قانونية وذلك حسب الدولة وحسب تقدمها وسنها للقوانين المتعلقة بالانترنت والأعمال الإلكترونية، فعلى سبيل المثال التوقيع الإلكتروني المطبق بين البائع والمشتري معترف فيه في الدول الغربية والأوروبية ولكن معظم الدول النامية ليس لدينها أي قانون يتعلق بالتوقيع الإلكتروني وقس على ذلك باقي المسائل المتعلقة بالانترنت والأعمال الإلكترونية. أيضاً قد تختلف نسبة الاعتراف والمعيار وقد يختلف تصنيف عملية ما على أنها قضية أخلاقية أو قانونية أي بمعنى آخر أنه ليس هناك إلى الآن أي قانون دولي موحد يتعلق بالأعمال الإلكترونية والانترنت

كما هو الحال في الأعمال التقليدية فما هو أخلاقي في دولة ما قد يعتبر قانوني في دولة أخرى.

5-12 شيفرة الأخلاقيات Code of Ethics :

إن العديد من الشركات تقوم بالعديد من العمليات والنشاطات من أجل منع موظفيها من استخدام الانترنت والبريد الإلكتروني في المسائل الشخصية والتي ليست لها علاقة بعمل الموظف، فبعض الشركات تقوم بوضع سياسات حول استخدام الكمبيوتر والانترنت وارسالها إلى الموظفين لكي يلتزموا بها وبعض الشركات الأخرى تقوم بعمليات مراقبة لكلّ ما يقوم به الموظف حيث تقوم باخبار الموظفين بأن الشركة لديها الحق بمراقبة وقراءة الرسائل الإلكترونية التي يقوم الموظف بارسالها من داخل الشركة وأيضاً بمراقبة كلّ المواقع التي يقوم الموظف بزيارتها حيث تقوم بتسجيل كلّ موقع قام بزيارته الموظف وبناء على ذلك يتمّ التعامل مع الموظف.

كلّ هذه الحالات تعتبر جزء من الشيفرة الأخلاقية، فهل مراقبة الموظفين ووضع كاميرات مراقبة تعتبر مسألة أخلاقية؟ وهل قراءة البريد الشخصي- للموظفين تعتبر مسألة أخلاقية ولا يجوز للشركات أن تقوم بها أو أنها جائزة؟ وما تفعله الشركة هو حماية مصلحتها التجارية وحث الموظفين على الالتزام بالعمل لمصلحة الشركة وليس لمصلحته الشخصية.

هناك العديد من المنظمات من مختلف التخصصات قامت بتطوير شيفرة من الأخلاقيات لمطوري البرمجيات حيث قامت بتبنيها كلّ من ACM و IEEE في العام 1998 والتي تنص على ما يلي:

"أن على مديري المشاريع والموظفين أن يلتزموا ويلزموا أنفسهم بأخلاقيات المهنة عند قيامهم بعمليات التحليل والتصميم والتطوير وعمليات الاختبارات

للبرامج والصيانة بحيث يقوموا بتصميم هذه البرامج حسب متطلبات السلامة العامة والصحة والسعادة للجميع، وعلى مديري المشاريع والموظفين أن يلتزموا بالمبادىء الرئيسية الثمانية التالية:-

1. العامة Public :

على مديري المشاريع والموظفين أن يعملوا من أجل المصلحة العامة لكلّ الأفراد على الكرة الارضية.

2. العميل وصاحب العمل Client and Employer:

على مديري المشاريع والموظفين أن يقوموا بعملهم لمصلحة عملائهم وموظفهم بما يتلائم مع المصلحة العامة.

3. المنتج Product:

على مديري المشاريع والموظفين أن يتأكدوا أن المنتج يراعي أعلى المقاييس والمعايير العامة الممكنة والتي تتوافق مع المصلحة العامة.

4. اتخاذ القرار Judgment:

إن مديري المشاريع والموظفين يجب أن يكون لهم القرار المستقل عند الحكم على صلاحية منتج معين ولا يخضع لمصلة صاحب العمل فقط.

5. الإدارة Management:

على مديري المشاريع والموظفين أن يقوموا بدعم الطريقة الأخلاقية في إدارة وصيانة و تطوير المشاريع.

6. الاحترافية Profession:

على مديري المشاريع والموظفين أن يلتزموا بالأخلاقيات والثوابت المتعلقة بالمهنة.

الزمالة Colleagues:

على مديري المشاريع والموظفين أن يكونوا عـادلين ومتعـاونين مـع زملائهـم في العمل.

7. النفس Self:

على مديري المشاريع والموظفين أن يلتزموا بتعلـيم أنفسـهم وتطـوير تعلـيمهم بشكل مستمر وأن يروجوا للمسائل الأخلاقيـة ويقومـوا بنشرـ المبـاديء الصـحيحية المتعلقة بأخلاقيات المهنة.

لقد كان للحاسوب السبب الرئيسي لمقتل العديد مـن البشرـ وكـان السـبب في خسارة مئات الملايين من الدولارات، فكما نعرف فإن الحاسوب أصبح يستخدم في كلّ نواحي الحياة فنحن نراه حاليـاً في غرف العمليات في المستشفيات وهو يتحكم بنظـام الطائرات المدنيـة والحربيـة وعميـات اطـلاق الصـواريخ إلى القمر والمريخ والفضـاء الخارجي. وأيضاً الحاسوب يستخدم حاليـاً في التحكم بكميـة الأشـعة اللازمـة تسـليطها عـلى الأورام الخبيثـة لمرضى السرطان حيث يعمل برنامج داخل الجهـاز للتحكم بالكمية، وقد حدثت حالات توفي فيها العديد من الأشخاص في ولاية تكساس بأمريكيا بسبب حصولهم على جرعات تزيد عن الحد المطلوب وذلك بسبب خطأ في برمجـة الجهاز , أيضاً حصل تدمير لأحد المركبات الفضائية في القمر بسبب خطأ في البرنـامج الذي يتحكم بحساب المسافة لهبوط المركبة عـلى سـطح القمـر مـما أدى إلى خسـارة آلاف الملايين من الدولارات، وغيرها حالات كثيرة سببها عدم كفـاءة البـرامج المصممة أو البرامج التي تحتوي على أخطاء كثيرة لم يقومـوا المبرمجين بالتصرـيح عنهـا حتـى يستطيعوا أن يقوموا ببيع هذه المنتجات.

وقد قام بناءً على ذلك العديد من الباحثين والمنظمات الغير ربحية بكتابة العديد من المباديء المتعلقة باستخدام التقنيات والكمبيوتر، حيث ظهر ما يسمى بالوصايا العشر لأخلاقيات الحاسوب من قبل معهد أخلاقيات الكمبيوتر في العام 2002 وهذه الوصايا العشر هي:-

1- يجب أن لا يستخدم الحاسوب في أذية الناس.
2- يجب أن لا يستخدم الحاسوب للتدخل في عمل الآخرين.
3- يجب أن لا يستخدم الحاسوب للتنصت والتجسس على ملفات الغير.
4- يجب أن لا يستخدم الحاسوب للقيام بعمليات السرقة.
5- يجب أن لا يتمّ استخدام أو نسخ الممتلكات الخاصة من برمجيات من غير أن يتمّ دفع ثمنها.
6- يجب أن لا يستخدم الحاسوب كشهادة زور كاذبة.
7- يجب أن لا يستخدم مصادر الآخرين من ملفات وبرامج بدون صلاحية وإذن مسبق.
8- لا يجوز انتهاك الملكية الفكرية للآخرين.
9- يجب أن يؤخذ بعين الاعتبار العواقب الاجتماعية لكلّ برنامج تقوم بتصميمه أو تطويره.
10- يجب دائما استخدام الحاسوب بطريقة تضمن الاعتبارات والاحترام لكلّ البشر على وجه الأرض.

6-12 القضايا القانونية والأخلاقية الرئيسية في الأعمال الإلكترونية:

Major Legal and Ethical Issues.

هناك العديد من القضايا القانونية والأخلاقية التي ظهرت عند اطلاق الانترنت وعند إجراء العمليات والمعاملات التجارية الإلكترونية ومن هذه القضايا:

• **الخصوصية:**

إن الخصوصية تعني العديد من الأشياء للعديد من الأشخاص، وفي العموم فإن الخصوصية تعني حق المرء في يترك وشأنه وحقه في عدم خرق خصوصيته ويعتبر هذا الحق قانوناً ودستوراً في التعاملات التجارية والمالية عبر الانترنت في الدول المتقدمة كالولايات المتحدة الأمريكية. في السابق كانت عملية الحصول على المعلومات عن أشخاص أو شركات أو أسرار تجارية أو عسكرية عملية صعبة ومعقدة ومكلفة جداً، أما اليوم فبوجود الانترنت والتي تحوي مليارات من الصفحات المكونة من ملايين المعلومات الصورية والنصية والصوتية والحركية عن العديد من المواضيع والأشخاص والشركات والأسرار التجارية والتي تكون محفوظة في قواعد بيانات في العديد من الخادمات قد سهلت من عملية الحصول على المعلومات واختراق قانون الخصوصية، حيث لا يمكن أن تتمّ أي عملية بيع أو شراء قبل أن يقوم العميل بملء بيانات خاصة عنه كاسمه وعنوانه ورقم الهاتف ورقم بطاقة الاعتماد وفي كثير من الأحيان تقوم الشركات بجمع معلومات أخرى أكثر خصوصية عن الحاجات التي يفضلها وعن مرتبه وغيرها من المعلومات، حيث تكون هذه المعلومات عرضة للسرقة أو البيع أو للكشف بطرق كثيرة منها طريقة القرصنة أو قيام أحد الموظفين ببيع هذه المعلومات بدون علم الشركة مما يؤدي إلى انتهاك الخصوصية للعميل.

لذلك كله فالانترنت يمكن استخدامها للبحث عن معلومات حول الأشخاص وذلك بـ: -

- قراءة المعلومات الشخصية المعلقة في المجموعات الإخبارية في الانترنت.
- بالبحث عن اسم الشخص وهويته في فهارس ومكتبات الانترنت.
- بقراءة البريد الإلكتروني للأفراد.
- بالقيام بمراقبة الموظفين في الشركة عبر الشبكات أو كاميرات المراقبة.

- بوضع أجهزة مراقبة لا سلكية ومراقبة تصرفات الموظفين وسلوكهم وأعمالهم ونشاطاتهم.
- بالطلب من الأفراد تعبئة نماذج الكترونية حولهم.
- بتسجيل نشاطات الأفراد عبر برامج متصفحات الانترنت ومراقبت عملية وسلوكهم في الانترنت.
- بدس برامج تجسس في حاسبات الأشخاص تكون مخفية في برامج تمّ تنزيلها بدون علم الأفراد حيث تقوم بعملية مسح كامل لحاسوب الفرد وارسال تقارير عن كلّ حركاتهم عبر الانترنت بدون علمهم.

لذلك كلّه لا بدّ من حماية الخصوصية للأفراد ومنع أي عملية كشف لمعلومات الأفراد بدون إذن منهم وذلك بالمباديء والطرق التالية:-

1. **الوعي والإدراك:** يجب على المستهلكين العملاء أن يكون لديهم الحق باعطاء أو عدم اعطاء معلومات سرية عنهم للشركات ويجب أن يكون هناك إذن مسبق عند رغبة الشركة بارسال معلومات ما إلى جهة أخرى من قبل العملاء.
2. **الرضا والخيار:** لا بدّ أن يتم اعلام كلّ العملاء عن كيفية التعامل مع معلوماتهم وكيفية حفظها وكيفية استخدامها ولماذا قبل أن يتمّ جمع هذه المعلومات بحيث يكون العميل راض كلّ الرضا عن الطريقة التي سوف يتمّ استخدام هذه المعلومات فيها.
3. **التداول والمشاركة:** لا بدّ من أن تكون هناك طريقة تمكن العميل من الوصول إلى معلوماته وإجراء إي عمليات تعديل أو إضافة أو حذف عليها بالطريقة الصحيحة والآمنة.

4. **الأمن والتكامل:** يجب أن يكون العميل متأكداً من أن المعلومات التي قدمها هي نفسها ولم يتمّ إجراء أي تغيير أو تبديل عليها ويجب أن يتمّ حفظها بمكان آمن لا يمكن أي شخص غير مصرح له للوصول إليها.

12- 7 حقوق الملكية الفكرية Intellectual Property Right:

إن الملكية الفكرية هي كلّ ما يتمّ ابتكاره بجهد ذهني وعقلي ويتضمن: الاختراعات، والأدب والأعمال الفنية والعلامات والاسماء والصور والتصاميم المستخدمة في الأعمال، حيث يجب حماية كلّ هذه الحقوق، وذلك بمنع استخدامها من غير إذن أو ببيعها بدون تصريح أو القيام بعمل نسخ لها وبيعها.

إن حقوق الملكية الفكرية يمكن تقسيمها إلى أربعة أنواع في الأعمال الإلكترونية :

1. **حقوق الطبع Copyrights**
2. **العلامات التجارية Trademarks**
3. **اسماء المجالات Domain names**
4. **براءة الاختراع Patents**

12-7-1 حقوق الطبع Copyright:

حقوق الطبع هو عبارة عن حق تمّ منحه من قبل الحكومة المفوضة للمالك حصريا حيث يمنحه هذا الحق بـ:

- إعادة نسخ العمل كلياً أو جزئياً.
- توزيع أو تنفيذ أو نشر هذا العمل إلى العامة بأي شكل أو طريقة ويتضمن نشره أيضاً بالانترنت.
- يكون للمالك الحق بتصدير العمل إلى دولة أخرى.

12-7-2 حقوق العلامات التجارية Trademarks:

العلامة التجارية هـي عبارة عـن رمـز أو علامـة تسـتخدمها الشـركات لتعريـف منتجاتهم وخدماتهم، وهذه العلامة أو الرمز يمكن أن تتكون من كلـمات أو تصـميمات أو أحرف أو أرقام أو أشكال أو أي خليط من الالوان أو غيرهـا مـن المعرفـات. وتحتاج العلامات التجارية إلى عملية تسجيل في القطر الموجودة فيه الشركة مـن أجـل حمايتها من قبل القانون والدولـة، وحتـى تكـون العلامـة التجاريـة مسـجلة ومحميـة مـن قبـل القانون لا بـدّ من أن تكـون العلامة التجارية مميزة وفريدة وأصلية وغير مسـجلة مـن قبل، وعندما يتمّ تسجيلها تصـبح هـذه العلامـة باقيـة وإلى الأبـد بشـرط أن يـتمّ دفـع الرسوم السنوية المستحقة على العلامة التجارية بانتظام وبدون تأخير.

ولمالك العلامة التجارية الكثير من الحقوق الحصرية منها:

- استخدام العلامة التجارية على البضائع والخدمات التـي تـمّ تسـجيل العلامـة التجارية لها.
- اتخاذ اجراءات قانونية من أجل منع أي شخص أو أي شركة أخرى من استخدام العلامة التجارية من الغير البضاعة أو الخدمات المسجلة لها في الأصل.

12-7-3 حقوق اسماء المجالات Domain names:

من أنواع العلامات التجارية في العصر الحالي هي اسماء المجالات لمواقع الانترنت، واسم المجال هو عبارة عن اسم يستخدم لتعريف عنوان الانترنت لموقع ويب لشركة معينة والـذي يتكـون مـن مجموعـة مـن الصـفحات الإلكترونيـة مـن ضـمنها الصـفحة الرئيسية home page والتي عادة يتم تحميلها عند طلب اسم المجـال , ومن الأمثلـة على اسماء المجالات العالمية:

http://www.islamonline.net

http://www.google.com

http://www.amrkhaled.com

http://www.yahoo.com

http://www.ayna.com

وهناك عدة أنواع من اسماء المجالات ملخصة بالجدول التالي:

Edu	للمؤسسات التعليمية كالجامعات والمعاهد والمدارس
Com	للشركات التجارية
Net	للشبكات ومقدمي خدمات الانترنت
Gov	للمؤسسات الحكومية
Mil	للمؤسسات العسكرية
Org	للمنظمات الغير ربحية

وقد تمّ حجز حرفين يتم ادراجهما في نهاية اسم المجال لتدل على اسم الدولة المضيفة للموقع والجدول التالي يلخص أهم هذه الحروف والدول التي تشير إليها:

jo	الأردن
us	الولايات المتحدة الامريكية
sy	سوريا
uk	المملكة المتحدة
Ja	اليابان
Pa	فلسطين

مثال:-

http://www.ammanu.edu.jo

4-7-12 براءة الاختراع Patents:

براءة الاختراع هي وثيقة تمنح صاحبها الحقوق الحصرية لاختراع أو ابتكار أو اكتشاف معين لعدد محدود من السنوات على سبيل المثال 17 سنة في الولايات المتحدة و20 سنة في المملكة المتحدة. إن براءة الاختراع وجدت لكي تعمل على حماية الاختراعات التقنية الملموسة وخاصة في مجال الصناعات التقليدية، ولم يتمّ تصميم براءة الاختراع لحماية الابداعات الفنية والأدبية، حيث يمكن أن يكون الاختراع أو الابتكار على شكل جهاز مادي ملموس أو وسيلة أو عملية لصنع جهاز.